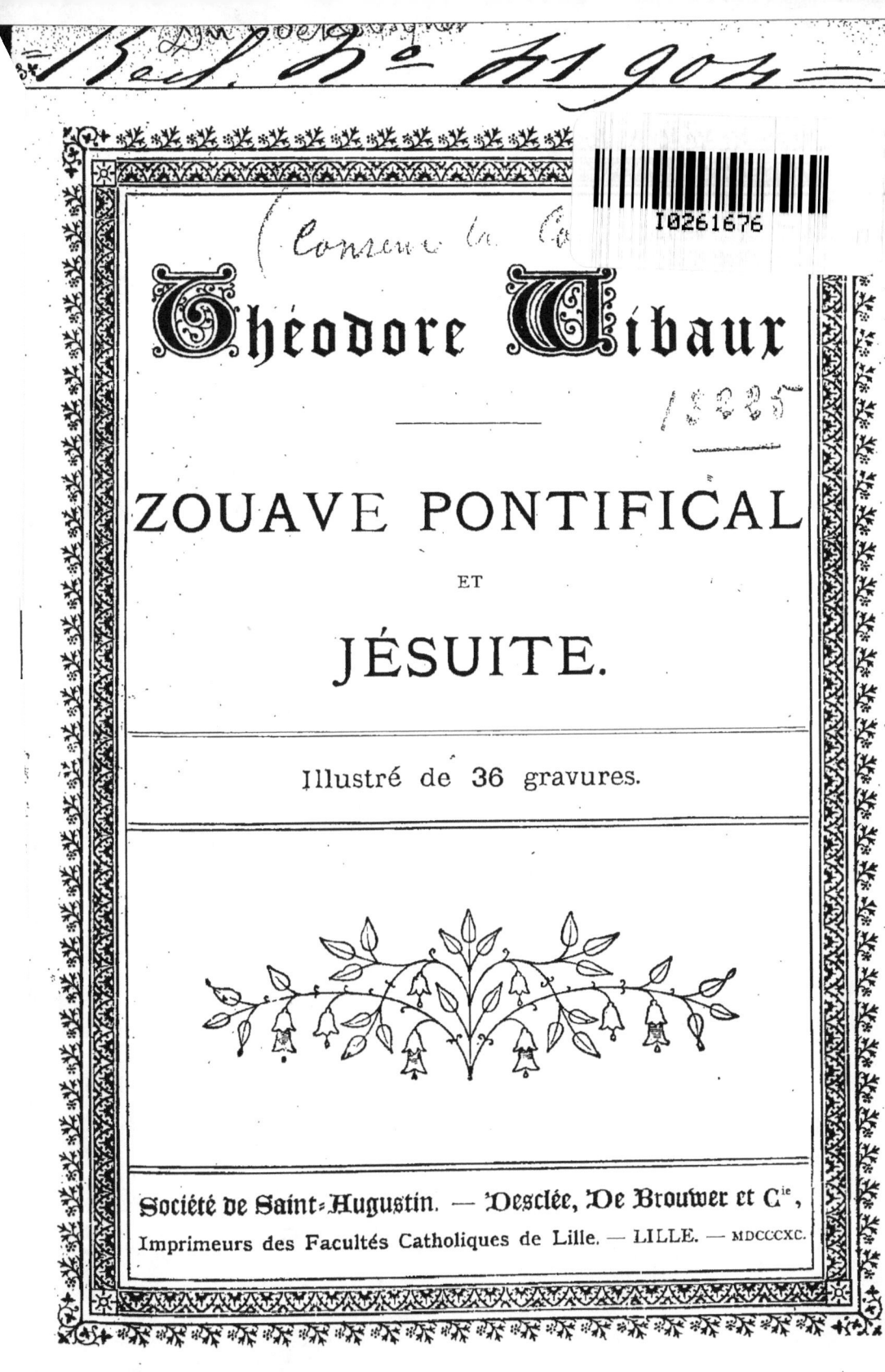

Théodore Wibaux

ZOUAVE PONTIFICAL
ET
JÉSUITE.

Illustré de 36 gravures.

Société de Saint-Augustin. — Desclée, De Brouwer et Cie,
Imprimeurs des Facultés Catholiques de Lille. — LILLE. — MDCCCXC.

27
Lili
39517

Théodore Wibaux

THÉODORE WIBAUX

Théodore Wibaux

ZOUAVE PONTIFICAL
ET
JÉSUITE.

Illustré de 36 gravures.

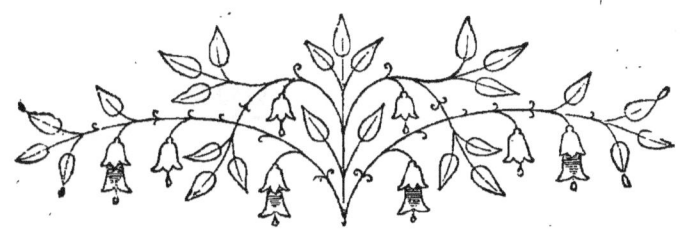

Société de Saint-Augustin. — Desclée, De Brouwer et Cie,
Imprimeurs des Facultés Catholiques de Lille. — LILLE. — MDCCCXC.

NOCES D'ARGENT DU RÉGIMENT DES ZOUAVES PONTIFICAUX

1860 — 1885.

AVANT-PROPOS.

A vous, mon frère Théodore, l'honneur de ces pages ; elles sont vôtres à double titre, puisque vous en êtes à la fois le héros et l'auteur.

Oui, tout ce qu'elles renferment de bon est sorti de votre plume si pleine de verve, de candeur et de jeunesse, ou plutôt de votre cœur de fils et de chrétien.

Si bien qu'au jour de votre départ pour un monde meilleur, vous n'avez rien laissé à faire à qui serait chargé de mettre en lumière pareil trésor.

Rien à faire !... si ce n'est à coordonner quelque peu, à conserver le meilleur dans ce qui est excellent, à retrancher, hélas ! maintes choses délicieuses qui font le charme d'une correspondance quotidienne, mais qui sortiraient du cadre d'un ouvrage comme celui-ci.

Ah ! je comprends aujourd'hui l'art du bijoutier, qui doit, pour faire une parure, choisir entre cent pierres précieuses ; je comprends ses hésitations devant tant de richesses, ses regrets en présence des joyaux qu'il doit sacrifier, sa perplexité pour savoir quelle monture adopter.

Et quand son travail est achevé, il ne peut se défendre d'un sentiment de tristesse, car il avait rêvé un autre idéal.... Du moins, il se console en disant : « Mes pierres sont si belles qu'elles font oublier l'orfèvre. »

C'est aussi ma consolation.

Puisse votre livre perpétuer sur terre votre apostolat trop court, mais si fécond ; puisse-t-il prolonger les douces influences de votre zèle !

Fanon des Zouaves pontificaux à Patay.

Qu'il apprenne aux jeunes gens à ne pas éteindre cette pure flamme du dévouement, allumée par Dieu lui-même aux cœurs de vingt ans ; qu'il leur donne le courage dans la lutte, en leur montrant comment on triomphe.

Qu'il rappelle à vos compagnons d'armes les beaux jours de ce Régiment, où l'héroïsme faisait en quelque sorte partie de l'uniforme, où l'ambition de tous était de souffrir pour l'Église et de mourir pour Dieu.

Qu'il console votre famille justement fière de vous, comme on est fier de tout ce qui est beau, pur et grand.

Enfin, qu'il révèle à vos frères en religion les richesses que recélait le trésor de votre humilité, et leur assure tout ensemble un modèle ici-bas, un protecteur là-haut !

C. DU COËTLOSQUET, S. J.

28 Juillet 1885.

L'AUTEUR déclare se conformer filialement aux décrets du Saint-Siège, au sujet des appellations de saint, de martyr, et autres semblables, qui sont employées dans cet ouvrage suivant leur sens usuel, et non pour prévenir en aucune façon le jugement de l'Église.

THÉODORE WIBAUX

CHAPITRE PREMIER. — (1849 - 1864.)

Théodore. — La Vierge de l'escalier. — Chez les grands-parents. — Défauts. — Taquinerie. — Bénédiction du soir. — Mme Wibaux. — Bon cœur. — Au collège. — Le jardin et les amis. — Les poules du voisin. — La société Saint-Sébastien. — Petit François. — Un ange du ciel.

HÉODORE naquit à Roubaix, le 13 février 1849 ; il eut pour parrain son oncle M. l'abbé Théodore Wibaux, qui dépensa son zèle et sa vie à évangéliser la Cochinchine. Théodore, *Don de Dieu*, nom difficile à porter pour celui qui veut en remplir la belle signification. Oncle et neveu en firent leur programme de conduite. Le missionnaire fut le *don de Dieu* pour les idolâtres ; le zouave-jésuite, pour ses frères d'armes, au régiment et dans la compagnie d'Ignace.

Au foyer de la famille Wibaux-Motte, JÉSUS-CHRIST tenait la place d'honneur. Une atmosphère de christianisme et de piété rayonnait dans ce milieu béni ; les parents dirigeaient vers DIEU les âmes de leurs nombreux enfants, et les enfants apprenaient à aimer leur Père du ciel dans ceux qui tenaient sa place ici-bas.

Une grande statue de la Vierge se dressait sur le palier près du vestibule : on la nommait la *Vierge de l'escalier*. C'était la maîtresse du logis. Aux jours de fête, aux dates qui rappelaient un anniversaire, aux heures de joie ou de tristesse, à l'occasion d'un départ ou d'un retour, Mme Wibaux poussait son petit monde aux pieds de la Madone, et là parents et enfants s'agenouillaient, pour partager avec leur commune Mère ce que DIEU leur envoyait de peines et de plaisirs.

Chaque dimanche était un jour de fête, un jour de joies intimes, ainsi qu'il convient au jour du Seigneur. Comme c'est l'usage dans les cités industrielles du Nord, on faisait alors trêve aux préoccupations et aux affaires ; le tissage dirigé par M. Wibaux devenait désert de ses nombreux ouvriers ; machines et navettes se taisaient, et après les offices de la matinée la famille entière se réunissait, tantôt à Roubaix, tantôt chez M. et Mme Motte, grands-parents maternels, qui habitaient Tourcoing. Autour d'eux se pressaient leurs enfants et petits-enfants, au nombre de trente à quarante. Le repas commençait par le *benedicite* dit à haute voix, et quand venait le moment du dessert, M. Motte ôtait sa calotte de soie ; on connaissait le signal ; les conversations s'apaisaient, et si quelque étranger se trouvait à la table de famille, le maître du logis lui disait simplement : « Nous avons l'habitude de réciter les litanies de la Sainte Vierge, » puis Mme Motte commençait.

Dire que les enfants faisaient cette prière sans distractions serait leur prêter un acte héroïque, et Théodore avouait dans la suite que, durant les litanies, plus d'un regard impatient choisissait d'avance parmi les desserts qui couvraient la table. Mais aussi n'était-ce pas quelque peu le supplice de Tantale? Parfois même la jeunesse toujours ardente pressait instinctivement le mouvement, afin de courir sans retard au jeu, et le *priez pour nous* devenait moins intelligible ; alors M. Motte s'arrêtait court, et rappelait son monde à l'ordre en martelant d'une voix forte : « Pri...ez... pour ... nous ! »

La récitation terminée, les enfants, trop jeunes encore pour manger à la grande table, faisaient leur entrée dans la salle ; entre les convives apparaissait soudain une couronne de petites figures rosées, qui offraient une caresse à chacun et réclamaient leur part du gâteau.

Heureuse famille, où les traditions chrétiennes ont gardé cette jeunesse qu'elles avaient aux âges de foi ! Heureux enfants, qui n'ont pas à chercher au dehors pour trouver repos et délassements ! Aujourd'hui les grands-parents sont morts, mais au cœur des fils les souvenirs restent vivants, ou plutôt, ces souvenirs ont passé dans les actes, perpétuant ainsi la douce vie de famille.

Que serait devenu le petit Théodore dans un milieu moins chrétien ? Le bienfait d'une éducation religieuse se fera d'autant mieux sentir en lui qu'il ne manquait pas de défauts.

Volontaire et impérieux, il prétendait satisfaire ses mille caprices, et devant un refus traduisait sa colère en trépignements de pieds et en coups de poings contre les meubles. Un jour qu'on lui avait refusé quelque objet, il s'écria : « Moi, je serai empereur ou pape, pour pouvoir faire comme je voudrai ! »

A côté de cela, son excellent cœur, son extrême sensibilité, forçaient à des ménagements dans les réprimandes ; car s'il voyait ses parents mécontents de lui, il entrait dans de véritables désespoirs, si bien qu'après avoir grondé, on devait remplir le rôle de consolateur. Impressionnable à l'excès, il se cachait à la vue d'un fusil et fuyait pour ne pas entendre le tambour.

Faut-il ajouter que taquiner ses frères et sœurs était pour lui comme une seconde nature, et qu'afin de ne pas se mettre en frais inutiles, il s'en prenait de préférence à ceux qui se montraient plus sensibles aux attaques ? L'homme est ainsi fait : la résistance l'excite. Remontrances et punitions ne lui furent pas ménagées ; mais quand Mme Wibaux grondait, l'enfant courait vers sa mère et lui mettait sa petite main devant la bouche : « Non, non, maman, ne dis rien, s'écriait-il, je ne serai plus taquin. » Ou encore, lorsqu'il se sentait plus coupable, il se gourmandait publiquement : « Méchant Théodore ! lâche ! indigne ! qui a fait de la peine à maman ! Oh ! maman, tu ne pourras oublier ma faute, tu y penseras toujours ! » Quel cœur maternel n'aurait point pardonné ?

Il y avait aussi les mauvais jours, où la douceur ne suffisait pas à mater la volonté capricieuse de l'enfant ; on recourait alors aux grands moyens : M. Wibaux intervenait, et devant la fermeté paternelle, Théodore rentrait bien vite dans le calme et dans l'ordre ; une crainte salutaire ramenait la sagesse.

Quand Mme Wibaux sortait avec ses quatre fils aînés, elle n'avait de difficultés qu'avec Théodore ; à lui seul, avouait-elle ensuite, il lui donnait plus de soucis que les trois autres ensemble. Elle devait le prémunir contre ses tendances tapageuses, lui faire promettre d'être sage en telle ou telle occasion plus critique, et alors, la promesse faite, elle était sûre de son enfant, pour qui parole donnée était parole sacrée.

Un jour cependant qu'il s'était montré taquin outre mesure, il fallait une punition plus sensible. Suivant un vieil usage de famille, les enfants venaient chaque soir demander la bénédiction à père et mère, coutume toute chrétienne, qui donnaît un reflet du ciel à cette dernière réunion de la journée. Ce soir-là, Théodore se présente à son tour ; la bénédiction est refusée. Il insiste, mais vainement ; il s'est trop mal conduit, il ne mérite pas d'être béni ; on lui ferme la porte. Le pauvre enfant comprend alors sa faute, il se retire et pleure ; mais comment passer une nuit tranquille et dormir sous un pareil coup ? Tout sanglotant, il revient à la porte de sa mère, il frappe, il se couche sur le plancher, il demande pardon : « Maman, je ne m'en irai pas... pardon !... bénis-moi... Je suis un méchant, un vilain... Je t'en prie, la bénédiction. » Il persévéra ainsi pendant plus d'une heure, si bien que la fermeté de Mme Wibaux dut céder devant la constance de son enfant. Ce soir-là, il avait compris ce que c'est que la prière.

Cette influence de la mère sur le fils, payée par la plus tendre affection du fils pour la mère, fut, dès l'enfance de Théodore, le frein qui dirigeait cette nature parfois difficile, et plus tard elle sera le salut de cette âme ardente. Et qui aurait pu résister à ces mille industries maternelles où perçait la douce piété de Mme Wibaux ? Que de fois, au moment du coucher, les enfants trouvaient près de leur lit quelque billet dicté par le cœur de celle qui n'oubliait rien ! « Cher enfant, dis une prière à Marie en t'endormant... As-tu pensé à DIEU durant la journée ?... Songe à la fête qui approche... » Ou encore, si le lendemain était un jour de communion, elle allait le soir d'une chambre à l'autre, et lisait un chapitre de l'Imitation, afin que la dernière pensée avant le sommeil fût pour DIEU, et qu'au matin il eût aussi le premier battement du cœur.

Treize enfants furent la couronne et la récompense de M. et de Mme Wibaux ; mais dans ce nombre, DIEU eut soin de se réserver ses fleurs de choix : les unes furent cueillies, jeunes encore, pour orner le paradis ; d'autres furent plus tard transplantées dans le cloître, pour grandir à l'ombre. A cette famille si chrétienne ni les protecteurs au ciel, ni les intercesseurs sur terre ne devaient faire défaut. Petits anges et religieux furent chargés de ce double rôle.

Un problème reste à résoudre au sujet de Théodore, problème difficile, si l'exemple de cent autres enfants n'en donnait la solution : comment avec ce caractère enclin à la taquinerie accorder l'extrême bonté de son cœur ? Et cependant le fait est là, il aimait tendrement ceux et celles que son humeur espiègle prenait pour objectif, et si les brouilles avec lui étaient fréquentes, si parfois on allait jusqu'à déclarer toute réconciliation désormais impossible, Théodore ne tardait pas à faire lui-même les avances, et cinq minutes après, on s'embrassait chaudement ; la contradiction et la dispute cimentaient l'amitié.

Il avait sept ans et demi lorsqu'il fut mis comme externe au collège ecclésiastique de Roubaix, avec son frère Joseph, plus âgé d'un an.

Le petit Théodore entra en neuvième ; il y a commencement à tout. Par nature, il n'est pas ce qu'on appelle un travailleur ; il aime à courir, à gambader, à faire des niches ; il déteste la contrainte, ne connaît pas la gêne, et parmi les bons morceaux s'adjuge d'instinct la part du lion. Mais un amour-propre bien placé le stimule ; il veut le succès, et se sentant capable de l'obtenir, il n'entend pas laisser aux autres les premières places. S'il avait eu moins d'émulation, il aurait, comme tant d'enfants, spéculé sur sa facilité, et sans trop de peine il serait parvenu à cette médiocrité, triste apanage des jeunes gens qui peuvent se dire : Bah ! j'arriverai toujours !

Il arriva, et au premier rang, grâce à un travail énergique ; durant ses huit années de séjour au collège de Roubaix, il ne remporta pas moins de vingt-sept prix et de trente et un accessits ; c'était une jolie récolte, d'autant que le prix d'excellence y figurait toujours, et qu'en seconde il obtenait jusqu'à dix nominations. Et cependant, jamais on ne remarqua chez lui le moindre signe d'amour-propre qui rappelât ses succès, jamais l'ombre d'une jalousie envers un concurrent heureux. Il visait à la première place, mais il s'en voyait dépossédé sans arrière-pensée contre un plus habile que lui ; son talent était humble, aussi fut-il toujours aimable à chacun. Une année après la distribution des prix, comme il s'en revenait chargé de livres et de couronnes, il s'empressa de partager son précieux fardeau avec un de ses frères, afin qu'en les voyant passer, on pût croire à un succès égal pour tous deux.

Les jeudis et les dimanches, la famille reprenait ses droits : on en goûte mieux les douceurs après en avoir été privé. La maison de M. Wibaux était toujours ouverte aux camarades de collège ; aussi y avait-il affluence pour profiter du vaste jardin. Les après-dînées du jeudi rassemblaient parfois jusqu'à trente amis ; qu'on juge du vacarme et de l'entrain ! Tout était à souhait pour s'en donner à l'aise et faire de grandes parties : l'espace, le gazon, les arbres, les joyeux compères, et, dominant tout cela, un large morceau du ciel du bon DIEU, bienfait inappréciable au milieu d'une ville toute hérissée de hautes cheminées.

« Mon jardin ! écrivait Théodore devenu Zouave, je n'y pense jamais sans émotion ; souvent même c'est avec des larmes dans les yeux. Doux souvenirs de l'enfance ! J'y ai joui du bonheur de mon père et de ma chère mère, heureux d'y converser ensemble sous les grands arbres. Maintenant encore, au bruit des cloches, en présence de la belle nature, je pense à mon jardin. Vous souvenez-vous des œufs de Pâques ? que c'était gai ! et de ces jeux bruyants avec de nombreux amis, et de ces après-midi passés dans l'intimité ? Mon DIEU, faites qu'un jour nous nous retrouvions dans le jardin du ciel ! »

« Nous étions toujours bien reçus, rappelait un condisciple d'alors ; c'était la maison de la franche amitié, et l'on en sortait meilleur. » Comment en effet ne pas ressentir l'influence de pareil entourage ? Mme Wibaux était si douce, si maternelle pour tous; M. Wibaux traitait ses fils en amis, et prenait volontiers sa part des jeux et des plaisirs. Entre les parents et les enfants une place était réservée à l'aîné de la famille, Willebaud, plus âgé que Théodore de quatre ans. Sitôt ses brillantes études terminées, il était devenu le bras droit de son père, et vis-à-vis de ses cadets participait à l'autorité paternelle. Sa cordiale affection rendait douce à chacun cette supériorité. Il était consulté par ses parents et donnait conseil aux plus jeunes ; son avis était écouté de tous.

Dans les joyeux ébats dont fut témoin le jardin de la maison paternelle, Théodore, on le devine, était un des boute-en-train, car, malgré une certaine gaucherie de manières, qu'il conserva toujours et dont il riait volontiers, il primait dans tous les exercices du corps. Joignez à cela une originalité de goûts qui le mettait en dehors de l'alignement vulgaire ; enfin et surtout, une aptitude spéciale à flairer les occasions où il y avait un bon coup à faire, un tour à jouer. Les voisins en surent quelque chose, sans parler des masques du carnaval, sur lesquels nos écoliers faisaient pleuvoir une grêle de balles en glaise durcie, et alors quel plaisir de voir Pierrots et Arlequins s'en prendre à leurs voisins des projectiles qui les accablaient !

S'il prévoyait un mauvais coup, Théodore, tout en excitant les autres, devenait prudent pour son compte, et comptait sur ses longues jambes pour se tirer d'affaire. Un jour entre autres, à son instigation, la porte de la basse-cour du voisin fut ouverte, laissant libre carrière aux lapins et aux poules, qui allèrent s'ébattre à travers les plates-bandes. C'était, paraît-il, un mode de représailles pour je ne sais quel méfait dont se plaignaient nos espiègles. Théodore était à son poste sur le mur, afin d'assurer la retraite de l'émissaire envoyé par lui : « Je tiens l'échelle, lui criait-il, n'aie pas peur. » Le tour fait, on ne tarde pas à venir sonner chez M. Wibaux : un domestique apporte une lettre ; les coupables, qui redoutaient quelque chose, étaient postés pour la recevoir... On ne s'étonnera pas trop en apprenant que les plaintes du propriétaire de la basse-cour n'arrivèrent jamais à destination.

Parmi les jeux favoris, le tir à l'arc tenait une place d'honneur ; les cousins de Roubaix et de Tourcoing, voulant faire les choses sérieusement, résolurent de se constituer en société. On fut bientôt une douzaine de membres ; mais il fallait se choisir un chef ; on mit donc au concours le fauteuil présidentiel où devait trôner celui qui tirerait la plus belle flèche. Théodore remporta la palme et fut solennellement proclamé, tandis que le grand saint Sébastien, protecteur-né des archers, donnait son nom à la nouvelle confrérie.

La petite société Saint-Sébastien fonctionna plusieurs années. Tourcoing et Roubaix, si célèbres par leur rivalité légendaire, sentaient revivre, en face de la cible, l'antagonisme du terroir ; à ce moment on n'était plus cousins, on était Roubaisiens ou Tourquennois. Ces derniers, étant plus nombreux, gagnaient facilement des points : « Vive Tourcoing ! » s'écriaient-ils. Théodore de son côté encourageait les siens : « Attention ! soutenons Roubaix ! » et quels vivats si Roubaix remportait la victoire ! En la fête de saint Sébastien, la jeune société assistait à une messe, tout ainsi qu'aux vieux âges, après quoi il y avait une séance solennelle, où le grave président faisait un discours ; enfin tous entonnaient le chant de la confrérie, composé tout exprès par un de leurs oncles, M. Pierre Motte.

Quand approchait la fin de l'année scolaire, Théodore, désireux de remporter les prix de mémoire, ne faisait pas difficulté de donner un coup de collier, mais il n'entendait pas pour cela sacrifier les joyeuses parties. Comment accorder les deux choses ? Son esprit fut toujours fertile en expédients. Il invitait, pour l'après-dînée du jeudi, ceux qu'il prévoyait être des concurrents sérieux au prix en question. S'ils se rendaient à l'appel, Théodore jouait comme d'habitude pendant des heures, sûr qu'ensuite sa facilité de travail lui donnerait l'avantage. Mais qu'un seul de ses compétiteurs refusât, ni parties de barres, ni promenades, ni compagnons ne pouvaient l'arracher de sa chambre ; jeudis et dimanches devenaient jours d'étude ; il prenait même sur son sommeil, veillant le soir et se levant de grand matin, car il ne pouvait ni jouer gaîment, ni dormir tranquille tandis qu'un autre se préparait à lui ravir le prix convoité.

Souvent aussi, cédant à son amour pour l'indépendance et la belle nature, il partait le matin des jours de congé, armé d'un morceau de pain et de quelque assaisonnement rustique, à l'instar des ouvriers, et courait la campagne pour respirer à pleins poumons le bon air de la liberté ; ou mieux encore, il prenait avec lui ses deux petits frères Léon et François, tout fiers de se promener avec le grand *Todore*, comme ils disaient.

François, en sa qualité de Benjamin, avait surtout les sympathies de Théodore ; du reste, qui aurait pu s'empêcher d'aimer le caractère décidé de cet enfant, qui, à trois ans, avait l'allure d'un petit homme ? Un jour, il entend parler de soldats en garnison à Lille ; sans dire mot, il quitte la maison et s'en va résolument par les rues ; on le rejoint, on lui demande où il va : « A Lille, répond-il, chez les soldats. » Une autre fois, il voit battre un enfant beaucoup plus grand que lui ; aussitôt, oubliant sa petite taille et sa faiblesse, il se jette sur celui qui abusait de sa force. S'il arrivait à Théodore, durant le repas, de taquiner l'un ou l'autre en lançant des projectiles de mie de pain, petit François descendait de sa grande chaise et, d'un air résolu, il allait se poster devant l'assiégé, pour le couvrir de son corps et de ses bras.

Son bonheur était d'entendre à l'église les chants liturgiques, et de les répéter à mi-voix lorsqu'il jouait tout seul. C'était le petit oiseau du bon Dieu, toujours gai, toujours gazouillant, qui vivait pour le bonheur de chacun.

Hélas ! Léon tomba malade d'une angine, et François, qui ne comprenait pas pourquoi on le séparait de son inséparable, parvint à tromper la surveillance pour courir se jeter dans les bras de Léon. Comme on l'arrachait à cette fraternelle effusion, il s'écria : « Mais c'est mon petit frère, je peux bien l'embrasser ! » Presque aussitôt il fut atteint lui-même ; le croup se déclara, et ne laissa bientôt plus d'espérance. « Je vais mourir, disait-il, on me mettra dans la terre, mais je n'y resterai pas ; j'irai bien vite au ciel voir le bon DIEU. » Se sentant altéré, il demanda quelque chose à boire, « quelque chose de bon, » comme dans ses promenades avec Théodore. C'était l'usage du grand frère, lorsqu'ils avaient tous deux arpenté les champs, de prendre avec son compagnon un verre de sirop, et afin de doubler le charme, il servait François dans un grand verre, « pour faire comme Théodore. » Sur la demande du petit malade, on apporta donc du sirop ; il en but une gorgée et dit : « Oh ! avec *Todore* c'était meilleur... »

Au jour de la Toussaint, tandis qu'à la grand'messe on entonnait le *Gloria*, le petit ange s'envolait au ciel ; il allait retrouver Jean et Angèle, ses frère et sœur, morts tous deux à l'âge d'un an, et il continuait avec eux en paradis le chant d'allégresse du *Gloria in excelsis*, pour ne jamais le finir.

Théodore venait d'être mis en pension avec Joseph au collège de Marcq, voisin de Lille. Il se faisait une grande joie de la première sortie, durant laquelle il retrouverait son cher François. Déjà une promenade était organisée ; on devait jouer, chanter et jaser ensemble. M. Wibaux vint lui-même annoncer aux deux pensionnaires la mort du petit frère. On versa bien des larmes ; Théodore même semblait d'abord se révolter contre l'épreuve ; ne plus voir François, c'était trop dur. Mais le père chrétien trouva dans sa foi les bienfaisantes consolations que réclamait la blessure faite au cœur de ses fils. Deux jours après, Théodore et Joseph venaient à Roubaix assister aux chants joyeux de la messe des Anges. Ils ne pouvaient, hélas ! revoir François, car, par crainte de la contagion, défense leur était faite de pénétrer dans la chambre ; ils dressèrent donc une échelle contre un mur, d'où les regards plongeaient dans l'appartement ; Mme Wibaux approcha de la fenêtre le berceau tout enguirlandé du cher mort, et les grands frères, charmés et désolés, revirent celui qui faisait leur joie. Sans dire une parole, la mère embrassa François au nom de ses deux fils, puis, levant les yeux, elle leur montra le ciel ; tableau touchant que M. Wibaux contemplait à travers ses larmes.

Dès la première nouvelle de cette mort, Théodore avait écrit à sa mère pour la consoler. Son imagination et sa piété lui représentent l'entrée de son petit frère en paradis, et il se prend à remercier Dieu : « Nous devons bénir la Providence de ce qu'elle a daigné faire de François un petit ange, nous devrions même chanter des actions de grâces... mais je ne puis m'empêcher de pleurer lorsque je songe à ce cher ami. Souvent il me parlait du bon Dieu et du ciel ; souvent il me demandait si le bon Dieu était sage. Puisque je ne puis l'embrasser une dernière fois, j'offre encore cette peine à Jésus-Christ ; du reste, j'ai chargé mon bon ange d'aller porter ce dernier baiser à mon cher petit frère. »

CHAPITRE DEUXIÈME. — (1864-1866.)

Collège de Marcq. — Œuvres de zèle. — Médaille d'or. — Chez les Rédemptoristes. — Rome et la convention de septembre. — « Je veux être zouave. » — Luttes et sacrifices. — Recours à Marie. — Vacances. — Pénible attente. — Louis Veuillot. — Dernier repas. — La mère chrétienne.

E collège de Marcq, où Théodore allait terminer ses études, lui offrait, dans la vie de pensionnaire, mainte occasion de déployer son initiative et d'assouplir son caractère ; c'était un heureux complément de l'éducation si franchement chrétienne, si pleine de largeur et de fermeté, qui avait présidé à ses premières années. A Marcq, en effet, on ne se contentait pas de former de bons littérateurs et de solides chrétiens, on voulait faire des apôtres, en initiant dès le collège les jeunes gens aux œuvres de zèle, aux joies de l'aumône et aux douceurs de la charité.

Théodore demanda aussitôt à être admis dans la Congrégation de la Sainte-Vierge et dans la Conférence de St-Vincent de Paul, qui offrait cet avantage d'être administrée par les élèves eux-mêmes ; l'intérêt était ainsi doublé par le stimulant de la responsabilité. Tout l'argent de notre écolier passait aux pauvres ; il donnait sans autre mesure que sa bonté de cœur, et jamais aucune observation ne put le corriger du défaut d'être généreux jusqu'à l'excès, défaut qui, en enrichissant son âme, le laissait toujours à sec.

Rencontrait-il par la campagne des enfants pauvres, il les questionnait, leur faisait réciter leurs prières et les récompensait par une aumône ; ou encore il instituait un concours, avec enjeu pour celui qui arriverait le premier à un but indiqué ; la course faite, il donnait le prix au vainqueur, et, gagné par l'air suppliant des autres, il finissait par donner à tous.

Mais l'aumône de la bourse est chose trop facile ; les promenades de la semaine étaient employées par les membres de la Conférence à distribuer les bons de pain et de viande, les habits pour le corps et les paroles de foi pour l'âme ; ils se formaient à cet art délicat qui consiste à se donner soi-même. Durant l'après-midi du dimanche, Théodore avec quelques élèves faisait la classe au patronage établi dans le collège ; deux cents enfants venaient assister aux leçons d'écriture, de lecture, de calcul, faites par *un petit monsieur*, qui variait ses plaisirs entre le rôle de professeur et celui d'organisateur des jeux. Dieu sait le mal que Théodore se

Chapelle du Collège de Marcq.

donnait au milieu de ce monde plein de turbulence ! Placé entre le règlement et son bon cœur, il ne savait comment faire observer l'un sans froisser l'autre ; du moins il récolta dans ce ministère une ample moisson d'actes de patience, qui payèrent avec usure ses propres fredaines d'écolier.

Jamais il ne connut d'hésitation dans sa piété, dont la franche allure ne connaissait ni le respect humain ni la forfanterie. Le soir, il n'aurait pas voulu s'endormir sans avoir passé au cou son chapelet et suspendu sur sa poitrine un crucifix de cuivre, qu'on appelait parmi les siens « la grosse croix de Théodore ». Au temps des vacances, il assistait chaque jour à la messe, durant laquelle il récitait une série de prières qu'il s'était imposées ; pour un écolier si amateur de jeux et d'indépendance, pareille fidélité ne montre-t-elle pas une rare énergie ? et que de grâces elle dut lui mériter !

À côté de ces qualités il n'avait rien perdu de ses défauts : le sans-gêne, la taquinerie, l'amour de ses aises, se chargeaient de faire le revers de la médaille, ce qui n'empêchait pas son excellent cœur de lui assurer l'amitié de tous. Singulier mélange de bon et de mauvais, il n'était pas de ces petites perfections qui trop souvent deviennent de vulgaires médiocrités. Ses vertus, conquises à la pointe de l'épée, ne seront plus tard que plus solides et plus belles ; de quelle valeur en effet sont celles qui ne coûtent pas d'efforts ?

Ses succès littéraires en rhétorique furent plus brillants que jamais ; à la fin de l'année il remporta le prix d'honneur, et comme il arrive à celui qui tient une large part dans l'affection de tous, des salves répétées, des acclamations frénétiques firent cortège au lauréat tandis qu'il portait à sa mère la superbe médaille d'or. La sainte femme, craignant que l'orgueil n'enlevât à son fils la meilleure part de son triomphe, lui dit à l'oreille en l'embrassant : « Remercie le bon DIEU. » — « C'est déjà fait, » reprit Théodore. Elle avouait ensuite que cette réponse lui avait causé plus de joie au cœur que tous les prix de son enfant.

Vers cette époque, Joseph et Théodore accompagnèrent leurs grands parents dans un voyage dont le but était le noviciat des Pères Rédemptoristes à Téterchen ; M. et Mme Motte allaient faire visite à un de leurs fils récemment entré dans la famille de saint Alphonse. Durant la route, le grand-père se délectait avec son Virgile et en récitait par cœur de longs morceaux, faisant avec ses petits-fils des concours, dont il sortait toujours vainqueur. Arrivés au but du voyage, les deux enfants furent frappés par tout ce qu'ils voyaient dans cette maison, où les jeunes novices se formaient à l'apostolat. De loin, un couvent semble plein de mystère, mais quelle lumière du paradis quand on y pénètre ! Nos voyageurs trouvèrent chez les Rédemptoristes cette franche hospitalité, cette simplicité chrétienne qui met à l'aise et ce joyeux rire, patrimoine de tout novice, éclosion spontanée du bonheur d'être à DIEU. Au spectacle de pareille vie qui fait rêver au ciel, Théodore disait à Joseph : « Voilà ce que l'on gagne à être en paix avec sa conscience, » et tout en se promenant les deux frères parlaient d'avenir ; Joseph prenait rang par avance dans cette famille d'apôtres, et Théodore faisait cet aveu : « Je ne crois pas que je serai religieux ; du moins j'espère être missionnaire comme mon oncle l'abbé. » Il entrevoyait déjà la beauté du sacrifice, mais son regard jeune encore aurait voulu sans doute poétiser la croix, qui demande à être regardée en face.

Cependant, à la rentrée d'octobre 1865, un cours supérieur de rhétorique fut fondé à Marcq pour les élèves les plus forts de l'année précédente. Théodore s'inscrivit aussitôt, désireux de perfectionner ce qu'il n'avait pu qu'ébaucher. Et, en effet, malgré ses prix et ses succès, pouvait-il se flatter d'avoir, en une année, étudié les modèles de façon à les connaître, et acquis ce style original et personnel qui est le fruit de lectures et de compositions multiples ? Plus que tout autre, notre rhétoricien était à même d'être façonné au beau, et c'est en partie à cette seconde année qu'il dut sa facilité extraordinaire de composition, son coloris, sa justesse d'expression qui ne vise jamais à l'effet, et qui pour cela même va toujours droit au but.

Mais, dès les premières semaines de 1866, d'autres pensées vinrent se jeter à la traverse de ses préoccupations littéraires. Rome attirait les regards des catholiques, justement alarmés en voyant avec quelle astuce s'accomplissait la convention signée entre la France et l'Italie. On se rappelle comment, le 15 septembre 1864, Napoléon III s'était engagé à retirer des États Pontificaux les troupes françaises dans un délai de deux ans, à charge pour le Piémont de respecter le territoire du Saint-Siège et de ne pas s'opposer à l'organisation d'une armée papale. Qu'il suffise de rappeler les fourberies mal déguisées dont cette convention fut prodigue : d'une part, la France empressée à observer le traité ; de l'autre, l'Italie violant effrontément les clauses du contrat, et usant de tout moyen pour fomenter le trouble dans les provinces pontificales ; des pourparlers sans fin entre les deux cabinets ; réclamations incessantes de Paris contre les levées d'hommes et les armements qui se faisaient au grand jour autour du territoire de l'Église, réponses de Florence payant les timidités des diplomates français avec sa fausse monnaie de protestations et d'assurances mensongères, que M. Rattazzi signait d'une main tandis qu'il offrait l'autre à Garibaldi. Devant cette violation lente, mais audacieuse, d'un traité qui garantissait un reste de liberté au Souverain Pontife, les catholiques jetaient le cri d'alarme, auquel le gouvernement français n'opposait qu'une réponse : Tout est pour le mieux, et la preuve, c'est que le ministre italien l'affirme.

Entre ces deux puissances Pie IX protestait ; mais que peut un souverain lésé quand les soldats lui manquent pour conjurer l'injustice ? Du moins sa voix attristée retentissait par le monde, et de tous côtés les catholiques se levaient pour venir prendre le poste d'honneur occupé jusque-là par la France. Hélas ! l'heure approchait où notre drapeau ne flotterait plus pour embrager la tiare pontificale.

Théodore, lui aussi, se sentit entraîné par ce courant de générosité qui aboutissait à Rome ; il alla trouver son père et lui demanda la permission de partir. Son jeune enthousiasme devait sans doute prévoir que l'autorisation ne lui serait pas accordée sans objections, mais il était loin de soupçonner la sage réponse qu'il reçut : « Toi, Zouave du Pape ? tu n'y songes pas ? Toi qui ne sais rien te refuser ni rien souffrir ? toi si difficile pour la nourriture, qui ne peux dormir si ton lit n'est pas à ta guise, qui ne saurais te priver même d'un cigare ? Mon cher Théodore, commence d'abord par te vaincre, montre-moi, pendant toute cette année, que tu es capable de faire ce qui est pénible à la nature. Tu n'aimes pas les mathématiques, il faut t'y appliquer ; tu es plein de défauts, corrige-les, et alors je croirai que tu peux supporter les ennuis et les fatigues de la vie militaire. »

C'était parler en homme pratique, en chrétien, en père soucieux du bien de son fils. Devant pareille fermeté Théodore resta déconcenancé ; la besogne était rude, l'échéance courte, les points à réformer nombreux ; et puis, se vaincre, se combattre sur toute la ligne, veiller toujours sans désarmer, c'était une dure perspective. N'importe ! il veut le but, il accepte les conditions, il se met à la besogne. Ses frères Joseph et Stéphane, ses condisciples, ses maîtres, ne sachant rien de ses projets, ne comprennent rien à ses nouvelles allures ; ce n'est plus le même homme, ou plutôt c'est toujours lui, avec les défauts en moins. Théodore serviable, ne songeant plus à taquiner, n'ayant plus ses lubies, ne cherchant plus ses aises ! tout le monde s'étonnait d'un si brusque changement. Un de ses maîtres, instruit de son projet, le vit un jour causer à l'étude : « Pour un futur Zouave, lui dit-il, vous devriez autrement comprendre et pratiquer le règlement. » L'avertissement ne dut jamais être renouvelé ; Théodore ne parla plus en temps prohibé.

Mais où donc avait-il puisé cette force qu'il ne se connaissait pas lui-même ?

Ah ! c'est qu'il n'était pas seul dans cette lutte pénible, incessante. Il s'était jeté à corps perdu entre les bras de sa Mère du ciel ; il la priait, il l'importunait. La chambre qu'il habitait avec Joseph donnait sur la cour de récréation, en face d'une statue de la Vierge; le soir venu, il s'agenouillait, les yeux fixés vers elle, et demeurait longtemps en posture de suppliant ; parfois il versait des larmes, et ceux qui pouvaient le voir trouvaient tout cela bien mystérieux. Au sortir de classe, au lieu d'aller jouer, il courait à la chapelle pour recommencer ses instances devant celle qu'il invoquait comme sa Mère. Les luttes intimes du nouveau Théodore contre l'ancien lui faisaient chercher ailleurs qu'en lui le courage et la persévérance ; rien n'est fort comme celui qui se sent faible et qui prie.

Il compose une liste des martyrs de Castelfidardo, Pimodan en tête ; voilà ses chers patrons, ses modèles. Mais il sent bien que, si elle est sincère, la prière des lèvres ne monte pas seule vers DIEU, qu'elle veut pour compagne la prière des actes; aussi, sans rêver à de chimériques mortifications, il s'applique à mieux faire ce que la vie du collège exige de lui. Le chrétien pratique se révèle dans les règles de conduite qu'il s'impose : « Je saurai parfaitement mes leçons... Je ne ferai pas de lecture avant d'avoir terminé mon devoir.... Je me passerai de goûter. » Pour un appétit robuste comme le sien, ce dernier point n'était pas sans mérite. « Je n'irai pas en récréation avec *** ni avec ***. » Au contraire, comme il éprouve pour un élève une vive antipathie, il s'impose d'aller avec lui au moins une fois par jour. Chaque jour aussi il récite le chapelet, et son cœur généreux en offre une dizaine pour quelqu'un dont il avait beaucoup à souffrir. La nuit même ne pourra interrompre les élans de son âme vers DIEU, car, afin de prolonger sa prière à travers le sommeil, et pour goûter les rudes joies du sacrifice même pendant son repos, il couche sur la dure, et ne veut dorénavant d'autre lit que le plancher....

Et l'on croit parfois que la vertu s'obtient sans coup férir, et que la sainteté est un don gratuit du ciel, où la volonté humaine n'a qu'un rôle passif !

Théodore sentait bien qu'il lui fallait là-haut des protecteurs pour le soutenir dans ses combats quotidiens : il inscrit donc les noms des saints et des saintes qu'il chérit entre tous, et à la suite de ces litanies il ajoute cette prière : « Présentez à DIEU mes légères offrandes, guidez-moi dans mes confessions, rendez-moi profitables mes communions. Je veux changer complètement ; j'ai besoin de tout ; j'espère, j'espère ! »

Durant le mois de mai, l'occasion est belle d'emporter pièce et de faire violence au ciel : « Bonne Mère, écrit-il, vous voyez ma détresse et mon abattement ; mon cœur est enclin au mal ; mon âme est triste, sans ferveur, n'aimant ni Dieu, ni vous, comme il convient, et cependant j'ai grande confiance. On me redit sans cesse que vous changez les plus grands pécheurs en de véritables saints. Cette ferveur, ces vertus qui vous sont chères et qui me manquent, je vous les demande en grâce ; obtenez-moi d'être à la fin de ce mois un digne serviteur de l'Église, un vrai Zouave pontifical. Bonne Mère, exaucez-moi. »

A la récitation quotidienne du chapelet il ajoute l'office de l'Immaculée-Conception ; il multiplie ses sacrifices, il ne rêve que privations ; tel sera toujours le caractère de sa piété : affectueuse et tendre, mais surtout pratique.

Le mois d'août 1866 ramenait les grandes vacances, et, devant cette perspective de liberté, Théodore craignait sa faiblesse, sans toutefois perdre confiance. Il écrivait alors dans ses résolutions : « Les petites victoires que j'ai remportées me donnent de l'audace ; depuis cinq mois je me suis préparé à la lutte ; je tiens à montrer à ma famille que mes desseins sont sérieux. » Puis il prévoit, jusque dans les plus minutieux détails, toutes les occasions où ses anciens défauts pourraient relever la tête : « Je dois me souvenir que je suis faible, que facilement le monde m'éblouit. La mortification et une vigilance exacte sur mes paroles, sur mes moindres actes, pourront seules me maintenir dans la bonne voie et me donner le sérieux nécessaire. »

Aussi ces vacances ne ressemblent en rien aux précédentes ; le travail intérieur, les pensées de foi, l'amour du sacrifice, se font jour dans chacun de ses actes ; ce n'est plus l'enfant qui allait joyeux à travers la vie, laissant bondir la nature, les rênes sur le cou ; c'est l'homme qui se tient en bride, et qu'un rayon du ciel éclaire dans le chemin du devoir : « Courage, écrit-il, courage, Théodore, et persévère ! En acceptant l'épreuve et le sacrifice, tu as pris la meilleure part. Si tu es un jour un Zouave pontifical zélé, patient et chaste, quelle belle place t'attend au ciel ! »

Durant ces jours de repos son règlement est sévère : lever de grand matin, puis une heure de prière à l'église ; le dimanche, il entend jusqu'à trois messes ; plus de délassements qui le détournent de la pensée de Dieu ; il travaille, il lit, il rend service à chacun ; il sanctifie ses promenades en les dirigeant vers une église ; matin et soir il médite et s'examine. Une mortification pénible s'offre à son cœur généreux : il aimait à fumer, moins sans doute pour obéir à une habitude qu'il n'avait pas eu le temps de contracter que pour se donner un air d'indépendance et de liberté. Volontiers, à cet âge, on se croit émancipé le jour où l'on a savouré son premier cigare ! Quoi qu'il en soit, Théodore ne se laissera plus tenter par le tabac, et si la privation fut parfois un peu dure, elle n'en fut que plus chère à cette âme sur laquelle avait passé un souffle de surnaturel.

S'engager au service du Pape n'était pas pour lui un caprice, un coup de tête, un pis-aller, mais bien un appel, une vocation. « Si je travaille aujourd'hui plus que jamais à ma sanctification, c'est en vue de mes projets ; les déceptions, les souffrances morales et physiques, les dangers de toute sorte m'attendent, mais j'ai confiance. Que l'amour de Dieu, de l'Église, de Pie IX, que le désir de souffrir en vue du ciel et de tomber martyr, soient mes seules inspirations. » Ame loyale, brave cœur que l'idéal attire et transforme !

Quand, après deux ans passés à Rome, il reviendra en congé et relira ces résolutions dictées par son cœur, tombées de sa plume ardente et passées dans ses actes, le jeune Zouave s'étonnera lui-même d'avoir été si bien préparé à cette grande vocation. Il se rappellera avec bonheur cette année de luttes et de victoires, car rien ne laisse au cœur un plus doux souvenir que le sacrifice vaillamment embrassé. A la marge de ces règles de conduite, écrites deux années auparavant, le Zouave trace ces mots : « Combien j'ai souffert alors ! J'ai supporté l'humiliation de mon amour-propre, j'ai anéanti tous mes instincts de liberté. Que de mortifications pénibles ! Rien n'est perdu lorsqu'on travaille pour le ciel ; j'ai été soutenu, conduit comme l'enfant dont la mère dirige les premiers pas. Mon Dieu, que je corresponde toujours à tant de grâces ! »

Cependant les conditions imposées par M. Wibaux à son fils avaient été remplies ; le père s'était montré homme de foi et de caractère, le fils avait prouvé qu'il était digne d'être soldat du Pape ; le moment de l'exécution semblait arrivé. Mais, durant ces mêmes vacances, tout fut soudain remis en question, car des personnages haut placés conseillèrent d'attendre.

Quand Théodore vit tous ses projets réduits à néant au moment où il croyait toucher au port, il pleura, il sanglota, mais il se soumit. Cette nouvelle épreuve mit sa vertu en plein jour. Il employait son temps en leçons de philosophie et de mathématiques, toutes choses en complète opposition avec ses goûts, et cependant jamais un signe de mécontentement. Il obéissait en rongeant son frein : « Je rougis de colère, d'impatience, de regret à la lecture des journaux, » écrit-il à son ami M. Victor Crombé, qui attendait, lui aussi, l'autorisation de ses parents pour aller à Rome.

« Mon intention, ajoute-t-il, est d'offrir mon sang et ma jeunesse au Saint-Père. Il y a trois ans je commençai à y penser. Ce n'était encore que des rêves d'enfant. Cette année, Dieu m'a envoyé l'inspiration soudaine de me dévouer pour l'Église, inspiration si manifeste qu'elle opère en moi les plus grands changements et transforme mon caractère. Depuis lors, la pensée d'un martyre prochain a été le mobile de toutes mes actions. Je suis dans l'attente et l'inquiétude. Prions ensemble, mon cher Victor : la prière nous fortifiera, nous consolera. »

Cependant, à Rome, les choses marchaient à grands pas ; c'était en décembre que les dernières troupes françaises devaient quitter le territoire pontifical ; Pie IX renouvelait vainement ses protestations contre la politique de Florence, et les cœurs catholiques songeaient avec effroi au moment où leur Roi spirituel allait se trouver réduit à sa petite armée en présence des convoitises de l'Italie. En France, on tenta, mais vainement, d'obtenir du gouvernement impérial un sursis au retrait des troupes ; notre pays devait continuer à descendre, poussé dans l'abîme par la politique anti-chrétienne de son chef.

Au milieu des retards imposés à son ardeur, Théodore cherchait un homme qui le comprît, et dont l'avis pesât dans la balance. Il écrivit à Louis Veuillot, lui exposa ses désirs, lui dévoila ses défauts, et, avec cette candeur d'une âme idéale, lui demanda s'il n'était pas trop audacieux en visant à ce suprême honneur de servir le Pape. Louis Veuillot lui répondit cette lettre admirable où le cœur du grand chrétien bat sous chaque mot ; on dirait un preux du moyen âge montrant à son fils le chemin de Jérusalem et s'écriant : « Pars, mon enfant, Dieu le veut ! »

« Paris, 23 novembre 1866.

« Cher petit frère,

« A moins d'une décision contraire de Dieu, qui n'est pas encore notifiée aux hommes, c'est avant un mois que le chef politique de la fille aînée de l'Église renouvellera le parricide de Philippe-le-Bel, ou plutôt de Judas ; et la fille aînée de l'Église, encore qu'elle ne demande point unanimement cet épouvantable crime contre Dieu et contre le genre humain, y consentira de bonne grâce, sinon de bon cœur. Vous auriez à peine le temps d'arriver pour le moment de l'exécution. Cependant, si j'étais sûr qu'il vous restât une heure, le temps de vous ranger sur le seuil du Vatican et de mourir, je vous dirais : Partez, n'attendez pas même un dernier baiser de votre mère.

« Saint Pierre n'a pas maintenant besoin de soldats. C'est nous qui avons besoin de lui en offrir, qui devons désirer que notre sang coule pour racheter l'abominable défection de la France. Si Dieu permet que quelques-uns de nos enfants combattent et meurent sous le drapeau de saint Pierre, ils combattront en réalité pour la France, ils mourront véritablement sur la frontière française menacée d'une mémorable humiliation. Le père de famille qui donne son fils à l'Église, le donne réellement à la patrie. Tout le sang qui ne coulera pas pour l'Église sera inutilement versé.

« Mais le terrible écroulement qui se prépare à Rome pour le châtiment du monde sera-t-il honoré d'un dernier combat ? Aurons-nous un second Castelfidardo qui nous ménagerait une rançon future ? Je n'ose l'espérer. Nous avons affaire à des sages, qui redoutent de jeter les fondements de leur édifice dans le sang des martyrs, et qui aiment mieux construire avec la boue des apostasies. Ils se sentent assez forts pour atteindre leur but, et peut-être avons-nous assez péché pour que Dieu ne nous permette plus le glorieux rachat du sang.

« Je ne peux donc vous donner un avis décidé ; néanmoins je penche pour que vous alliez vous offrir. C'est quelque chose d'avoir fait acte de bonne volonté. Une bénédiction rayonnera sur toute votre vie......

« Je me recommande à vos prières.

« Louis Veuillot. »

Ce mâle langage, et la tournure que prenaient les événements dissipèrent les doutes ; désormais plus d'hésitations possibles ; la permission si longtemps attendue, si bien méritée, fut enfin accordée.

Il restait encore un point noir : le jeune âge de Théodore, sa faiblesse apparente, ne le feraient-ils pas refuser comme impropre au service ? Il attendait la décision des hommes avec pleine confiance dans le ciel. « Dieu, écrit-il, continuera son œuvre jusqu'au bout. »

Tout se dispose donc pour le départ, dont on cache encore le vrai motif, puisqu'il reste des formalités à remplir, et que de leur réussite dépend l'engagement définitif. On prétexte un voyage d'agrément à Paris, où M. Wibaux doit accompagner Théodore. Une dernière fois le futur Zouave prend place à la table de famille ; les petits enfants se réjouissent du plaisir que va goûter le grand frère ; ils sont gais et joyeux, tandis que, tout le long du repas, la pauvre mère contient ses larmes et s'efforce de sourire pour ne pas éclater en sanglots. L'innocente ignorance des plus jeunes donne une teinte ineffable à la séparation. Théodore fait bon visage, et dit à chacun un simple *au revoir* avec la perspective d'un *adieu* sans retour.

Au moment du départ, Mme Wibaux prend par la main son cher enfant, elle le mène aux pieds de la Vierge de l'escalier : « Voilà celle à qui je te confie ; Marie, je vous le donne, » dit-elle sans pleurer. On s'embrasse, on se sépare, et alors seulement la courageuse mère se retire dans son oratoire pour laisser couler ses larmes devant son crucifix en union avec la Vierge de douleur.

Mais bientôt la chrétienne prend le dessus, et son cœur chante le *Te Deum*. « Cher ami, écrit-elle à son mari dès le lendemain, je suis pressée de me tenir près de Dieu qui me demande mon enfant. Pour Dieu ! voilà ce qui dans ma grande douleur me donne encore de la joie. Ne sens-tu pas que ce don de notre fils nous invite à une vie encore plus chrétienne, plus édifiante ? Déjà trois de nos enfants sont dans le beau paradis ; notre cher Théodore prend aussi la route du ciel. Tous nos autres enfants sont si bons ! Ne sommes-nous pas les plus riches de la terre avec ces chers amis qui seront notre couronne au ciel ? Ah ! que les biens du monde sont peu de chose près de ces trésors que nous pouvons emporter dans la patrie éternelle ! Je t'écris sur la table de Théodore, dans sa petite chambre pleine de souvenirs. *Fiat !* mon cœur est si bouleversé par la douleur, l'amour, l'espérance et le bonheur, que *je ne saurais te dire ce qui se passe en moi.* JÉSUS nous a aimés jusqu'à la mort ; en union avec ses douleurs, offrons notre sacrifice. »

A Paris, M. Wibaux et son fils font visite à Louis Veuillot ; ensemble on parle de Rome et de la France, et le champion de l'Église, avec un coup d'œil quasi prophétique, annonce les malheurs à venir. Théodore envoie à son frère aîné Willebaud le récit de l'entrevue : « Non, disait Veuillot, *ce n'est pas impunément qu'on aura arraché la couronne à Pie IX. La France aura sa plus grande part dans la punition, parce qu'elle est aussi la plus coupable.* Humiliations, épreuves, voilà notre partage. Je ne vois pas d'autre explication de la soudaine élévation de la Prusse et de l'abaissement de l'Autriche. Au jour même de Castelfidardo, après avoir contemplé la lâcheté de cette puissance catholique, *j'avais prédit sa ruine* ; je fais de même aujourd'hui pour la France. »

Parlant de Napoléon III, il ajouta : « Cet homme périra misérablement. Quant à nous, chrétiens, nous devons nous attendre à tout ; on nous crachera au visage, on nous enfermera dans les prisons, on nous menacera de la mort. » Certes il voyait juste, celui qui parlait ainsi quatre années avant Sedan et la Commune !

DIEU a ses privilégiés auxquels il rend plus sensible l'aiguillon du sacrifice afin d'augmenter leur mérite. Cette première séparation du fils et de la mère révéla à celle-ci toute la grandeur de son amour pour cet enfant, dont l'éducation avait réclamé tant de patience et donné parfois tant de soucis ; elle eût presque voulu qu'il fût refusé à la révision, et pourtant elle savourait si bien l'amertume du sacrifice qu'elle trouvait encore en son cœur désolé de quoi exciter M. Wibaux à la sainte allégresse :

« Je voudrais te faire lire dans mon âme ; je suis triste, je suis cruellement blessée, je suis pleine de reconnaissance d'avoir eu Théodore, ce cher *don de Dieu*. Je n'ose lui dire tout mon amour de peur de doubler son sacrifice... J'ai toujours besoin de parler de lui à JÉSUS... Les petits enfants sont bien gais ; ils ne savent rien. Petite Ninie (Stéphanie) cherche papa et Théodore, et fait de beaux saluts à papa pour Théodore. Je t'en prie, ne quitte pas ce cher enfant jusqu'au dernier moment ; bénis-le pour nous deux à l'instant du départ. Je crois bien que tu reviendras seul, mais nous l'avons donné au bon Dieu ; il n'y a que cette pensée pour me faire entrevoir ton retour sans Théodore. »

Et puis un regard vers le passé rappelle à la tendre mère ces jouissances que seul le cœur chrétien peut apprécier ; elle croit se voir encore priant à l'église Saint-Martin, en compagnie de M. Wibaux et entourée de ses neuf enfants, qui chantent les louanges de Dieu :

Église Saint-Martin, à Roubaix.

« C'étaient, écrit-elle, de délicieux moments que l'on ne peut rendre et qui ne s'oublient jamais ; ô mon Dieu, merci ! Combien de fois n'ai-je pas eu de ces jours de fête ! »

Enfin, le 5 décembre, elle écrit à Joseph et à Stéphane alors à Marcq : « Votre père est arrivé cette nuit ; il est rentré seul. Que la volonté de Dieu soit faite ! Théodore est parti heureux, après avoir fait ses dévotions à Notre-Dame des Victoires. Que le bon Dieu le conserve toujours pur ! Chers amis, quêtez des prières pour lui. »

Le sacrifice généreusement offert avait été accepté par Dieu ; la séparation était complète. Désormais Théodore n'est plus un enfant ; c'est le Zouave du Pape, le représentant des siens à Rome, celui vers qui tant de cœurs, tant de prières, tant de regards aimants se tourneront chaque jour, et qui sera soutenu là-bas par le souvenir vivifiant de la famille.

CHAPITRE TROISIÈME. — 1866-1867.

En voyage. — Joie et sacrifice. — La caserne. — Lettre de L. Veuillot. — Fête de Mme Wibaux. — Une journée aux Zouaves. — Noël. — Fin de l'année. — Les Français quittent Rome.

Voila donc Théodore en route pour Marseille avec une trentaine de volontaires, Français, Belges, Hollandais et Allemands. Tandis qu'autour de lui l'on fume et l'on chante, il pense à Dieu et aux siens, il prie en silence, tout étonné que ses compagnons aient autre chose à faire. Ne voyant dans la vie de Zouave que le côté surnaturel, il ne veut atténuer le sacrifice par aucune satisfaction accordée à la nature. Point de ces privilèges que sa bourse pourrait lui fournir ; il ne voyage pas en amateur : les troisièmes lui suffisent en chemin de fer comme sur le bateau. Sa dernière visite, avant de quitter la France, est pour Notre-Dame de la Garde, et réconforté par la bénédiction de sa bien-aimée protectrice, il s'embarque « le cœur plein d'espérance. »

« Nous étions tous entassés sur le pont, écrit-il ; quels festins et quelles nuits ! A l'heure du repas, on nous classait par douzaines, et l'on donnait à chaque groupe une marmite, du pain et trois cuillers. C'était chose risible de voir ces grands Flamands sauter sur leurs pitances comme de vrais affamés. » Les plus forts et les plus hardis se servaient les premiers, et notre petit Zouave n'était pas de ceux-là ; mais il se console gaîment de ne pouvoir approcher de la marmite, en mangeant son pain avec un morceau de fromage.

La nuit, on s'étend sur le pont ; la pluie tombe, le vent est vif, pas de couverture, aussi pas de sommeil ; l'apprentissage commence. Enfin, le samedi 8 décembre, fête de l'Immaculée-Conception, on débarquait à Civita-Vecchia, et le soir, Théodore entrait à Rome sous les auspices de celle à qui, depuis plusieurs mois, il avait tout confié, projets, craintes, espérances, et qui lui ouvrait les bras à son arrivée dans la ville des Papes.

La vie militaire n'offre au nouveau-venu rien de bien attrayant : des travaux vulgaires, des visages inconnus, des commandements sans réplique, et, toujours suspendue sur la tête, cette redoutable épée de Damoclès qu'on appelle la consigne. Aussi le cœur de l'enfant cherchait-il vainement autour de lui de quoi calmer quelque peu la douleur de la séparation. Et cependant, malgré tout, le sentiment qui domine en son âme est la reconnaissance :

« Enfin, j'ai revêtu l'uniforme de soldat du CHRIST, et me voici entré dans la pleine voie du sacrifice. Merci, mon DIEU, d'avoir bien voulu me choisir pour un de vos défenseurs ! Soyez bénis, chers parents, d'avoir fermé l'oreille à la voix du monde pour n'écouter que celle du ciel. Moi aussi, trop souvent j'entends la voix des affections qui parle à mon cœur. Depuis trois jours surtout, lorsque je sens que la mer nous sépare, que peut-être nous ne nous reverrons jamais, ma pauvre âme se brise ; mais au-dessus de tout il y a l'amour du Saint-Père, la conscience du devoir accompli. Théodore soldat ! qui l'aurait jamais cru ? Parfois je m'étonne, lorsque je marche le sabre au côté, ou que je tiens entre mes mains ma lourde carabine. Non, je ne suis pas soldat, je suis l'enfant de Pie IX !... J'ai besoin de me le répéter souvent, car la vie militaire a toujours été contraire à mes goûts. Pourtant j'éprouve un certain bonheur intime, si bien que parfois je suis tenté de m'écrier : Vive la souffrance ! c'est pour JÉSUS-CHRIST ! Si l'homme ressent de violentes secousses, le chrétien est pleinement satisfait. »

Que de souvenirs s'éveillent au fond de son âme tandis que, le premier soir, il fait connaissance avec son nouveau gîte ! « La caserne produit une étrange impression, surtout au pauvre conscrit qui sort d'une jolie petite chambre, embellie par les soins d'une mère ; néanmoins, je dormis d'un profond sommeil sans songer que j'étais à Rome et en caserne, et je regagnai mes trois nuits passées sans sommeil.

« Le lendemain matin, *Debout les recrues !* tel fut le cri qui nous fit sauter hors du lit : il ressemblait peu au gai carillon de mon réveille-matin, qui ne sonnait le dimanche que pour me faire goûter davantage les douceurs du lit. On nous conduisit en rang à une caserne assez éloignée, où nous devions prendre le *rata* et l'uniforme ; puis on nous ordonna d'éplucher des pommes de terre. J'aurais voulu pour beaucoup que vous pussiez me voir, revêtu de mon beau pardessus, le chapeau sur la tête, maniant le couteau ; vous savez avec quelle adresse ! cela vous aurait fait rire de bon cœur.

« Après l'inspection du chirurgien, je revêtis mon uniforme, non sans assistance. Je ne saurais vous dire toutes mes impressions en déposant un à un mes habits civils ; il me semblait que je quittais de vieux amis. Sur le pont de notre navire, j'avais déjà éprouvé un grand chagrin. Durant cette nuit si détestable, j'ai perdu mon chapelet, mon cher inséparable, mon consolateur depuis tant d'années ; du moins, il me reste ma croix, que je porte toujours sur le cœur ; elle ne me quittera point, je l'espère, jusqu'au dernier soupir. Vers trois heures de l'après-midi, nous étions libres. Notre premier soin fut d'aller à Saint-Pierre et au Vatican ; c'est tout ce que j'ai vu de Rome jusqu'ici, c'est aussi ce qui m'offrait le plus d'intérêt. Le soleil était magnifique et éclairait la place Saint-Pierre. Combien je pensai à vous, chers parents ! c'était alors le dîner de famille à la maison ! Vous aviez beaucoup parlé de moi, vous aviez pensé au Zouave toute la journée. Maman avait certainement communié à mon intention dans cette bonne église de Saint-Martin où j'ai prié si souvent avec toute la famille ; et moi, j'étais là, seul dans cette grande ville de Rome, tout gêné dans mon nouveau costume, à quelques centaines de lieues de mon cher Roubaix ! Mon DIEU, c'est pour vous !... J'entends sonner l'*Angelus* de tous les côtés : à genoux !.....

« Cher père, chère mère, chers frères et sœurs, je vous aime, je ne puis dire que cela ; je le redis au long de la journée. Ne craignez point pour mon âme. Jamais je n'ai éprouvé aussi fortement le désir de prier, jamais je n'ai tant aimé le bon JÉSUS. Maintenant que vous me manquez, c'est en lui que je cherche la consolation. Oui, vous me manquez ; chaque jour, je le sens davantage ; bien que j'aie accepté généreusement mon sacrifice, la croix est bien lourde pour mes épaules et mon cœur est tout saignant. Ce n'est plus ma vie si régulière et si douce, les conseils d'un père et d'une mère, l'amitié d'un frère chéri ; c'est un dur commandement, de rudes travaux, une absence pénible. Toutes ces choses, je les ai prévues.. Mon DIEU, je souffre : que votre volonté soit faite ! Je ne vis pas à Rome, je vis à Roubaix. Au milieu de mes plus rudes corvées, le soir, dans mon lit, toutes mes pensées sont pour vous. Ce matin, vers neuf heures, j'ai mangé mon pain sec et ma gamelle en même temps que vous déjeuniez. Tous les matins en me levant, je vous demande la bénédiction, comme je le faisais, à six heures et demie, en revenant de la messe, quand je frappais à la chambre de maman. »

Ainsi la prière et le surnaturel lui adoucissent les débuts de cette vie si nouvelle et si contraire à ses goûts. Et puis il a vu Pie IX, il a eu le bonheur de le rencontrer dans les rues de Rome, il s'est jeté à genoux et s'est relevé plus fort, sous la bénédiction de ce Père pour lequel il a tout quitté. Pauvre enfant, ou plutôt heureux Zouave à qui DIEU fera sentir, longtemps encore, tout ce que la séparation et l'absence renferment d'amertume ! Son cœur, avec sa naïve affection, se montre à nu dans ces lignes qui terminent cette première lettre :

« Il y a aujourd'hui quinze jours, j'étais à Paris avec papa. Ce cher père, je ne lui ai pas dit assez que je l'aimais, je ne lui ai pas assez demandé de me bénir. Pardon à tous des peines que je vous ai causées. Quand je songe à nos adieux, j'ai toujours comme un remords de n'avoir pas témoigné assez d'amour, de reconnaissance. Chers frères et sœurs, et toi en particulier, Willebaud, pardonne-moi si je n'ai pas toujours paru confiant à ton égard, toi toujours si plein de bonté pour moi ; mes amis, Joseph et Stéphane, mes chères sœurs, mon inséparable Léon, ce bon petit homme ! il ne m'oublie certainement pas. J'aime à redire tous vos noms. Écrivez-moi, je vous en prie, des lettres de Roubaix ; j'en réclame à grands cris. Pour moi, j'ai pris la résolution d'écrire mon journal tous les jours, et de l'envoyer à la fin de chaque semaine.

« Au moment de vous quitter, je me jette dans vos bras, et je vous supplie de bénir votre cher enfant ; il faut que je vous dise encore une fois que mes pensées sont pour vous. Ne croyez pas que je me repente de mes projets ; non ! mais mon cœur est violemment bouleversé. Je suis encore un enfant, je n'ai pas dix-huit ans ; je ne vous ai jamais quittés. N'est-il pas naturel que je souffre de ne plus vous voir à mes côtés ? Mais DIEU et vos prières me soutiennent. Ma position ne serait pas tenable si je n'avais devant les yeux les promesses du ciel. Allons, chers parents, je veux rester chaste, je veux être fort, courageux, digne de vous. Les premiers jours de la vie militaire sont durs. J'ai même une misère incroyable à m'habiller ; mais tout cela est le dehors du sacrifice, et au fond du cœur je m'écrie toujours : Merci, mon DIEU, de m'avoir choisi pour le défenseur de la bonne cause ! »

Lorsqu'on reçut cette lettre à Roubaix, les larmes coulèrent, larmes de joie et non de regret. La famille pouvait être fière de celui qui la représentait près du Pape ; aussi personne ne parlait de sacrifice, mais bien de reconnaissance et d'honneur. Et cependant, au fond des cœurs, il y avait place pour la souffrance : la joie du devoir accompli n'était pas une fleur sans épines.

On communiqua à Louis Veuillot ces premières impressions de celui qu'il appelait son « petit frère ».

« Je vous renvoie cette admirable lettre, écrit-il en retour à M. Wibaux ; elle m'a fait pleurer comme si le cher enfant était mon fils. Je voudrais bien qu'il vous fût possible de me faire copier ce document, digne des actes des martyrs. On y voit une âme vraiment chrétienne et vraiment ingénue. Je comprends toutes vos angoisses, mais elles seraient ingrates si elles n'étaient pleines de joie. Veuillez présenter mes respects à Mme Wibaux. Je n'ai pas besoin de la connaître pour la vénérer. La grandeur de la mère chrétienne reluit dans les sentiments de son fils. »

Ame vraiment chrétienne et vraiment ingénue, voilà en deux mots Théodore tout entier, et celui-là s'y connaissait qui le jugeait ainsi.

Quelques jours s'écoulent, et la fête de Mme Wibaux invite le fils absent à se transporter par le cœur au milieu des siens :

« Bien chère maman, tu sais combien il m'en coûte de ne pouvoir t'embrasser. Dieu a permis que la mère et le fils fussent brusquement séparés ; Dieu fait tout pour le mieux. Bonne mère, tu connais ton enfant, tu sais qu'il t'aime beaucoup, et s'il ne l'a pas toujours montré, pardonne-lui en ce jour de ta fête. Je ne puis penser à toi sans unir à ton nom celui de papa. Tous nous vous portons une égale affection, une égale reconnaissance. Après Dieu, c'est à vous que nous devons tout. Soyez bénis d'avoir fait de nous des chrétiens ; soyez assurés que nous serons toujours de bons fils. Vous avez maintenu en nous le trésor si précieux de la pureté, et votre exemple nous a excités à la pratique des vertus chrétiennes. Dieu ne vous a-t-il pas déjà récompensés en choisissant votre enfant pour l'un des faibles défenseurs de la plus belle cause ?

« Chère mère, dans ma dernière lettre tu as pu croire que j'étais triste. Rassure-toi ; ton Théodore est vraiment heureux. Sans doute il m'arrive parfois de ces moments de tristesse indéfinissable, surtout le matin au réveil. Mais alors, je me tourne vers le bon Dieu, je m'adresse à tous mes intercesseurs, à la Sainte Vierge, au bon petit François ; je réfléchis à l'honneur que Dieu m'a fait, je lui demande pardon de ma faiblesse, et je rentre bientôt dans mon état habituel, qui est la paix et l'abnégation. Oui, je suis content de souffrir. Mon plus fort stimulant est le souvenir de vous tous. Une grâce que je demande, c'est de ne point perdre ici le goût des douces joies, des douces habitudes de la famille. C'est pourquoi parle-moi souvent de tout ce que j'ai aimé et laissé ; parle-moi de cet intérieur si tranquille, de notre petite maison de Roubaix.

« Comme présent de fête, je t'apporte un cœur pur et pieux, avec la promesse de rester toujours ce que je suis maintenant. Tu ne saurais croire, chère maman, l'attrait que je sens maintenant pour la prière. Partout et en toute chose je cherche Dieu. Prie pour ton enfant, fais prier beaucoup pour lui afin que, si Dieu le réclame, il trouve en lui une victime chaste et agréable.

« J'écris ces quelques mots entre deux exercices, mal à l'aise, assis sur mon sac ; on va sonner le rappel, je n'ai pas dit le quart de ce que je sentais. Il te suffit de savoir que je t'aime et que je partage la joie de la famille. »

Pareil bouquet de fête ne récompensait-il pas amplement la mère chrétienne, et quelle séparation ne serait adoucie par tant d'affection et de confiance ?

Les mille occupations du conscrit ne l'empêchent pas de penser à tout et de faire la part de chacun ; la Saint-Étienne ramène la fête de son frère Stéphane. Théodore s'y prend à l'avance pour lui envoyer, à lui aussi, son bouquet et ses vœux ; puis il laisse courir sa plume à travers les souvenirs :

« C'est aujourd'hui dimanche ; les pendules de Rome marquent deux heures et demie ; mais à Roubaix, il est juste deux heures. Toi, mon cher Stéphane, tu t'en donnes à cœur joie dans la grande cour de Marcq. Dans un quart d'heure, l'étude qui précède les vêpres va sonner. Tu prieras pour le cher Zouave dans cette chapelle où j'ai tant prié Dieu de bénir mes projets. Pour moi, je suis commodément installé dans une petite chambrette, avec un brave compatriote. Notre fenêtre s'ouvre directement sur une allée de beaux orangers où chantent mille oiseaux ; en face, c'est une église, qui se détache sur un ciel d'un bleu admirable. D'ici, du centre de la vieille Rome, au bruit de plusieurs centaines de cloches, je laisse tomber mes regards sur Roubaix, sur cette maison chérie de Marcq. Voilà des moments que je ne voudrais pas vendre pour de l'or ; et lorsque j'ai besoin de me retremper, de m'encourager dans le bien, je pense à la famille, je pense à vous, chers frères, si bons et si vertueux.

« Depuis huit jours, nous faisons l'exercice. Le matin à six heures, le clairon sonne le réveil. Il n'y a pas une minute à perdre : il s'agit d'ajuster nos maudites guêtres et nos molletières, qui semblent avoir été créées pour nous faire gagner des indulgences ; puis il faut cirer sa giberne et son ceinturon, astiquer le sabre et la carabine, tout cela à la lueur douteuse de quelques mèches. Un second coup de clairon nous avertit de descendre, et, pas accéléré, en avant, marche ! nous filons sur la place Saint-Pierre.

« Quel bonheur de faire l'exercice en face de l'immense basilique ! Voilà trois fois que nous avons la consolation de présenter les armes au pontife Pie IX, et sa bénédiction a produit chaque fois, dans nos jeunes âmes, un plus grand désir de vivre et de mourir pour sa cause. Oh ! si vous pouviez voir le Saint-Père ! quelle sérénité ! quelle douce empreinte de majesté ! J'ai l'intime conviction que je sers un grand saint.

« A l'heure des repas, rien de plus curieux ; tous les Zouaves, nobles et petits, se précipitent sur leur gamelle dans la cuisine. Il est de fait que l'appétit ne manque pas. Ma santé est excellente ; je dors d'un profond sommeil, bien que nous soyons couchés sur de véritables toiles d'emballage avec une seule couverture. Qu'est devenu mon édredron bien chaud ? Nous sommes dix-huit dans notre chambrée ; pour y arriver, il faut monter six étages ; le plancher danse à chaque pas, et nous logeons sous les gouttières ; mais en revanche, tous les soirs, je puis adresser mes prières et mon salut à Saint-Pierre. Je puis dire bonsoir à Pie IX, dont je vois les appartements éclairés ; je me sens à l'aise si près du Pape. Jusqu'à présent je n'ai goûté, pour ainsi dire, que le parfum de la caserne, et trop peu le parfum de Rome ; pourtant chaque jour, en revoyant Saint-Pierre, mon cœur éprouve de nouvelles impressions. La première fois que j'y suis entré, je n'ai point ressenti l'effet auquel je m'attendais. Tout y est si bien proportionné que l'on ne se rend pas compte de sa grandeur ; mais depuis, mon admiration va toujours croissant : richesse, magnificence, tout y est réuni. Matin et soir, entre les exercices nous avons un quart d'heure de repos ; je ne manque pas d'aller le passer près du tombeau du saint apôtre. Nous avons grimpé dans la vaste coupole. Tout en haut

Saint-Pierre de Rome.

est une boule qui ne paraît pas plus grosse que les ballons de Marcq ; nous étions huit Zouaves à l'intérieur. De là, quel magnifique coup d'œil ! C'est Rome, avec les souvenirs du passé, avec l'avenir que Dieu seul connaît ; c'est la campagne romaine avec son luxe de verdure ; au loin, c'est la mer et les montagnes couvertes de neige. Là-haut on chante volontiers l'hymne de reconnaissance au bon Dieu.

« Mes chers frères, je suis si bien avec vous que je voudrais vous entretenir longtemps encore ; mais je tiens à aller aux vêpres. Ce matin j'ai reçu le Dieu des martyrs ; je suis calme et préparé à tout événement. »

Noël arrive avec ses chants et ses fêtes ; notre fervent Zouave se sent tout remué à l'approche de cette solennité : « Il me semblait que je n'aurais jamais pu m'y préparer assez bien. Ce jour-là j'ai assisté à deux messes dans l'église des Jésuites, et j'y communiai. Comme l'on se sent porté vers Dieu dans de pareils moments ! Je lui aurais donné volontiers mille vies. Je déposai mon cœur au pied de la crèche avec toutes mes affections, tous mes souvenirs, et je me relevai plein de force et de confiance. En sortant de l'église, nous allâmes à Saint-Pierre. L'immense basilique était remplie d'une multitude innombrable. Pie IX s'avança porté sous un dais, au milieu d'un magnifique cortège de cardinaux, d'ambassadeurs et de princes. L'office dura trois grandes heures. Le Saint-Père chanta la préface d'une voix assez forte ; au moment de la consécration, des trompettes, cachés dans le dôme, firent entendre quelques notes qui semblaient venir du ciel. Pie IX garda longtemps l'Hostie sainte entre ses mains. Quelle victime !... quel sacrificateur !... quel temple !... Le temps ne me paraissait pas long, et je ne m'apercevais pas que j'étais debout depuis six heures du matin. Le Saint-Père quitta l'église à midi ; sa figure avait quelque chose de triste ; il ne souriait pas comme à l'ordinaire en donnant sa bénédiction. Était-ce un effet de la fatigue ? Pauvre Pie IX !... C'est étonnant qu'il ait conservé encore autant de vigueur malgré tous ses chagrins.

« Le 31 décembre, le saint Pontife s'est rendu solennellement à l'église du Gésu, pour chanter le *Te Deum* en actions de grâces. Moi aussi, j'avais mon *Te Deum* à chanter, j'avais à remercier la divine Providence qui m'a conduit par la main jusqu'à Rome, qui a donné à ma jeunesse une mission sainte et un glorieux travail. Vraiment, les voies par lesquelles Dieu nous mène sont admirables, et lorsque je repasse en mon esprit cette année 1866, je n'ai plus sur les lèvres que des paroles de bénédiction et de reconnaissance.

« Le jour du nouvel an, à onze heures, je pus communier ; je tenais beaucoup à ce que cette première journée fût pour Dieu; j'espère que toutes les autres seront également à lui. Depuis que je suis à Rome, je me sens de plus en plus pressé de m'approcher de la sainte Table. Je me relève toujours fortifié, plus désireux de la croix et du sacrifice. L'abbé Daniel, notre aumônier, que j'ai choisi pour confesseur, m'a donné rendez-vous tous les huit jours; je compte ne jamais manquer à l'appel. »

Ainsi s'ouvrait saintement pour Théodore l'année nouvelle, année d'angoisses et de triomphes, pleine de complots et de menées révolutionnaires, toute belle de gloire et d'héroïsme chrétien. Notre petit Zouave était arrivé au bon moment; le jour même où il mettait le pied en Italie, les troupes françaises quittaient Rome.......... « Allez, mes enfants, leur avait dit Pie IX, partez avec ma bénédiction, avec mon amour. Si vous voyez l'empereur, dites-lui que je prie chaque jour pour lui. On dit que sa santé n'est pas très bonne, je prie pour sa santé. On dit que son âme n'est pas tranquille, je prie pour son âme. La nation française est chrétienne, son chef doit être chrétien aussi... Ne croyez pas que vous me laissiez seul... le bon Dieu me reste. »

Et comme Dieu veut des instruments humains pour faire son œuvre, il soufflait le dévouement au cœur des catholiques, qui, de tous pays, accouraient se ranger autour du Pape. Déjà le bataillon des Zouaves, disséminé dans les États Pontificaux, avait été appelé à Rome pour remplacer les troupes françaises, et avait fait son entrée, musique en tête, au milieu d'un concours immense. « En les voyant passer, écrivait Théodore, on ne pouvait s'empêcher d'être fier d'appartenir à si beau bataillon. »

Le départ des Français faisait craindre des troubles; les révolutionnaires étaient là, guettant l'instant favorable et comptant avoir beau jeu; mais la présence des Zouaves les calma. En vain des placards furent-ils affichés pour exciter le peuple à la révolte, l'année se termina sans trouble.

« Rome est dans une tranquillité à laquelle personne ne comprend rien. Est-ce le calme qui précède l'orage? Dieu le sait. Du reste toutes les dispositions ont été prises en cas d'émeute. Cinq coups de canon tirés du fort Saint-Ange doivent faire rentrer tous les Zouaves dans leurs différentes casernes; cinq autres coups doivent les avertir d'occuper leurs postes. Défense nous est faite de sortir seuls le soir dans les rues. Tous les Zouaves sont pris d'un incroyable désir de voir de près les Garibaldiens. Pour ma part, je saurai me battre et mourir en chrétien. »

CHAPITRE QUATRIÈME. — 1867.

Journal quotidien. — Heureux Zouave ! — Portrait. — Piété. — Pas d'exceptions. — Joyeux camarade. — La chambrette en ville. — Congrégation et Conférence. — Lettres de Roubaix. — « C'est dur de ne pas fumer ! » — Adieu les conscrits. — Un Zouave assassiné. — Première faction, chapelet en main. — Avec l'aumônier. — Saint Sébastien. — Correspondance.

« J'ai promis d'écrire mon journal de chaque jour, quoi qu'il m'en coûte, malgré ma paresse et mille autres choses ; je le ferai, car je sais combien ces moindres détails sont précieux quand il s'agit de chers absents ; mais, par avance, je vous prie d'excuser mon griffonnage d'écriture et de style. Le plus souvent, je ne pourrai vous écrire que mal commodément assis, dans des situations aussi gênantes pour le repos de l'esprit que pour celui du corps. Ne voyez que l'intention et la bonne volonté. »

Certes, voilà une énergique résolution, mais les promesses sont une monnaie courante de trop mince valeur pour qu'on n'en soit pas prodigue ; aussi faut-il attendre leur réalisation pour juger de leur valeur. La parole de Théodore fut de celles qui ne craignent pas l'épreuve. Grâce à la correspondance de chaque jour, il vivra au milieu des siens, il les tiendra au courant de ses faits et gestes, par une suite non interrompue de lettres charmantes, où il se montre tel qu'il est, pieux et tendre, aimant et généreux.

Dans ces centaines de pages écrites au courant de la plume, on le voit prier et souffrir, on l'entend rire et chanter, on sent battre son cœur, on assiste à tous les événements, grands et petits, qui font la vie du soldat. Il est si heureux du plaisir qu'il cause à sa famille, il trouve tant de secours dans cette conversation intime que rien n'y peut mettre obstacle ! Dût-il se lever le matin avant l'heure ou veiller le soir malgré la fatigue, il saura trouver du temps ; au corps de garde, au repos, pendant l'exercice, durant une halte, il note ses impressions, il griffonne quelques mots à la hâte en prenant pour appui son sac, une pierre, un pan de mur.

Son âme se laisse percer à jour et son cœur, qui n'a jamais connu les réticences, serait bien en peine de commencer à avoir des secrets pour ses parents. Si pareille persévérance révèle tout ensemble une profonde affection et une rare force de volonté, elle fut aussi la sauvegarde de cette âme d'élite. Une fois engagé dans la voie droite, il ne pouvait ni reculer, ni dévier, sans se trahir dans ses épanchements quotidiens, et alors même qu'il eût voulu dissimuler ou donner le change, l'œil d'un père, le cœur d'une mère aurait su lire entre les lignes que leur cher enfant n'était plus le même ; Théodore le savait, et il aimait trop les siens pour leur infliger cette peine ; il leur dira tout, et se conduira de façon à pouvoir tout leur dire.

Ces lettres ne sont pas seulement un trésor de famille, véritable écrin où l'on ne sait à quoi donner la préférence, c'est encore et surtout le bien du régiment. Le laisser-aller de la camaraderie, la spontanéité de l'affection, les redites elles-mêmes en font le charme ; on se plaît à y saisir la note dominante du cœur, triste ou gaie suivant les circonstances, on aime à y voir la même pensée mille fois répétée sous une forme toujours nouvelle. Aucun Zouave peut-être n'a autant écrit ; Théodore fait l'histoire des soldats du Pape sans avoir la prétention d'être historien. D'autres plumes ont retracé les vues d'ensemble, les faits généraux ; lui peint les choses comme il les voit, comme elles sont en réalité ; c'est de l'histoire vécue, c'est une série de charmants croquis où tous les sujets sont abordés. Pour faire connaissance avec l'artiste, il suffit de choisir dans le nombre, en se gardant bien de les gâter par les coups de crayon maladroits, ou de les alourdir par les réflexions et les longs commentaires.

Nous l'avons entendu raconter ses peines des premiers jours, mais bientôt la gaîté et l'entrain prennent le dessus, et les nuages se dissipent au souffle de la prière :

« J'ai enfin dépouillé mon cœur de toutes les faiblesses de l'enfant, et j'accomplis ma mission avec une joie parfaite, les regards tournés vers le ciel. Dans les commencements, j'ai eu à me reprocher certains moments de défaillance et d'abattement ; mon excessive sensibilité, ma jeunesse, les mille souvenirs tout récents qui se pressaient en mon esprit, la différence de vie, d'entourage, s'unissaient pour me faire perdre ma tranquillité ; mais j'ai prié, et ma bonne Mère des cieux est accourue à ma voix. J'ai voulu décharger à jamais, dans ma première lettre, toutes mes peines, et me soulager en vous les faisant partager. Je suis maintenant le plus heureux des Zouaves de Pie IX, non pas que je commence à trouver de l'attrait dans la vie militaire ; je crois que je ne deviendrai jamais général, Dieu m'en préserve ! mais l'idée que je coopère à la plus sainte des missions, que j'accomplis la volonté divine, me donne une force qui n'est pas naturelle.

« Tous les matins, j'envoie un souvenir à tous ceux que j'ai laissés ; j'offre à Dieu mon cœur et toutes ses affections ; je le prie de veiller sur ceux que j'aime, de les bénir, et je me demande à moi-même pour quelle cause je suis venu, quel est l'homme à qui j'offre mon sang, quelle sera ma récompense. Je veille à la pureté et à la ferveur, vertus nécessaires à un Zouave ; je me rappelle que Jésus-Christ, tout-puissant et juste, a porté sa croix ; je lui fais l'abandon complet de ma volonté, de mes aises, et je marche gaîment. Où je marche, je n'en sais rien, personne ne le sait. Dieu a ses vues pour préparer le triomphe de son Église. Je me sens bien à côté de Pie IX, et je ne voudrais pas céder ma place. Que je tombe avec lui ou que j'assiste à son triomphe, j'aurai fait mon devoir de fils ; Dieu m'en bénira. »

Pour notre Zouave, qui ne faisait que d'arriver, la vie militaire était encore pleine de surprises parfois désagréables ; mais il avait eu déjà le temps de se révéler à son nouvel entourage. Bon camarade avec tous, ami avec un très petit nombre, telle fut toujours sa devise et sa ligne de conduite, qui, sans froisser personne, le mettait à l'abri des influences malsaines. A voir ce grand adolescent avec sa douce figure d'enfant, son bon sourire qui s'épanouissait toujours sur ses lèvres, sa piété expansive et son air de candeur, on était gagné, et l'on ne pouvait s'empêcher d'aimer le *saint jeune homme*, comme plusieurs se plaisaient à l'appeler. Comment en effet refuser son affection à celui qui n'avait jamais de fiel dans l'âme, jamais de parole amère à la bouche, qui croyait les autres bons parce qu'il était bon lui-même, et qui allait son droit chemin sans admettre qu'il y eût pour un Zouave d'autre route battue que celle du sacrifice ?

Jamais la vie de caserne ne fit obstacle aux pieux usages de son enfance, qui lui faisaient respirer, malgré la séparation, quelque chose de l'atmosphère si pure du foyer paternel. Jamais de respect humain avec les camarades : n'étaient-ils pas tous soldats de la sainte Église ? La prière du soir était réglementaire chez les Zouaves ; chaque jour, malgré sommeil et fatigue, Théodore s'agenouille au pied de son lit, et prolonge son oraison quand les autres dorment déjà. Le matin, il court faire sa prière à l'église la plus proche, heureux lorsqu'il peut s'adjoindre quelque compagnon. Avant les repas, il ne manque jamais à son *benedicite*, et quand les corvées et l'exercice lui laissent du répit, son bonheur est de se mettre en campagne avec un ou deux intimes, d'aller par les rues de Rome ou dans les environs, à la découverte des sanctuaires élevés en l'honneur de Marie, des saints et des martyrs. S'il voit au loin un clocher, un dôme, une église, il n'hésitera pas à faire un long détour pour y courir, et il reviendra content d'avoir trouvé un nouveau but de pèlerinage et d'avoir fait une nouvelle connaissance avec les habitants du ciel.

Il a tant de jeunesse au cœur, tant d'idéal dans l'âme, qu'il donne de son ardeur à quiconque l'approche. C'est la sainte contagion de l'exemple : près de lui on se sent meilleur. A ses yeux, le Zouave du Pape est une sorte de religieux militaire, dont le cœur doit être d'un saint pour que son courage soit d'un héros ; type trop beau en théorie pour ne pas souffrir d'exceptions dans la pratique, et sur ce point plus d'une déception attendait Théodore ; mais il n'est pas homme à s'autoriser de l'exemple d'autrui pour rabaisser le niveau de sa générosité.

Dans sa chambrée, personne n'eût osé se permettre de propos grossiers ; ou si parfois pour le taquiner et jouir de son trouble, un plaisant jetait dans la conversation quelques poignées de gros sel, le pauvre enfant prenait un air si piteux que l'on se taisait pour ne pas le mettre à la torture. Le séjour à la caserne n'altéra en rien sa fraîcheur de sentiments, reflet de la pureté de son cœur. « Je me rappelle parfaitement, écrit un de ses confidents, avoir entendu plusieurs Zouaves manifester leur étonnement d'une préservation si extraordinaire. En présence de Théodore, on subissait malgré soi l'ascendant de son innocence, et les moins scrupuleux étaient contraints de s'observer. »

Dès l'abord, il a compris ce que la vie commune bien pratiquée renferme de souffrances et de mérites ; aussi refuse-t-il tout privilège, toute exception. Pour se préparer à donner à Dieu sa vie, comme en bloc, sur un champ de bataille, le mieux n'est-il pas de l'offrir par morceaux à chaque instant du jour ?

« La plupart de ceux qui ont tant soit peu le sou dans la poche, ont un brave Flamand ou Hollandais qui, moyennant la solde et le pain de chaque jour, vous brosse des pieds à la tête, arrange votre sac et fait votre lit. C'est très commode, mais je trouve cela un peu fillette, et jusqu'ici, malgré de rudes tentations, je me suis servi moi-même. A quoi bon m'épargner aucune mortification ? Chaque goutte de sueur est une bénédiction pour vous et pour moi ! »

Comme plusieurs autres, Théodore eût pris volontiers ses repas au restaurant, et cependant il ne voulut jamais le faire que par exception, trouvant mieux de rester fidèle à la soupe et au *rata* d'ordonnance. Seulement, pareille nourriture étant insuffisante, il allait ensuite se faire servir une portion supplémentaire. « J'éprouve un redoublement incroyable d'appétit que rien ne peut satisfaire. Il faut dire que notre genre de vie développe singulièrement cette heureuse infirmité. Deux fois par jour exercice. Le matin, nous gelons sur la place Saint-Pierre, mais le fer de ma carabine me semble chaud quand je songe que c'est pour Pie IX. L'après-midi nous sommes en nage ; de cette façon il y a variété. C'est assez éreintant de manier dans tous les sens, et en faisant volte-face, cette lourde carabine. J'espère que cela me fortifiera. »

Est-ce bien le même Théodore qu'il y a un an ? Est-ce bien cet enfant difficile dans ses goûts, à la recherche de ses aises et à la piste des bons morceaux ? Lui impressionnable comme la sensitive, lui qu'un manque d'égards, un oubli, un bonjour moins affectueux, suffisait pour bouleverser, le voilà au premier rang quand il s'agit de sacrifice et d'abnégation ! Ah ! si l'énergie ne restait pas inerte au cœur de tant d'hommes, jusqu'où ne monteraient-ils, eux aussi, au souffle tout-puissant de la grâce !

A certains jours, les soldats étaient consignés, et sous aucun prétexte on ne pouvait quitter la caserne. Alors dans les chambrées on organisait des jeux, on racontait des histoires, on faisait des tours. Théodore payait gaîment son écot, mettant sa voix à la disposition du public, ou inventant quelque nouveau récit sur les exploits du *sargent* légendaire.

« La gaîté règne parmi nous ; il y a des boute-en-train d'un comique achevé.

Place Saint-Pierre à Rome.

Hier soir encore, j'ai eu un plaisir incroyable à chanter les *Deux Aveugles* avec un autre Zouave. »

Ou bien, quand on pouvait sortir, on se réunissait dans la chambrette qu'on avait louée en ville. Quels bons moments alors, et quels charmants souvenirs pour ceux qui vivent encore ! « Jugez de mon bonheur ! Montez avec moi trois étages ; c'est un peu haut pour ma chère mère, mais pour un Zouave, c'est l'affaire d'une enjambée. Vous sonnez : une bonne grosse dame, toute souriante, vient vous ouvrir. C'est une vraie maman, bonne chrétienne, et qui met tout son plaisir à soigner les Zouaves ses locataires. Trois chambres sont occupées par les lieutenants Desclée, Wyart et Lefebvre ; la quatrième est la nôtre, sans doute moins luxueuse, mais elle a vue sur l'église Saint-André, qui est toute proche, et on y jouit à loisir du beau soleil. » Là on causait de la famille tout en jouant aux cartes ; on faisait provision de gaîté pour les jours où les corvées semaient le firmament de nuages, et enlevaient au métier sa poésie en le montrant à nu ; on redisait « les chansons du pays et les joyeux cantiques du collège ».

Si l'amitié exclut l'égoïsme et suppose la communauté de tendances, où aurait-elle fleuri plus belle que dans les rangs de ces Zouaves, venus de tous les coins du monde pour se dévouer corps et âme à la même cause ? Sans se connaître ils se comprenaient ; ils s'estimaient avant de s'être parlé.

Et cependant Théodore se montra, surtout à l'arrivée, d'une extrême réserve dans le choix de ses intimes ; mais il eut bientôt l'occasion d'élargir son cercle de connaissances, grâce à son entrée dans la Congrégation et dans la Conférence de St-Vincent de Paul.

La Congrégation de la Sainte Vierge se réunissait chaque semaine, sous la présidence de M. l'abbé Daniel, dans la petite chapelle d'un couvent. « Là, écrit Théodore, je passe de bien doux instants aux pieds de ma bonne Mère du ciel. Oh ! que j'aime ces réunions ! Tant que je pourrai, j'irai y puiser la force et le courage. » Après l'instruction de l'aumônier on chantait des cantiques. L'organiste était le lieutenant Guillemin, celui que ses soldats appelaient l'*Ange gardien*, et qui tombera à Monte-Libretti au cri de : « En avant ! Vive Pie IX ! » Près de lui, dans la petite chapelle, il fallait entendre Théodore entonner à plein cœur les hymnes à la Vierge. « Avec quel transport de joie je redis ces paroles si belles, si consolantes ! Je me crois encore à Marcq, unissant ma voix à celles de mes frères et de mes amis, ou près de ma bonne mère à l'église Saint-Martin. »

La Conférence de St-Vincent de Paul avait débuté dès 1861 par *La soupe des pauvres*. Le bataillon était alors à Anagni ; les Zouaves, en recevant tous les cinq jours leur modeste solde, mettaient de côté la part du bon Dieu, et avec ce capital ils avaient installé en ville un fourneau, dont ils faisaient les honneurs à titre de cuisiniers. La soupe était bonne, parait-il, et les pauvres affluaient si nombreux que l'évêque de l'endroit fit recommander d'*allonger* le bouillon, parce que les mendiants perdaient leur simplicité de goût primitive.

En 1863, lorsque le bataillon occupait Rome et Frascati, la Conférence fut constituée régulièrement ; un an après sa fondation, elle comptait cent quarante-six membres, avait secouru soixante familles, et distribué environ trois mille francs. Elle fonctionna, jusqu'aux tristes jours de 1870, sous la direction zélée de son président, le capitaine de Gouttepagnon, avec ses réunions hebdomadaires, ses trois cents adhérents et ses six mille francs d'aumônes par an.

Et ceux qui employaient ainsi leurs loisirs à visiter les pauvres d'Italie et leur bourse à les soulager, étaient traités de mercenaires par de vils écrivains payés pour mentir !

A la Congrégation comme à la Conférence, Théodore était des plus assidus, et il aurait tout sacrifié plutôt que de manquer aux réunions d'usage, aussi son zèle et sa piété le mettront-ils bientôt en avant pour les honneurs, ou mieux, pour les charges.

Un mois déjà s'était écoulé depuis qu'il était entré au service du Pape, et aucune lettre n'était encore venue parler de Roubaix et de la famille au conscrit avide de nouvelles ; en vain il en réclamait à grands cris, pas un mot de souvenir pour le réconforter : « Très chers parents, si je ne vous connaissais, je vous accuserais volontiers. Je vous en prie, parlez-moi de tous, donnez-moi des encouragements à la vertu. Je suis seul maintenant pour diriger ma barque à bon port. J'ai besoin de vos conseils ; un petit mot de papa, de maman, des autres, me ferait tant de bien ! C'est vraiment à n'y rien comprendre. »

Hélas ! de nombreuses lettres de Roubaix s'étaient égarées, et le pauvre enfant attendait toujours ! Dieu a ses secrets quand il veut multiplier les mérites d'une âme : heureux qui tend gaîment la main pour recueillir ces perles du ciel ! Enfin, le 8 janvier, une brise du pays a soufflé au cœur du Zouave : « Quelle heure délicieuse j'ai passée hier soir, assis sur mon lit, au milieu du tapage de la chambrée ! J'ai lu et relu les quelques mots de papa, les deux grandes lettres de ma très chère mère, celles de mes frères. Je n'étais plus à la caserne, je me retrouvais à Roubaix, au milieu de vous tous, si bons, si affectueux !.. Il est midi, je vous quitte pour aller à l'exercice, sac au dos tout le temps. Que de choses j'ai sur le cœur que je voudrais pouvoir vous dire ! Vers trois heures, nous aurons un moment de repos ; j'irai alors à Saint-Pierre et je prierai pour tous. Le clairon sonne, adieu !..

« Je reviens de l'exercice ; nous avons rudement manœuvré. De midi à quatre heures nous n'avons pas quitté le sac. Je remercie en particulier ma bonne mère de ses deux lettres. Ne crains rien, maman, parle-moi souvent de la famille. Mon cœur n'est point blessé au souvenir de ces joies intimes que je ne puis plus goûter. Je suis Zouave, et c'est de plein gré que j'ai renoncé à tout pour la croix. Si la nature a trop parlé dans les commencements, elle est maintenant presque vaincue. Je suis bien gai, bien portant. Comment en serait-il autrement ? Le bon DIEU m'a conservé parfaitement pur jusqu'ici. Chose providentielle, depuis que je suis à Rome, je n'ai pas encore ressenti la moindre atteinte à cette belle vertu. Je dois ce bienfait à ma bonne Mère des cieux, qui a proportionné ses grâces à mon extrême faiblesse. Je n'ai point peur de mourir, au contraire ; je ne crains plus la souffrance. Priez, priez, chers parents, pour que votre enfant devienne un véritable Zouave, dans le sens le plus chrétien et le plus élevé. »

Entre le fils absent et ses proches, on dirait un concours de générosité ; c'est à qui marchera d'un pas plus ferme dans la voie du sacrifice :

« Me voici dans ta petite chambre, mandait Mme Wibaux ; je t'écris sur ton bureau, près de ton crucifix ; rien n'a été changé depuis ton départ. Commençons, cher enfant, par une bonne prière à deux... Courage ! la croix est lourde, mais JÉSUS est avec toi... Sois heureux de penser que toutes tes peines retomberont en bénédictions sur ta chère famille. Un sourire paternel de notre bien-aimé Pie IX nous est plus précieux que tous les honneurs du monde... Nous avons fait comme toi, nous avons remercié DIEU de t'avoir appelé à souffrir pour lui... »

De son côté, Théodore ne veut pas rester en arrière ; il s'excite à la fidélité dans les moindres choses, qui, transfigurées par les clartés de la foi, deviennent grandes à ses yeux. En voici un exemple : plusieurs mois auparavant, il avait promis à son père de ne plus fumer, et quoique son entrée au régiment changeât les circonstances, il tint bon contre la tentation : « Je n'ai pas encore touché le bout d'un cigare ni quoi que ce soit en fait de tabac. Ce n'est pas sans peine, je vous assure, car il y a des moments où la privation se fait sentir, quand on est de garde, par exemple, et dans mille autres circonstances. N'importe! DIEU aidant, j'espère tenir ma promesse ; dans un grand sacrifice on est heureux d'amasser mérites sur mérites. »

Plus tard, il croit devoir exposer à son père les embarras que lui suscite cette promesse, dont il ne se croit pas libéré avant d'avoir obtenu la permission : « J'ai passé la nuit avec une quarantaine de camarades au corps de garde, au milieu d'un grand corridor, dans un courant d'air perpétuel. Je regrettai bien alors un cigare ou une bonne pipe. Il est presque impossible de ne point fumer lorsqu'on est renfermé avec des Flamands qu'on ne peut comprendre. C'est vraiment abrutissant, surtout quand on ne peut lire. Aussi par moments il me prenait des envies... Grâce à DIEU j'ai résisté ; mais j'ai juré mille fois de vous demander la permission. »

Le 12 janvier, le conscrit passait au bataillon : « Je ne suis plus de ces pauvres recrues qu'on appelle soldats pour rire, et auxquels on semble tout pardonner par pitié ; je suis enrôlé dans la sixième compagnie du second bataillon. Adieu l'exercice ; ce sont maintenant des travaux plus rudes et un commandement plus sévère qui m'attend; mais, en revanche, c'est seulement à partir de ce jour que je compte pour véritable Zouave. Mon DIEU, je m'abandonne à vous. »

Cependant de nouvelles recrues accouraient en foule offrir au Pape leurs cœurs et leurs bras ; parmi les Zouaves, de nombreuses promotions d'officiers avaient eu lieu ; le bataillon se transformait en régiment. Les révolutionnaires crurent le moment venu de se montrer autrement que par des manifestes et des menaces ; ils voulaient un coup d'éclat pour intimider le peuple et terroriser les défenseurs de Pie IX. La secte fut fidèle à ses traditions ; à ses yeux toutes les armes sont loyales ; elle choisit le poignard. « Un Zouave a été assassiné tandis qu'il rentrait à la caserne ; il m'avait appris le maniement du fusil. Lundi, je lui avais serré la main en lui disant : « A bientôt. » Les décrets de la Providence sont impénétrables. L'assassin a été saisi : c'est un Napolitain qui, paraît-il, avait pris l'engagement de tuer trois hommes de l'armée pontificale, et qui devait être libéré des galères une fois sa promesse exécutée. » Ce Zouave si lâchement frappé se nommait Bernard Caze ; le couteau de l'assassin avait été dirigé par une main habile, qui révélait un maître dans l'art de tuer ses semblables ; l'indignation des honnêtes gens était à son comble.

« Ce matin, au rapport, le colonel a recommandé le calme et la prudence, et a renouvelé la défense de sortir seul le soir dans les rues. Aujourd'hui je suis de garde pour la première fois à San-Salvator. Il est dix heures du soir ; je suis enfermé avec un caporal et deux hommes dans un maudit trou, obscur et enfumé. Tout à l'heure il s'agira de me coucher sur les planches, de me rouler tant bien que mal dans ma couverture, et de m'endormir, si faire se peut. J'ai déjà fait quatre heures de faction par un vent abominable... Allons ! mon camarade m'invite à le remplacer. Je vous quitte en vous souhaitant meilleure nuit que la mienne...

« J'ai fait mes deux heures, le fusil au bras, le chapelet dans la main droite ; c'est bien ainsi que je compte faire toutes mes factions. Dans ces moments où l'on est seul, on aime à penser à sa famille devant DIEU. A minuit je me disais : « Tout le monde dort à Roubaix et à Marcq. » J'ai récité le plus de dizaines possible, j'ai offert à DIEU pour tous ceux que j'aime chaque ennui, chaque pas de cette corvée, et le temps ne m'a pas semblé trop long. A une heure je regagnai mes planches. Il fallut, à cinq heures, me tirer d'un profond sommeil pour recommencer la même manœuvre. J'avais fait huit heures de faction.

« Telle est la vie du soldat : vie de travaux pénibles, entièrement dénuée de compensations humaines. Mais cette vie acceptée chrétiennement a ses charmes. Le soir, quelle consolation d'offrir à DIEU toute une journée remplie de fatigues supportées pour lui seul ! Quelle joie de penser que c'est encore un pas vers le ciel, une bénédiction nouvelle pour mes proches ! Mon DIEU ! c'est toujours ainsi que je veux l'entendre. Loin de moi les consolations humaines ! Je ne veux trouver d'affection et de repos qu'en vous seul. »

Mais la nature est là, qui vient contrecarrer ces résolutions généreuses ; il faut bien qu'il y ait lutte pour qu'il y ait victoire. Après cette première garde, Théodore se laisse aller à jeter un coup d'œil par delà les murs de la caserne, vers le repos et les joies de la maison paternelle. Les dizaines de chapelet n'ont pas empêché les planches d'être dures ni le vent de siffler... « Ce soir, j'ai été trouver Monsieur Daniel, comme on va trouver un ami consolateur ; je me sentais pressé de lui parler. Contre mon ordinaire, je n'étais pas gai ; je ne sais à quoi attribuer cette sorte d'abattement ; j'avais soif de prière et je ne pouvais satisfaire mon désir. J'ai comparé ma vie présente avec celle que j'ai quittée. Je vous avoue ces faiblesses, chers parents, comme je les ai avouées à Dieu ; vous me les pardonnerez comme il les a pardonnées. En présence des charges qui m'attendent (sur une semaine, j'aurai peut-être trois nuits bonnes), j'ai été découragé un moment. Une seule visite à l'église m'aurait ranimé ; malheureusement j'étais retenu à la caserne. Quand je quittai l'aumônier, j'étais transformé. Sa bénédiction, les conseils qu'il me donnait de la part de Dieu, m'avaient remis en place. Oh ! soyez-en bien sûrs, s'il m'arrive encore de ces moments de défaillance, je ne garderai point mes peines pour moi seul. Ce sont des tentations que le démon m'envoie. J'aurai la prière pour y résister ; la prière me sauvera, me fortifiera, fera de moi un vrai Zouave, c'est mon assurance. Aussi, priez beaucoup pour votre enfant. »

« 20 janvier, saint Sébastien.

« Aujourd'hui ma première pensée a été pour ce grand saint qui m'est si cher à plus d'un titre. Que de souvenirs son nom réveille ! Le matin corvée ; à neuf heures j'étais libre ; il était onze heures lorsque je communiai dans l'église Saint-Sébastien. Je n'oubliai aucun des membres de notre petite société. De retour à Rome, j'entendis encore une messe. » Voilà, il faut l'avouer, des journées bien employées ; après la matinée consacrée à Dieu, la charité réclame les heures de l'après-midi, que Théodore passe à l'hôpital près d'un Zouave malade, et, le soir, on se réunit à plusieurs amis dans une *trattoria*, où l'on s'en donne à cœur joie en se faisant servir des mets du pays.

Les lettres de Roubaix ne se perdaient plus en route ; elles venaient nombreuses, pleines de tendre affection et de sages conseils : « Entendre parler papa comme si je me trouvais à ses côtés, quel bonheur ! » Le cœur de Mme Wibaux ne se lasse pas de raconter au cher fils absent ces mille riens qui font la vie de famille, et dont elle savait Théodore si friand ; elle lui parle de la *Vierge de l'escalier*, qui chaque jour reçoit tant de prières pour le Zouave, et à laquelle la petite Stéphanie envoie de grands baisers au nom de Théodore ; elle raconta que le petit Léon, après de longues vacances, avait refusé d'aller en classe : « Alors je m'approche : Petit, pense à Théodore ; s'il disait : Je ne veux pas monter la garde, je ne veux pas souffrir... et voilà Léon qui se calme, qui prend ses livres et demande à partir. »

Ainsi tout le jour Théodore est présent à ceux qu'il a quittés, tout le jour aussi leur souvenir le stimule à la vertu : « Que de fois je me dis : Papa et maman m'approuveraient-ils ? Que ferait Willebaud à ma place ? De cette sorte, je suis presque sûr de ne pas me tromper... Je réclame vos conseils pour l'argent. Maman m'a souvent répété que je n'en connaissais pas le prix. J'ai un petit défaut, c'est que j'aime à faire de bons dîners aux *trattorie ;* la faute en est à mon appétit. N'importe ! j'ai toujours des scrupules, et j'aime mieux tout vous confier, pour n'avoir rien sur le cœur. »

CHAPITRE CINQUIÈME. — 1867.

Toujours changer ! — Le Colisée. — Patrouille. — Fête de la Présentation. — Un capucin béatifié. — Catacombes de Sainte-Agnès. — Dix-huit ans. — Au bureau. — Carnaval. — Mois de saint Joseph. — Louis Veuillot à Rome.

Toute médaille a son revers, et si rien n'était charmant comme les relations de Théodore avec ses amis, si cette cordiale intimité embellissait la vie au régiment, elle multipliait aussi les sacrifices chaque fois qu'un des intimes était envoyé avec sa compagnie en détachement hors de Rome. Notre Zouave s'habituait difficilement à ces va-et-vient, à ces changements de camarades et de casernes. A peine installé quelque part, il se faisait son nid, se créait son cercle de relations, s'attachait aux hommes et aux choses, aux madones et aux églises du voisinage, voire même aux murs de la chambrée, surtout quand les croisées encadraient quelque beau point de vue de la campagne romaine. Un ordre du colonel, un coup de clairon suffisait pour faire tomber tout cet échafaudage de vie régulière, d'habitudes qui, quoique datant de la veille, semblaient déjà anciennes, et il fallait sans cesse recommencer sur de nouveaux frais.

« Un petit coin de chambre où j'ai dormi quelque temps, un couteau qui a servi à mon usage, tout cela devient pour moi une sorte d'ami, et par suite une occasion fréquente de regrets, dans cette vie capricieuse qu'on appelle la vie militaire... Il y en a qui ne peuvent comprendre que l'on aime une caserne où l'on a fait tant de corvées, supporté tant de fatigues ; mais c'est précisément parce que j'y ai souffert un peu pour Dieu, parce que j'y ai prié souvent, que j'y suis affectionné. »

Alors il s'élevait vers le ciel par la prière, et de là-haut les petites misères du métier s'effaçaient à ses regards, ou plutôt leur couleur sévère mettait quelque variété dans la teinte uniforme de la vie du soldat. Un salut à la madone, une visite à Sainte-Agnès, une promenade au Colisée, lui remettaient le cœur en place. « Le Colisée, il y fait si bon, je m'y trouve si bien ! Dernièrement j'y suis resté trois heures. J'avais le cœur touché, moins encore de la beauté des ruines que des souvenirs glorieux qui se rattachent à ces lieux bénis. Quelle leçon pour le monde, et quel encouragement pour nous qui souffrons ! Les persécuteurs ont passé, le peuple qui vociférait la menace sur ces vastes gradins n'est plus que poussière, mais les saints qui sont tombés sur cette arène sont couverts d'une gloire impérissable ! Chaque pierre, chaque loge de ce vaste amphithéâtre semble parler. Une simple croix s'élève au milieu de l'arène. Je m'agenouillai, et, longtemps prosterné, je priai pour vous, chers parents, pour moi qui ai tant besoin de prières. Au pied de cette croix on n'est pas seul à invoquer le ciel ; des milliers de voix s'unissent à la vôtre : voix des vierges, voix des martyrs. Le Zouave qui s'agenouille sur cette terre est vraiment sur la terre de ses ancêtres. Ensuite je m'assis sur une vieille colonne, et je relus lentement vos bienheureuses lettres. Je me plongeai tout entier dans les souvenirs du passé, dans les pensées du présent. J'assistai au joyeux dîner de fa-

Le Colisée.

mille qui se faisait dans ma chère maison. Puis je grimpai sur les vieilles ruines, pour cueillir quelques fleurs que j'envoie à ma chère mère ; elles viennent du Colisée, elles ont la couleur du sang des martyrs.

« Il y avait beaucoup de visiteurs, beaucoup d'indifférents ; des Anglais et des Anglaises, qui s'amusaient à monter de loge en loge jusqu'au sommet. Pas une prière, pas un regard jeté sur la croix ; cela faisait peine à voir. Je dus m'arracher à cette terre bénie pour rentrer dans la réalité de la vie militaire. Le soir je fus nommé de patrouille.....

« C'est une chose très drôle, mais aussi très fatigante. Il s'agit pendant une partie de la nuit de marcher à la suite d'un bon gendarme qui s'avance gravement, comme un docteur suivi de quatre facultés, à travers les rues les plus sombres et les plus tortueuses de Rome, prêtant l'oreille au moindre bruit, arrêtant tout individu tant soit peu déguenillé.

« Nous étions deux zouaves à la suite de notre chef de file, qui demeurait plus silencieux que Pandore, car il ne savait que l'italien ; mais il avait conscience de sa dignité, et n'était pas du tout insensible au petit verre d'encouragement. Nous voyez-vous marcher, mon camarade à côté du gendarme, et moi à dix pas derrière suivant les prescriptions, et cela durant cinq heures, d'un pas désespérant ? Le ciel était étoilé ; l'occasion était belle de rêver et de chanter cent fois :

La lune brille,
Le ciel scintille.

Mais je fis autre chose, et toutes les madones que nous rencontrions, à chaque coin de rue, reçurent un *Ave*. Pendant le temps que dura notre patrouille, le bon gendarme nous régala de vin et de café ; bien entendu que plus d'une fois je jetai le vin derrière mon dos, sans faire semblant de rien. Impossible de refuser, impossible de tout boire ! Ces braves gendarmes ! il ne leur est point difficile de faire des amabilités. Ils vont tout simplement commander la bouteille dans un bouchon quelconque ouvert après l'heure, se font servir dans l'obscurité d'un corridor, puis demandent le compte par politesse, sachant bien qu'on va leur refuser d'être payé, ce qui arrive toujours, et voilà comment ils charment les ennuis de la patrouille. »

« 2 février. Aujourd'hui grande fête à Rome. M. l'aumônier nous a adressé ce matin quelques belles paroles : Si je porte les yeux vers le temple de Jérusalem, nous a-t-il dit, j'y vois deux sacrifices : celui d'une Mère qui consacre son Fils, celui d'un Dieu-Enfant qui s'immole lui-même. Et si j'abaisse les yeux du haut de cette chaire, je vois se renouveler les mêmes sacrifices dans la réalité, sacrifices non moins agréables et non moins méritoires. Je suis sûr, Messieurs, que toutes vos mères auront puisé dans ce souvenir une nouvelle force et une nouvelle énergie. A vous de renouveler l'offrande de vos vies, mais surtout de vos cœurs, afin qu'ils appartiennent à Dieu constamment et complètement.

« N'est-ce pas, chers parents, un puissant encouragement que cet exemple de la Sainte Vierge ? Rome a aujourd'hui un air de joie universelle. Ce n'est pas vainement que l'on célèbre les fêtes de la Madone. Rien de plus splendide que la place Saint-Pierre, toute couverte de somptueux équipages, qui resplendissent aux rayons d'un beau soleil d'Italie.

« 6 février. Très chers et bons parents, je réclame de vous une prière toute particulière pour un certain moment du jour. Le matin au réveil, je suis toujours un peu triste. En présence de la rude journée qui commence, mon cœur abattu se reporte vers vous, vers la maison. Je me sens privé de votre bénédiction, de la vue de ceux que j'aime. Alors je dis prières sur prières, je fais offrandes sur offrandes, et je recouvre bientôt ma gaîté habituelle. N'importe, je vous le demande, à six heures et demie pensez à moi, et soyez sûrs qu'alors je prie pour vous.

« En ce moment je suis enfermé dans un obscur corps de garde. J'entends d'ici les joyeuses cloches de Saint-Pierre. Demain grande solennité ; on doit béatifier un Père Capucin. Je me sens plein de confiance ; ce soir, en me promenant le fusil au bras, j'ai dit un chapelet à ce bienheureux.

« 11 février. Le soleil s'est levé plus splendide que de coutume, la nature a pris son air de dimanche pour concourir à la joie des cœurs. Une béatification ! un nouveau protecteur !... En entrant à Saint-Pierre, j'ai éprouvé comme un avant-goût des jouissances célestes. Dans la grande nef, des draperies adoucissaient le jour ; de tous côtés étaient suspendues dans l'espace des quantités innombrables de lumières. Les colonnes étaient chargées de riches tentures, et quatre grands tableaux représentaient quatre miracles opérés par le Bienheureux Benoît d'Urbin. Dans le fond, on voyait ce pauvre Capucin s'envolant vers le paradis. Durant l'office, des voix et des chants, qui n'avaient rien d'humain, célébraient la gloire de celui qui avait été chaste et humble de cœur. Quel triomphe pour ce moine obscur d'être proclamé bienheureux par le représentant de Jésus-Christ, dans le plus auguste des temples, au milieu d'un flot de peuple ! J'étais hors de moi. Je me redisais dans mon enthousiasme : Il faut que je sois saint moi aussi. J'ai mille fois adressé cette prière au Bienheureux : Voyons, bon Capucin, vous êtes glorieux aujourd'hui, ne m'oubliez pas au milieu de votre triomphe, ne soyez pas égoïste dans votre bonheur. J'attends un miracle de vous ; votre pouvoir n'a pas plus de bornes que votre miséricorde. Jetez les yeux sur un pauvre Zouave qui souffre et combat comme vous l'avez fait durant votre vie. Faites de moi un bon et chaste soldat du Christ, détachez-moi du monde pour me rattacher à Dieu ; je veux aimer la croix pour gagner le beau ciel. »

Et sans doute la prière du jeune Zouave monta vers le bon Capucin comme la fumée des encensoirs d'or montait vers la voûte du temple, et parmi les chants de triomphe qui lui faisaient fête dans la capitale de la chrétienté, le Bienheureux dut distinguer cette voix fraîche et pure de l'enfant qui réclamait secours pour arriver lui aussi à la sainteté.

Après la cérémonie, une petite caravane de Zouaves, dont Théodore faisait partie, descendit dans les Catacombes de Sainte-Agnès, afin de prier encore et de s'animer à la vertu au contact des martyrs. « Je m'imaginais entendre les pieux cantiques des persécutés qui disaient : Bienheureux ceux qui souffrent pour la justice ; bienheureux ceux qui ont le cœur pur. Souvent nous rencontrions une tombe avec le trou de la fiole que l'on plaçait pour les martyrs ; nous nous y arrêtions avec plus de recueillement. Au milieu de tous ces ossements, qui, dans le silence et la nuit, parlaient leur grand langage, j'ai pensé à mes bien-aimés parents. Votre souvenir ne me quitte jamais.

« En sortant des catacombes, nous nous dirigeons vers la délicieuse petite église de Sainte-Agnès. On dirait que la bonne sainte elle-même s'est construit ce sanctuaire, et qu'elle y a répandu le parfum de sa piété et de sa douceur. Tout y est simple et riche à la fois. Les colonnes et l'autel sont du marbre le plus précieux. Point de vains ornements : on y voit représentées toutes les vierges martyres. Là règne un demi-jour qui inspire la ferveur. Quelques lampes brûlent constamment devant la statue de la jeune vierge. On aime à redire la charmante histoire de cette sainte, sa noble fermeté, son innocence ! Elle était agréable à Dieu parce qu'elle était pure entre toutes; aussi Dieu la protégea entre toutes. C'est elle qui gardera mon innocence, je lui ai confié ce trésor. »

« 11 février.

« Quel délicieux bonheur tu m'as causé par ta lettre, bonne mère ; j'en suis encore tout ému ! Tu ne peux exprimer ce que tu ressens, me dis-tu : c'est bien comme moi. Jésus seul comprend l'affection que je porte à mes parents, car je ne trouve point de paroles pour l'écrire. Que tu sais bien toucher le cœur de ton enfant ! que tu lui parles bien de tout ce qu'il a aimé et qu'il aime encore plus que jamais ! Ah ! j'en suis sûr, tu communies souvent pour ton cher Zouave. Et moi, lorsque je m'ennuie en faction, je vais à Roubaix. J'entre dans notre petite maison sans être vu, et, au moyen de ma montre, je sais ce qui s'y passe. Ces pieuses commissions que tu donnes à ton Ange gardien, je les avais déjà données au mien. Je ne sais comment nous nous sommes rencontrés dans la même pensée. Merci de tes huit bonnes pages, merci. Tant que je trouverai une minute pour écrire, je la consacrerai à mes chers parents. Je trouve dans cette obligation trop de consolations pour pouvoir m'en priver.

« Voici la dernière lettre que j'écris à dix-sept ans. Demain je me réveillerai avec dix-huit ans sur les épaules. Que je suis déjà vieux ! Demain vous allez penser à moi ; je vous verrai buvant à ma santé et récitant le soir, en commun, une prière à mon intention. Avant de terminer ma lettre, je veux remercier Dieu des grâces extraordinaires dont il m'a comblé durant cette dix-septième année de ma vie. Où serai-je dans un an ? Adieu, donnez votre paternelle bénédiction à votre enfant et Zouave... »

« Dix-huit ans, écrit Théodore le lendemain, âge des passions et des rudes combats, âge où l'on ne peut trop recommander son innocence à Dieu, à Marie et aux saints du ciel. » Aussi, de grand matin, il trouve moyen de communier ; puis, après l'exercice, quelques amis lui font la surprise d'une réunion en petit comité, où l'on arrose ses dix-huit printemps dans un joyeux festin, égayé par le récit des souvenirs du pays et des fredaines de collège. « Vrai ! nous aurions déridé les statues antiques de Rome. »

A cette époque, une belle occasion se présenta pour Théodore de faire une part plus large aux excursions, aux pèlerinages et à l'amitié. S'il est vrai que les circonstances font les grands hommes, dans un domaine supérieur elles font aussi les saints ; car DIEU, plein de prévoyante bonté, dispose sur la route des âmes d'élite ces circonstances qu'on appelle hasard, où leur vertu devra combattre et où sa grâce les aidera à vaincre.

M. Mouton, alors adjudant aux Zouaves, avait déjà plusieurs fois proposé à Théodore une place dans son bureau ; impossible de rêver position plus enviable ; il s'agissait de copier des ordres une heure chaque jour moyennant quoi l'heureux secrétaire était libéré des corvées et des gardes. Et puis M. Mouton était un compatriote, un ami ; tout concourait à faire un idéal du poste en question ; Théodore accepta. « Je n'étais pas installé depuis une heure qu'il me vint un remords de conscience dont je ne pus me débarrasser. Je me mets à rougir, je réfléchis ; j'en avais la tête perdue. Voyons, me disais-je, je ne suis point venu ici pour *me ballader* dans un bureau. Il n'est point généreux à moi de fuir les rudes travaux de la vie militaire, je suis Zouave et non point écrivain. Vivent les souffrances ! avec DIEU, au plus, au mieux ! C'est pour ma famille, c'est pour le beau ciel. Je n'y tenais plus, je me décide à aller trouver M. Mouton pour lui donner ma démission. Il m'en coûtait beaucoup de rendre son amabilité inutile. Je lui conte mon histoire, je lui rends les cahiers, qui n'avaient point encore vu mon écriture, et me voilà redevenu simple mortel. »

« 19 février. J'ai passé toute la matinée à astiquer ; demain, grande revue : il s'agit d'être brillant comme un miroir. Aussi, jusqu'à trois heures de l'après-midi j'ai eu les mains pleines de cirage. Ah ! les revues et les parades, c'est mon cauchemar. Vous connaissez mon incroyable maladresse. On se moque de moi en disant que j'ai la rage d'astiquer. Étant moins habile, il me faut plus de temps. Si je reviens jamais, je réclame de cirer les souliers de la famille ; je m'en donne plein les mains. Cela me fait tant plaisir de penser que chaque coup de brosse est compté par mon Ange gardien, comme il arriva jadis à ce bon religieux qui devait aller chercher

de l'eau bien loin dans le désert, et qui entendait à ses côtés : un, deux, trois......
C'étaient ses pas que son bon Ange comptait pour le ciel. »

On était alors à l'époque du carnaval, qui, suivant l'usage, amenait son cortège de réjouissances, de chars et de *confetti*. Malgré les menaces de la secte, le peuple romain put s'amuser à son aise, grâce aux Zouaves, qui restèrent tout ce temps sous les armes. « Les maisons du Corso sans exception étaient couvertes de tentures rouges, les balcons étaient chargés du plus beau monde. Nous défilons fièrement ; je suis sûr que plus d'un révolutionnaire aura tremblé en regardant briller en cadence la pointe de nos baïonnettes. Mon bataillon s'établit sur la place de San-Lorenzo. On attendait le signal des fêtes. Les boîtes de *confetti* étaient remplies, les bouquets étaient prêts. Les dames avaient ajusté leurs masques de fin métal pour se préserver le visage, et se préparaient au combat. Enfin le canon gronde ; les graves sénateurs paraissent dans leurs magnifiques équipages ; le peuple suivait en foule ; rien de plus curieux.

« La guerre commence à outrance. Les masques, qui se balladaient en voiture ou à pied, étaient accablés par une grêle de *confetti*, auxquels ils répondaient vigoureusement. Vous savez que ce sont de petites dragées qui s'écrasent en farine au moindre choc. Liberté complète est laissée à chacun ; si vous ne voulez rien recevoir, ne sortez pas ; inutile de vous fâcher, on ne vous écouterait pas.

« Il y avait un char rempli de Zouaves déguisés en pierrots, avec de longs chapeaux en pain de sucre. Je ne sais combien ils ont payé leurs bouquets, mais ils ne les ont pas ménagés. Ainsi donc tout le manège consiste à parcourir le Corso, une dizaine de fois au petit pas, pour recevoir et jeter des *confetti*. Vraiment ces bons Romains sont bien enfants, et c'est plaisir de les voir s'amuser aussi innocemment. La journée se termina par la course des chevaux; ils sont sept qui, de la place du Peuple, s'élancent ventre à terre au milieu des sifflets, des hourras, de tout le tapage possible, pour aller s'arrêter à la place de Venise. Ainsi s'est passée cette première journée de carnaval; ainsi, je pense, se passeront les autres. Le soir nous rentrions très pacifiquement dans nos casernes, éreintés et affamés. »

Durant ces jours de réjouissance pour le public, la vie était dure pour les défenseurs du Pape. « Me voici de garde avec trois Hollandais ; impossible de parler. J'ai en perspective six heures de faction et une seconde nuit sans sommeil.

Demain je serai debout sous les armes toute l'après-dînée; j'en remercie Notre-Seigneur. » Le carnaval se termina gaîment, sans éclairer aucune scène de carnage et de désolation. Les Zouaves n'avaient pas seulement tenu les méchants en respect; plusieurs d'entre eux, en prenant une part active aux réjouissances, avaient rendu service à la cause publique, « car la révolution aurait voulu voir un carnaval triste et morne, afin de crier bien haut qu'on ne pouvait plus s'amuser. Et voilà que les Zouaves se sont mis en frais pour égayer le bon peuple romain... »

« Le Mercredi des Cendres, j'assistai à la messe à Saint-Louis des Français. J'inclinai mon front sous la main du prêtre qui disait : *Memento, homo, quia pulvis es.* Je ne trouve point que ces paroles portent avec elles rien de décourageant ; au contraire, elles font naître dans mon cœur une espérance. Ainsi donc mon corps n'est point destiné à toujours souffrir. Courage ! ça ne durera pas toujours. »

« 28 février, anniversaire de la naissance de François.

« Petit ange des cieux, prie pour nous, telle a été ma première pensée à mon réveil. Heureux petit frère ! chère joie de la famille, mon compagnon de promenades ! sa pensée ne me quitte pas un seul instant. C'est mon intercesseur le plus intime, le confident de toutes mes misères. Combien de fois je l'appelle et le serre contre mon cœur, ainsi que je faisais autrefois ! Je lui expose mes besoins, j'ai l'intime conviction qu'il m'obtient beaucoup de grâces.

« Mars 1867. Le beau mois de saint Joseph commence ; oh ! nous serons bien unis de prières. Nous invoquerons ce protecteur des familles chrétiennes, vous, le soir devant sa statue ornée de fleurs, moi, partout, durant mes promenades, mes gardes, mes corvées. Je l'attendais avec une grande impatience, ce beau mois. Chaque année il a été pour mon âme une source de grâces et de bénédictions. Je m'y suis préparé comme l'an dernier, par une neuvaine. Le 1er mars, je me suis levé plus tôt que de coutume, j'ai couru chez l'aumônier, j'ai pu servir une messe et communier. Chaque matin je vais à l'église du Saint-Esprit, toute voisine de notre caserne. Ainsi, tandis que vous déjeunez, chers parents, vous pouvez dire presque sûrement : Théodore se trouve devant l'image de saint Joseph. »

A cette époque Louis Veuillot vint à Rome se retremper, comme il avait coutume, au cœur de l'Église, près du cœur de Pie IX. Le Pape avait béni l'écrivain,

Théodore Wibaux.   5

le père avait encouragé le fils : *L'Univers* allait reparaître ; Pie IX lui-même voulait la résurrection de ce batailleur d'avant-garde. Théodore tout impatient avait couru frapper à la porte de celui à qui il devait en partie le bonheur d'être soldat de l'Église. Veuillot embrassa tendrement son jeune ami et l'invita à dîner, mais comment arranger pareille invitation avec les contre-temps du service? « Si je m'étais écouté, je n'aurais fait qu'un bond jusque chez M. Veuillot, mais le devoir disait : Tu iras avec tes camarades, tu resteras jusqu'au soir sous les armes sans rien faire. Le clairon sonna et, pas accéléré, nous partîmes. » Du moins, il put quelque peu se dédommager en rencontrant plusieurs fois L. Veuillot à l'église. Pour les âmes chrétiennes, la prière n'est-elle pas la plus intime des conversations?

« Dernièrement Pie IX, suivi de tous les cardinaux, vint s'agenouiller à Saint-Pierre devant l'autel du Saint-Sacrement; c'est sa coutume tous les vendredis de carême. Il se trouvait à deux pas de moi, en sorte que je pus contempler cette figure si sereine et si auguste. Pauvre Pie IX ! comme il prie bien ! Ses yeux ne quittaient pas l'autel ; il remuait les lèvres au point que l'on pouvait presque surprendre ses paroles. Il a tant de choses à demander pour ses enfants et pour lui-même ! Quand je le vois ainsi agenouillé, je me sens porté à m'adresser à lui du fond du cœur comme à un saint. M. Veuillot était à mes côtés et priait lui aussi. Je suis sûr qu'il avait une furieuse envie de pleurer. Ainsi dernièrement au Gésu, quand le Pape s'y rendait pour les quarante heures, on entendait une voix forte, mais chargée de larmes, qui répétait à chaque instant : Vive Pie IX Pontife-Roi ! et ce cri était redit par le peuple. C'était ce bon M. Veuillot qui épanchait son cœur de fils. »

CHAPITRE SIXIÈME. — 1867.

En villégiature à Frascati. — Devoir et piété. — La Saint-Joseph. — Dangers pour l'âme. — Annonciation et Pâques. — Fort Saint-Ange. — La chambrée. — Chasse aux brigands. — Le camp. — A l'affût. — Chez le chanoine Angelo. — Retour.

QUAND l'inexorable service accordait vingt-quatre heures de bon temps, les Zouaves amateurs d'excursions s'en allaient au loin respirer le grand air dans la campagne romaine. Théodore était de ceux-là ; on avait bientôt fait d'organiser une bande joyeuse, et d'ordinaire on se dirigeait vers Frascati. « Quelle délicieuse petite cité ! C'est une suite de vieilles et superbes villas, étagées les unes au-dessus des autres, pleines de la fraîcheur des collines et de l'ombrage des vieux arbres, d'où l'on découvre le plus magnifique panorama qui soit au monde. Un cercle de montagnes couvertes de neige, au loin la mer comme un miroir d'argent, Rome la grande ville, le dôme de Saint-Pierre toujours étincelant, toujours dominant. Je ne me sens jamais si heureux qu'en présence d'un beau spectacle de la nature. Je prie alors intérieurement, je voudrais faire partager aux autres ma joie, mon admiration, et je ne trouve pas de paroles. »

Son premier soin, en arrivant à Frascati, était d'aller demander la bénédiction à la Madone miraculeuse de l'endroit, et de payer son tribut de souvenir aux camarades enterrés à la cathédrale ; ainsi, même dans les plaisirs de la villégiature, le cœur et la prière avaient leur part. Il aimait aussi à prier sur la tombe d'Ubald Dewavrin, emporté par la fièvre en 1860. « C'est un Zouave, un confrère d'armes, un saint compatriote. Comment ne pas avoir confiance ? » On allait ensuite saluer le piquet de Zouaves établi au collège des Jésuites, à Mondragone, « douze privilégiés qui défendent l'établissement contre les brigands. Vraiment cela donne envie de recommencer ses études. Heureux Jésuites ! heureux élèves ! heureux Zouaves ! Plus je les vois, plus j'envie leur sort. Du dehors, j'entendais les jeunes gens qui chantaient le salut dans leur petite chapelle. Et dire que ces Zouaves ont sous leur main, non seulement les bois, les promenades, les pianos, les billards, mais, ce qui est mille fois préférable, les leçons et les conseils des bons Pères ! »

Et quand son congé lui permettait de pousser plus loin, il allait à l'aventure, visitant les couvents, grimpant au Monte-Cave, chevauchant à travers Castelgandolfo et Albano, au bord des lacs, à l'ombre des bois, tantôt à pied, tantôt à âne. « J'ai l'air d'un vrai Don Quichotte avec mes jambes qui traînent à terre. » C'étaient là de délicieuses parties, pleines de bon air, de beau soleil et de laisser-aller, qui élevaient l'âme par la prière, dilataient le cœur par la franche amitié, et faisaient oublier les fatigues du métier au milieu des rires et des gais propos.

On le voit, la piété de notre Zouave n'était pas de celles qui se renferment dans le cercle étroit de quelques observances ou de quelques formules, et qu'un sourire ne déride jamais. Sa grande et première dévotion, c'est le devoir de chaque jour ; les visites aux églises, les messes et les communions, ne viennent qu'au second rang ; mais grâce à ses camarades, qui connaissent ses goûts, il est rarement privé de ce qui fait sa force : « Aujourd'hui un bon et charitable Flamand s'est chargé de faire mon sac ; ainsi j'ai pu recevoir le pain qui donne l'amour de la croix. Au moment où je vous écris, du fond d'un corps de garde, je ressens un contentement intérieur que je voudrais vous faire partager : Dieu est dans mon cœur, avec tout son amour et sa miséricorde ; je l'aime, je vis pour lui. » Chaque jour du mois de mars, à moins de corvée, le petit Zouave restait une heure entière devant la statue de saint Joseph, « son bon saint, » comme il disait. En son honneur il communiait plusieurs fois la semaine, restant à jeun parfois jusqu'à midi, et le soir, avant de rentrer à la caserne, il passait encore par l'église pour demander une dernière bénédiction à son protecteur. « Je m'imagine qu'il me la donne plus douce et plus abondante, puisque je suis privé de la vôtre. »

« 19 mars, fête de saint Joseph.

« Ma première pensée, à mon réveil, a été une pensée d'amour, ma première parole une prière. Oh ! je n'étais pas triste en me levant ; du reste, cela ne m'arrive plus jamais. De bonne heure, je me rendis à l'église, où j'assistai à trois messes.

« Au moment où j'écris, il est minuit. Toute notre compagnie est sous les armes, et doit veiller en l'honneur de Messieurs Garibaldi et Mazzini, dont les révolutionnaires pourraient bien célébrer la fête. On a saisi une proclamation de la secte. Ils disaient qu'en ce jour les prêtres et les évêques étaient renfermés dans les églises pour célébrer la fête de Joseph de Nazareth, qu'eux célébraient la fête de Joseph Garibaldi et de Joseph Mazzini, les seuls vrais défenseurs de la liberté. Cela se terminait par un appel aux Romains pour secouer le joug des étrangers. Après ce grand tapage, il n'y a rien eu qu'une tentative d'assassinat en plein Corso. L'individu a été pris au moment où il tenait un Zouave serré contre le mur. Je m'efforce de vivre le plus saintement possible, sans m'inquiéter des événements. »

Il avait raison de veiller et de prier, car les dangers de l'âme étaient plus nombreux et plus à craindre que les périls du corps. Durant la retraite préparatoire aux Pâques, « on nous a dit que cette question vient d'être agitée dans le comité révolutionnaire : Comment détruire les Zouaves, qui mettent surtout obstacle à nos projets ? Ils ne se rendront pas : employons la corruption. Il y a trop d'exemples pour douter de la réalité de ces faits. » Ceux qui vécurent alors à Rome et dans les garnisons voisines savent bien que telle était en effet la **tactique de la secte** : pervertir les mœurs des soldats de Pie IX pour en avoir ensuite facilement raison. C'est toujours l'histoire de Dalila et de Samson, et les Philistins n'ont jamais manqué d'imitateurs. On a beau servir le Pape et se battre en héros, on reste homme sous l'habit de Zouave pontifical ; Théodore le sent bien, et voilà pourquoi il veille avec tant de soin sur le précieux trésor de sa pureté.

« 25 mars. Annonciation.

« *Ave Maria*, c'est ce que disent toutes les cloches, c'est ce que chantent les oiseaux du ciel. Il est dix heures ; notre garde va se terminer. Je vous écris sur un vieux canon, dans une pelouse, presque sous les fenêtres du Pape. Devant moi, Rome avec ses dômes et ses tourelles retentissantes ; plus loin, la brillante ceinture des montagnes. Le soleil n'a jamais été si beau, le ciel si pur, la nature aussi joyeuse qu'en ce jour de l'Annonciation. Ce sont des ramages, des gazouillements à n'en plus finir...... La journée est passée. Quelle fête, mon Dieu ! quel cortège !

que de douces bénédictions j'ai reçues de notre Père Pie IX, pour vous et pour moi ! Le Saint-Père a traversé la ville dans sa voiture la plus riche, traînée par six chevaux noirs, escorté des dragons et des gardes nobles, et suivi de tous les cardinaux. A chaque instant c'étaient des cris de : Vive Pie IX ! vive le Pontife-Roi ! Je n'ai jamais vu le bon Pape aussi heureux ; il souriait à tous, et sa main ne cessait de bénir. Nous étions une douzaine de Zouaves tout en nage, tête nue, serrés contre les roues de sa voiture. Les cardinaux nous regardaient en souriant et en admirant notre ardeur……..

« Dès le Samedi-Saint, le canon du fort Saint-Ange a fait entendre sa grosse voix pour célébrer le triomphe de la Résurrection. Avec quelle joie j'ai prononcé les paroles du *Regina cœli*, et chanté le cantique *O Filii et Filiæ!* Puis ce fut le beau dimanche de Pâques, jour d'allégresse universelle dans les cœurs, sur les fronts, par toute la nature. Je renonce à vous dépeindre l'impression produite en moi par la bénédiction solennelle de Pie IX du balcon de Saint-Pierre. Impossible d'imaginer rien de plus émouvant. Quel silence dans cette foule immense ! quelle force dans la voix du Pontife ! Quand il paraît, chaque front se courbe, chaque voix se tait. Il semble que tout l'univers soit attentif à la bénédiction qui va descendre de ses mains vénérables. Je me relevai bouleversé, les yeux humides. Le soir, l'immense basilique était entièrement illuminée jusqu'au sommet de la croix ; c'était un spectacle féerique. »

Pendant que Rome était en fête, la révolution organisait des bandes de brigands, qui, en jetant le trouble dans le pays, préparaient les voies aux armées piémontaises. Les voleurs de grand chemin commençaient par les troupeaux pour finir par les provinces. De leur côté les Zouaves étaient sur le qui-vive, désireux de combattre, se perdant en projets et en rêves de batailles ; hélas ! une mystification vint réduire à néant tous ces beaux plans de campagne. « Depuis huit jours on nous annonçait notre prochain départ pour les montagnes, l'ordre était même porté. Tous nous nous faisions une fête de tromper un peu la monotonie du service par une excursion, moi surtout qui aime tant le pittoresque. Et voilà qu'on nous fait tout simplement changer de caserne et qu'on nous perche au fort Saint-Ange, là où le service est le plus rude. J'avoue que j'ai eu le cœur gros en disant adieu à ma vieille caserne Serristori, à l'église du Saint-Esprit qui était devenue ma paroisse, à ma chambrée composée de braves Flamands et Hollandais. Je ne pouvais les comprendre, mais ils m'aimaient bien, et leur affection se traduisait en mille occasions. *Goed Wibaux !* c'est tout ce qu'ils pouvaient dire. Le soir, ils faisaient dévotement la prière en commun. J'avais collé sur la muraille de notre chambre une image de St Joseph, ce qui leur avait fait plaisir. Ces braves garçons ! ce sont de bons et pieux soldats.

« Maintenant me voilà niché bien près du ciel, sous les pieds de saint Michel, avec deux cent quarante-six marches pour parvenir à mes appartements; point d'eau pour se laver, et des corvées éreintantes. » Mais la mauvaise impression du premier moment fut bientôt effacée: « Le soleil se lève sur ma fenêtre ; de là j'embrasse Rome et ses coupoles, j'entends ses cloches qui ne cessent jamais leur ramage. Je ne puis m'arracher à pareille contemplation.

Château Saint-Ange.

Dans ma nouvelle chambrée, j'ai placé une très belle image de la Vierge, que j'ai nommée N.-D. des Zouaves. Je suis bien édifié en voyant chaque soir les bons Flamands s'agenouiller devant elle pour faire leur prière. Le matin à mon réveil, mes yeux rencontrent d'abord ma bonne Mère ; c'est son sourire que j'aperçois le premier. Encore quelques heures et le mois d'avril aura fui......

« Demain commencent les beaux jours de la Vierge ; elle ne peut manquer de bénir son enfant Zouave. Je vais la prier de mon mieux. A distance, je vous verrai, le soir, agenouillés dans la chapelle toute couverte de fleurs. La statue de la Vierge est au milieu des roses. Je redirai avec vous ces cantiques si touchants, et mon bon Ange fera pour moi le pèlerinage de la Marlière. » Les Zouaves avaient, eux aussi, leur mois de Marie ; dans la petite chapelle des PP. Trappistes, ils avaient élevé un autel devant lequel les Congréganistes se réunissaient chaque soir pour honorer Marie par leurs hymnes et leurs prières. Le salut terminé, Théodore remontait au château Saint-Ange, et, accoudé sur la fenêtre, continuait ses pieux refrains.

Mais voici tout à coup un brusque changement de décor ; adieu Rome et fort Saint-Ange ! l'instant d'agir a sonné.

« Corneto, 15 mai.

« Je vous écris sur la pointe d'un rocher, en face de la mer. Hier, je montais la garde quand le capitaine vint me dire : Préparez-vous à partir, nous allons à Civita. Enthousiasme général ! j'étais fou de bonheur. Nous partons sac au dos ; dans le train nous chantions des cantiques ; à dix heures et demie du soir nous arrivions. A minuit, nous sortions silencieusement de la ville, carabine chargée, conduits par un homme du pays. Le général de Courten nous suivait avec une pièce d'artillerie ; nous étions quatre-vingt-dix hommes environ ; je faisais partie de l'avant-garde. Une troupe d'une quarantaine de brigands occupe la montagne. Ils sont parfaitement armés, carabines à deux coups, revolvers et longs poignards. Quatre grands passages peuvent seuls leur livrer issue. Nous étions chargés de les cerner, si bien que les coquins devaient, ou mourir de faim, ou prendre les positions d'assaut.

« Nous avons longtemps côtoyé la mer, splendidement illuminée par le clair de lune. Notre marche fut très rude, durant six grandes heures, dans le silence le plus absolu. Nous arrivons au pied de la montagne, où les légionnaires étaient déjà disposés. On nous fit déployer en tirailleurs. Une véritable chasse aux brigands allait commencer. Je fis mon sacrifice comme les autres et me préparai à tirer. Une battue fut faite à travers bois ; on échangea plusieurs coups de feu ; j'en ai vu assez pour savoir qu'en cas d'action je ne me battrai pas trop mal. La troupe de brigands est, pour le moment, cernée de tous côtés dans la montagne.

« Cette nouvelle vie, bien que fatigante, me plaît très fort. Voulez-vous voir l'aspect général de notre petit camp ? Dans le lointain, le général est assis, entouré de quatre ou cinq officiers. Plus près de la montagne sont dispersés les Zouaves de ma compagnie, les uns endormis, les autres riant et causant. Une grande marmite fume dans la prairie ; elle contient un beau mouton, que nous devons à la générosité de messieurs les brigands, car ils ont fait la nuit dernière une Saint-Barthélemy de moutons ; onze cents ont succombé ! Quant à notre coucher, il est digne d'un roi ; avec nos coupe-choux, nous avons abattu grand nombre de branches touffues, et nous avons élevé des gourbis recouverts de foin ; c'est tout à fait champêtre. Cette nuit sans doute la plupart seront mis de garde à l'entrée du bois pour fermer toute issue. »

« Monte-Romano. — Enfin je trouve cinq minutes au milieu d'une marche, et mon premier soin est de venir vous embrasser ; j'ai cru plus d'une fois en être privé à tout jamais. Que d'émotions depuis six jours ! J'ai le droit de remercier le bon Dieu et la bonne Vierge de m'avoir ainsi soutenu au milieu des dangers et des fatigues. L'apprentissage a été rude ; une guerre contre les brigands n'est pas une guerre ordinaire. Ce sont de bons marcheurs, connaissant la montagne, et il s'agit de se montrer aussi habile. Depuis mon départ, j'ai passé toutes les nuits à la belle étoile, étendu sur la terre humide dans la solitude des bois. Nous étions chargés de surveiller le chemin des grottes. On écoutait en silence, on retenait son souffle, le doigt sur la détente de la carabine. Chaque sentinelle avait ordre de tirer sans crier qui-vive ! C'est effrayant de penser qu'on peut ainsi tuer un brave homme ou même son camarade. Plus d'une fois, quelques-uns ont failli tirer sur ceux qui venaient les relever. Moi-même, bien souvent, j'ai mis un genou à terre quand mes bons yeux m'avertissaient que ce n'étaient que des ombres.

Oui, on a beau être courageux et avoir fait à DIEU le sacrifice de sa vie, cette guerre d'embuscade pendant la nuit a quelque chose de lugubre. On aimerait mieux avoir devant soi, en pleine campagne, le triple d'ennemis. La beauté du clair de lune, le chant du rossignol qui ne cessait point, le souvenir de la famille qui se pressait plus vif avec le danger, l'alerte continuelle, tout cela formait un contraste émouvant. D'un côté c'est la voix du cœur ; jamais la douceur du foyer paternel ne paraît entourée de tant de charmes et de regrets. D'un autre côté, c'est une espérance ferme, une foi rendue plus vive, un renouvellement continuel du sacrifice ; il y a de ces pensées, de ces prières, de ces paroles échangées entre l'âme et DIEU, qui sont une source d'indicibles consolations. L'œil et le cœur se tournent souvent vers le beau ciel parsemé d'étoiles, comme pour y voir le gage des promesses divines. Un camarade me disait : Demain, nous chanterons peut-être la messe du dimanche en paradis. Ainsi, dans ces moments, la nature avec un cortège de souvenirs et d'affections, la religion avec des trésors de foi et de dévouement, se partagent le cœur, mais pour l'agrandir.

« Les trois premières nuits, les brigands firent de vaines tentatives contre les légionnaires. Nous entendîmes la fusillade à un quart d'heure de nous, et les balles sifflaient au-dessus de nos têtes. Enfin, une quatrième fois, ils agirent par ruse et parvinrent jusqu'auprès du poste sans se faire remarquer. Un grand homme barbu culbuta les deux sentinelles ; les autres se précipitèrent à sa suite. Les légionnaires, pris à l'improviste, leur envoyèrent un feu de peloton bien nourri ; ils crurent entendre les cris d'un blessé, et ce fut tout. La proie leur passait sous le nez. Pauvres légionnaires ! étaient-ils désappointés le lendemain lorsque nous nous revîmes ! Après une battue infructueuse, il nous fallut partir. Nous arrivons à Monte-Romano, joli petit village que j'ai parcouru en tous sens, pour trouver une mauvaise plume et de la mauvaise encre. Ma première visite fut pour l'église ; maintenant surtout je sens le prix de la prière. Ma plus grande privation était de ne pouvoir faire mes bonnes visites au Saint-Sacrement. Hier pourtant, avec deux Zouaves, nous avons été entendre une messe de bergers à une assez forte distance, et le curé nous a reçus avec enthousiasme. Santé excellente ; je ris beaucoup, je pense à vous, et malgré l'insomnie je suis entièrement dispos. »

« Bonne nuit à Monte-Romano. Je dormis sur la paille, sous un toit. Voyez quel luxe ! Le lendemain à quatre heures nous étions sur pied, et le soir nous arrivions sur les bords d'une charmante petite rivière d'une limpidité, d'une fraîcheur qui faisait plaisir à voir. Là, nous passons quatre jours, dormant sous la tente et vivant en véritables ermites ; nous étions vingt commandés par un sergent. La nuit, nous montions la faction à tour de rôle pour garder les passages guéables. Nous n'eûmes que des alertes insignifiantes ; un de nous tua un cheval. Le jour, nous prenions des bains délicieux, rêvions, philosophions, ou consumions nos loisirs dans les pacifiques douceurs de la pêche. Cette existence m'allait ; je vivais plus solitaire que tout autre. Quand je voyais quelque figure, j'étais tenté de demander : Bâtit-on encore des villes ? les hommes sont-ils toujours aussi méchants ? Messieurs les brigands ne donnant plus de leurs nouvelles, nous dîmes adieu à ces lieux enchanteurs, et partîmes pour Corneto.

« Rien de si charmant que cette ancienne cité. Elle est située à trois milles de la mer, qu'elle domine entièrement ; ses habitants sont très hospitaliers. Quel fut mon étonnement, en arrivant, d'apprendre que j'étais invité à dîner chez un chanoine qui désirait faire ma connaissance ! Oh ! la charmante soirée ! Figurez-vous un petit jardin donnant sur la mer ; dans ce jardin, des treilles, une volière, quelques antiquités, et un petit hôte délicieux, digne du charmant nid qu'il s'est choisi. Ce chanoine Angelo est fou des Zouaves. Il nous serrait la main, tout en nous faisant admirer la beauté de sa maison et de la nature. Nous mangeâmes sous la gloriette. La société était choisie ; la plupart étaient des sergents. Nous pûmes jouir à l'aise d'un magnifique coucher de soleil sur les flots. Je suis bien reconnaissant à l'aumônier, à qui je dois la recommandation.

« Le 25 mai, nous rentrions à Rome couverts de poussière et de sueur. Telle fut ma première campagne. Que de Zouaves envient notre sort ! Quand notre expédition n'aurait servi qu'à montrer aux chefs ce qu'ils peuvent attendre de leurs hommes, c'est déjà un résultat. Et puis les fatigues, les insomnies acceptées pour DIEU, ne seront-elles pas une source de bénédictions ? Durant ces jours, je n'ai jamais ressenti rien de trop pénible, et ma plus grande privation a été le manque de sommeil. Hier encore, étant de garde, je dormais pendant ma faction. Quant aux marches, je crois n'avoir point déshonoré mon nom, et m'être montré digne fils de mon père. »

Cette fois l'enfant de dix-huit ans est passé soldat ; chez lui la piété et la bravoure vont de pair ; il sait prier et il sait se battre ; il garde en toute rencontre cette union perpétuelle de l'âme avec Dieu, qui divinise le devoir et donne courage pour le suivre toujours.

CHAPITRE SEPTIÈME. — 1867.

Lettres de Roubaix. — Fêtes. — Saint Louis de Gonzague. — Grande revue — 18e centenaire. — De garde à Saint-Pierre. — Le service et les chaleurs. — La messe du matin. — A travers les couvents. — Raoul Terrasse. — Souvenirs des vacances.

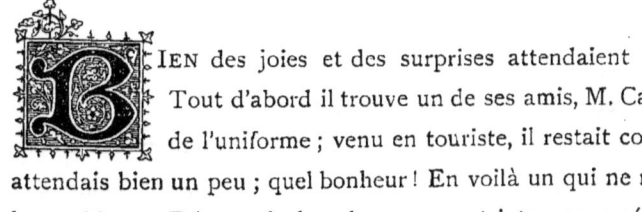IEN des joies et des surprises attendaient Théodore à son retour. Tout d'abord il trouve un de ses amis, M. Carlos Cordonnier, revêtu de l'uniforme ; venu en touriste, il restait comme Zouave. « Je m'y attendais bien un peu ; quel bonheur ! En voilà un qui ne manque pas ses coups à la carabine. » Désormais les deux compatriotes ne se sépareront plus ; c'est un nouveau confident pour Théodore, un frère par le cœur et l'affection, en attendant qu'il le devienne par les liens de famille.

Et puis, durant la chasse aux brigands, les lettres de Roubaix se sont accumulées, apportant des photographies de tous les proches, et devant ces chères images, le Zouave redevient enfant avec ses petites sœurs, collégien avec Joseph et Stéphane. Lui aussi voudrait envoyer un beau portrait de sa personne ; il s'est donc fait tirer : « Décidément j'y renonce. Vous jugerez vous-même ; je n'ai pas l'air soldat. Il est vrai que je ne le serai jamais...

« Tout le monde dort dans la caserne ; on fait la sieste. Pour moi, je ne puis m'y résigner, et je viens causer avec mes chers parents. Les collégiens de Marcq sont en sortie ; quelle belle grande table ! quels joyeux convives ! quels rires homériques ! J'entends, je vois tout cela d'ici. Le Zouave a sa large part dans les pensées de tous. Où est-il ? que fait-il en ce moment ? Peut-être a-t-on reçu aujourd'hui même le récit de sa terrible campagne. On boit à sa santé...

« Comment répondre à vos lettres si affectueuses ? Il semble, ma chère mère, que plus tu m'écris, plus tu redoubles d'amour. Moi, je sens, j'aime, mais je ne puis redire comme je voudrais les mille impressions de mon cœur ; tandis que tes lettres ne sont qu'une délicieuse causerie d'une mère tendre avec son enfant. Tous les huit jours, tu m'attires près de toi ; mes mains pressent les tiennes, je te revois ; tu me conseilles, tu me fortifies, tu me laisses encouragé...... Quand j'interroge l'avenir, mon cœur n'ose se livrer à l'espérance de vous revoir un jour. Comme un enfant faible, désolé, perdu, je me suis jeté, les yeux fermés, dans les bras de la divine Providence ; DIEU me conduit, j'attends calme et confiant. Les passions, les regrets, les souvenirs s'agitent autour de mon cœur, et une main bienveillante les empêche d'y pénétrer trop vivement. Ah ! si jamais je quittais les Zouaves, comme je dirais du fond de mon cœur : De la vie militaire, délivrez-nous, Seigneur ! Je combats et je prie, car je vois chaque jour que pour devenir un mauvais chrétien, il suffit de ne faire aucun effort. »

Le mois de juin préparait un magnifique triomphe à l'Église et à son chef. L'anniversaire du couronnement de Pie IX, le dix-huitième centenaire de saint Pierre, la canonisation de plusieurs Bienheureux, la béatification de deux cents Martyrs japonais, s'unissaient pour attirer au cœur de la chrétienté des milliers d'évêques, de prêtres et de fidèles. Tout se calma pour un instant, les menaces des méchants, les appréhensions des prophètes de malheur et les craintes des pusillanimes.

« L'église Saint-Pierre se transforme ; partout des tentures, des guirlandes, des tableaux. Ce sont des travaux dignes des anciens Romains. On frémit en voyant s'agiter en l'air les nombreux *San-Piétrini*, aussi calmes que des poissons dans l'eau. Pour mon compte je préfère la basilique sans ornements ; sa beauté majestueuse lui suffit à elle seule sans avoir besoin de parures. Les curés français fourmillent de plus en plus ; leur nombre est incalculable. Ils se promènent la tête en l'air, le bréviaire sous un bras, le parapluie sous l'autre, accostant partout les *braves Zouaves*, comme ils disent. Leur vue me fait le plus grand plaisir. »

Le 21 juin, quatorze coups de canon saluaient un des plus chers patrons de la Ville Sainte. Dès le matin, Théodore était à genoux dans l'humble chambre d'où Louis de Gonzague s'envola vers le ciel. « Ce sont encore les mêmes murs, le même plafond, la même porte, mais tout cela décoré et transformé en un charmant sanctuaire. Là, on sent le besoin d'être chaste et fervent, et l'on trouve la force. Dans cette cellule, le bon saint a travaillé, souffert, élevé ses pensées vers DIEU. J'ai vu le CHRIST devant lequel il priait, une Madone qu'il avait contemplée souvent avec amour. Je ne vous ai pas oubliés, bien chers parents, dans cette chapelle bénie, ainsi que dans celle du bienheureux Berchmans, qui est toute voisine. Ne semble-t-il pas que DIEU ait rapproché à dessein les cellules de ces deux anges ? N'est-ce pas une douce consolation, pour un jeune homme dont le cœur est agité par des passions sans nombre, de venir demander à une source si pure les moyens de combattre et de triompher ? J'en suis sorti l'âme pleine de résolutions plus fermes et plus généreuses. »

Ce jour-là, le pro-ministre des armes passa en revue l'armée pontificale ; les huit mille soldats du Pape défilèrent dans les jardins de la villa Borghèse, au milieu d'une foule compacte. Chacun voulait voir et acclamer ces glorieux volontaires, dont la vie était un acte d'amour et de dévouement à l'Église. Parmi eux, que de noms illustres à côté de héros obscurs ! et parmi les spectateurs, que de prélats, de prêtres, de laïques, qui eux aussi, par les œuvres de zèle, par la plume et la parole, combattaient les bons combats du CHRIST ! C'était l'élite des champions de l'Église militante, c'était la personnification vivante de sa catholicité, le rayonnement de sa jeunesse. Et quand vint le défilé des troupes pontificales, quand apparurent les Zouaves au costume alerte, à la marche décidée, et dans les rangs desquels les visages imberbes comme celui de Théodore contrastaient avec les barbes majestueuses des vétérans ; quand on vit ces chrétiens de toute nation serrer leurs rangs et leurs courages autour du drapeau du Pape, ce furent des clameurs d'enthousiasme, des tonnerres de cris : Vive Pie IX ! Vivent les Zouaves ! « Les bons curés agitaient leurs mouchoirs avec frénésie. C'était splendide ! et nous étions très fiers. » Pour fournir à l'entretien de la petite armée, les diocèses rivalisaient de générosité ; Théodore pouvait être fier de son pays, puisque Cambrai à lui seul se chargeait de deux cent quarante soldats du Pape.

Trois jours après, dans une allocution aux évêques et aux prêtres présents à Rome, Pie IX annonçait le concile général de 1870 ; il n'y a que l'Église pour compter ainsi sur l'avenir, alors même qu'elle semble ne pas être assurée du lendemain ! Mais la fête par excellence fut le 29 juin, dix-huitième centenaire du martyre du premier Pape. Ce jour-là avait été choisi par Pie IX pour offrir à l'univers catholique une nouvelle phalange de saints protecteurs, parmi lesquels brillait la petite bergère française, Germaine Cousin.

« Mon cœur de chrétien, de fils, de Zouave, se réjouit et s'enorgueillit de voir s'accomplir un des plus grands miracles de la foi. Cette vénérable réunion de prêtres et d'évêques, ces réjouissances que rien ne trouble, cette sérénité inaltérable du Pontife en l'année 1867, ne sont pas un moindre prodige que celui de Pierre marchant sur les eaux. Il est probable que les jours de deuil suivront de bien près. Du moins nous aurons vu le triomphe prédit. Heureux Zouaves! nous payons un peu cher le bonheur de contempler toutes ces belles choses, mais nous ne nous plaignons pas. Aujourd'hui je descends de garde, éreinté, et dans une heure je serai sous les armes. On ne fait plus rien sans les Zouaves ; notre vue rassure tout le monde. Je renonce à vous décrire la grande fête. J'étais de piquet dans Saint-Pierre, de huit heures du matin à une heure, pour contenir la foule. Dès quatre heures et demie une multitude innombrable couvrait les degrés de la basilique, et lorsqu'on ouvrit les portes, ce fut un véritable torrent. La procession défila d'abord. Je n'eus point le bonheur de la voir à cause du service, mais que devait être ce cortège, où était réuni tout ce que la religion a de plus beau? Les saints et les saintes étaient représentés. Il y avait une bannière pour la bienheureuse Germaine, entourée de son évêque et des prêtres du diocèse.

« C'est un moment solennel que celui où le Cardinal-Procurateur adresse au Saint-Père les trois demandes successives de canonisation, d'abord *instanter*, puis *instantius*, enfin *instantissime;* et lorsque le Pape accède à cette troisième instance, l'Église possède vingt-cinq intercesseurs de plus dans le ciel, une nouvelle couronne de gloire. Alors un magnifique *Te Deum* d'actions de grâces s'échappa de toutes les bouches, les cœurs avaient besoin d'épancher devant Dieu leur joie et leur reconnaissance. On chanta un *Tu es Petrus* de Mustafa, maître de la chapelle papale. C'était admirable; les chantres étaient disposés en trois chœurs; du haut de la coupole, les voix des soprani semblaient descendre du ciel. J'ai vu tout cela d'une manière bien incomplète, la carabine au bras, écrasé par la foule, forcé de rappeler à chaque instant la consigne à des gens fort indisciplinés. Je n'en pouvais plus; mais aussi j'ai concouru pour ma faible part à ces splendeurs, et bien sûr, sainte

Germaine aura pensé aux pauvres Zouaves qui se fatiguaient pour lui rendre hommage. Je n'ai pas oublié le bon saint Pierre, et s'il est vrai qu'il tienne les clefs du Paradis, pensez-vous qu'il fera des difficultés pour moi en voyant mon uniforme ? »

Toutes ces fêtes en amènent d'autres, moins solennelles, moins émouvantes, mais plus intimes. Chaque jour, quelqu'un des maîtres de la parole évangélique, parmi les prélats pèlerins, redisait du haut de la chaire les gloires de l'Église. Théodore se multipliait pour être partout à la fois ; il court entendre Mgr Mermillod célébrer les louanges de saint Paul ; il suit un Triduum en l'honneur de la nouvelle sainte française, à qui l'éloquent Mgr Berthaud chante une hymne admirable de poésie et de grâce ; il assiste au couronnement solennel de N.-D. de Perpétuel-Secours, la Vierge chère aux PP. Rédemptoristes, devant laquelle il aime tant à venir prier. La petite Congrégation des Zouaves n'est pas oubliée ; Mgr Régnier de Cambrai y célèbre la messe, et ce jour-là Théodore renouvelle sa consécration déjà prononcée au collège. Après avoir reçu la Communion de la main de son archevêque, il va lui rendre visite, et lui rappelle qu'un an auparavant, un élève de rhétorique de Marcq, chargé de lui faire le compliment de bienvenue, avait laissé percer son désir d'aller servir le Pape. Ce désir de l'écolier était aujourd'hui réalisé et amplement : Théodore n'était-il pas le plus heureux des Zouaves ?

Bientôt les milliers d'étrangers venus pour les solennités quittent Rome, que les chaleurs, les fièvres et le choléra rendent inhabitable. Mais, avant de partir, les pèlerins du Nord voulurent fêter leurs compatriotes devenus romains, en organisant un repas d'adieux pour les Zouaves du pays : Théodore fut donc convié par ses anciens maîtres de collège, et tandis que les conversations ravivaient les souvenirs de Roubaix, de Marcq et de Tourcoing, il put un instant se croire transporté à la grande table de famille, où son cœur continuait à tenir sa place. Toutefois l'illusion fut passagère ; il fallut sans repos ni trêve reprendre le poste d'honneur et de peine, avec une perspective de fatigues plus grandes pour faire diversion aux fatigues passées. En effet, le calme que les fêtes avaient procuré à Rome, et l'absence de tout danger prochain multiplia les congés dans les rangs de l'armée pontificale, et les nombreux départs doublèrent la besogne de ceux qui demeurèrent. « Mais, écrit Théodore, si la révolution vient à éclater subitement, si les Garibaldiens font invasion, ceux qui partent ainsi seront malheureux toute leur vie. Je suis près de Pie IX et veux y rester ; je préfère le double de service, pourvu que la sainte présence du Pontife me ranime, et que je puisse lui offrir mon sang au premier appel. Ma santé est très bonne, seulement, si mon bon Ange a la patience de compter chacune de mes gouttes de sueur et de les porter à Dieu, il a de la besogne. Il fait une chaleur étouffante ; aussi, mon cher Stéphane, je te charge de piquer une tête en mon honneur ; je suis bien privé de ne pouvoir le faire. Le plus ennuyeux est l'impossibilité de faire quelque chose de bon au corps de garde par cette chaleur. Le corps et l'intelligence sont assoupis, et l'on oublie tout. Tenez compte de ma bonne volonté, et ne voyez que l'affection que je vous porte.

« J'ai consacré le mois de juillet à sainte Anne, et je l'ai inauguré par une bonne Communion. Oh ! je comprends bien que ce sacrement fasse les martyrs, relève les cœurs affligés, et donne aux souffrances un véritable attrait. Bien que je ne ressente rien des affections et des pieux transports des saintes Gertrude et Mechtilde, et que mon cœur ait pour toute disposition la bonne volonté, je me relève du moins soulagé et fortifié. Que je serais heureux de savoir communier saintement !...

« Bonne nouvelle, chers parents ; j'aurai maintenant le bonheur de prier encore chaque matin, en même temps que ma chère mère, et d'entendre la sainte messe. Figurez-vous qu'on nous avait défendu de quitter la caserne avant dix heures du matin. Mais je pensais bien que cela ne durerait pas. Dorénavant, liberté de sortir avant le rapport. Je vous assure que je ne m'amuse pas le matin à me dorloter dans mon lit. Quand je ne suis point de service, j'avale bien vite mon café et, traversant les rues sales et tortueuses du Ghetto, je m'achemine vers mon église privilégiée. Jamais je ne suis en peine de trouver une messe ; le son d'une cloche vous avertit et vous guide. Je ne vais pas seul ordinairement. Deux braves camarades m'accompagnent : l'un est le Vendéen de Pie IX et tel qu'on se figure les Vendéens de Louis XVI, l'autre est un excellent Hollandais ; je ne connais point d'ami plus fortement attaché, plus attentif à prévenir tous mes désirs. Je crois que pour moi il se dépouillerait de tout. C'est un jeune homme instruit, qui a fait de sérieuses études ; ensemble nous faisons de longues et charmantes promenades. »

Les ardeurs du soleil n'empêchent pas Théodore de poursuivre ses pérégrinations à travers les curiosités de la ville des Papes. Il veut la connaître à fond, il étudie son histoire religieuse, les légendes de ses saints, les transformations de ses édifices. Rome est à ses yeux un grand musée chrétien, où tout parle au cœur des gloires du CHRIST. « Je l'aime d'un amour passionné, écrit-il, je vois qu'il est possible de se faire ici une seconde patrie. » A vrai dire, la Rome païenne le touche peu ; « sans doute cela provient de mon ignorance en histoire, mais tous ces souvenirs de l'antiquité ne me font impression que lorsque je les rapporte à DIEU et au triomphe de l'Église. »

Pour le moment, il s'attache à visiter les innombrables couvents de la Ville Sainte ; avec quelques Zouaves pieux et ardents comme lui, il parcourt les cloîtres, se fait expliquer les tableaux, ouvrir les trésors, montrer les reliques ; il pénètre partout, voire même où l'on ne pénètre pas ; qu'est-ce qui peut arrêter un Français ? le proverbe affirme que ce ne sont pas les ardeurs des après-midi d'Italie. « Je ne me sens jamais si heureux qu'au milieu de ces séjours de prière, parmi les bons religieux. Alors je touche du doigt la sainteté, je la vois briller sous mes yeux. L'emplacement même de ces douces solitudes ajoute encore à leurs charmes. Les lieux autrefois témoins des débauches, du faste et de la vanité des hommes, sont maintenant purifiés par le spectacle de la chasteté, de l'abnégation et de l'humilité. Ces coïncidences ne sont pas rares : la Providence les a permises. »

Il fait partager à ses parents toutes ses impressions de touriste enthousiaste, en leur narrant maints traits charmants de la vie des saints. Sa correspondance est un guide délicieux à travers Rome, guide vivant et chrétien, qui ne se contente pas d'enregistrer mais qui chante et qui aime. Il est vrai de dire que dans les couvents on traitait partout les Zouaves en enfants gâtés ; leur uniforme était le meilleur des passeports, et c'était fête pour les religieux de recevoir les soldats de l'Église. Chez les Dames du Sacré-Cœur, Théodore et ses amis s'agenouillent devant la célèbre peinture de *Mater admirabilis*. « La mère supérieure était bien heureuse de nous accueillir, et nous donna à chacun une médaille. » Chez les Hiéronymites, on leur montre la cellule du Tasse, l'arbre sous lequel il allait rêver et le superbe tombeau que Pie IX lui érigea. Au couvent de Saint-Bonaventure, ils vénèrent le corps de saint Léonard de Port-Maurice, canonisé le 29 juin ; chez les

Pères Somasques, celui de l'humble saint Alexis, qui repose près de l'escalier sous lequel il passa une vie tout angélique. Dans l'église des Dominicains, ils contemplent « la grosse pierre que le démon maladroit lança contre saint Dominique.

Église du Gésu.

Ce vilain diable n'y allait pas de main morte, car on voit encore la trace profonde de ses griffes. Quelques novices français nous tenaient compagnie; ce devait être d'un très bel effet de voir ainsi confondus la tunique blanche et l'uniforme des Zouaves. »

Le 31 juillet est tout entier consacré par Théodore au Gésu et à saint Ignace : « Elles sont là, ces pauvres et modestes chambres, telles qu'elles étaient du temps du saint. Les murs sont tapissés de lettres, les armoires remplies de reliques précieuses ; saint Philippe de Néri et saint Ignace y eurent de fréquents entretiens ; saint François de Borgia y célébra plusieurs fois la messe. Que d'œuvres pieuses y furent élaborées ! que d'ardentes prières y montèrent au ciel ! J'ai communié dans le cabinet de travail du saint ; un patriarche y disait la sainte messe ;

les évêques s'y pressaient nombreux. Ah ! que je me sentais heureux et pur ! J'étais avec un saint Zouave, nouveau Guérin, d'une sérénité d'âme toujours constante. Un bon Père nous aperçut et voulut à toute force nous faire déjeuner ; nous acceptâmes, et notre appétit de Zouave fit honneur à l'amabilité de nos hôtes. Le soir, un salut splendide nous réunissait au pied du magnifique autel. Dites-moi, n'avais-je pas le droit de remercier Dieu d'une aussi heureuse journée ? Voilà les fêtes où je me plais, voilà mes véritables joies de l'exil; surtout j'aime à m'entourer de votre douce présence, pour prier avec vous, et puiser aux mêmes sources de grâces et de bénédictions.

« Vendredi 2 août, fête de saint Alphonse. J'ai été de garde hier et cette nuit ; ce matin, aussitôt libre, j'ai couru saluer le Père des Rédemptoristes, et me réjouir de son triomphe comme j'avais fait pour les Jésuites. » Avec pareille activité, il ne tardera pas à connaître Rome dans ses moindres recoins, dans ses plus petits souvenirs ; bien des fois son intelligente charité sera mise à contribution par des compatriotes, spécialement par les nouveaux mariés, ce qui lui méritera de la part des camarades, toujours malins, les titres ronflants de « Cicerone des voyages de noce » ou de « Confident des lunes de miel. »

Il fallait qu'il eût une constitution de fer pour résister à ce genre de vie. Au plus fort de l'été, rester toujours sur pied, se reposer du service par des courses continuelles, et employer à la correspondance les moments de répit, vraiment pareille énergie dut être parfois héroïque. « Par le temps qui court, on n'est guère disposé à écrire ; excusez mon style ; du matin au soir je nage dans un bain de sueur. »

Le choléra et la fièvre faisaient des ravages parmi les Zouaves ; chaque jour, on relevait quelque homme de garde pour le conduire à l'hôpital. Malgré le service et les chaleurs, Théodore demeura solide au poste, ne se plaignant que d'une chose : « Je prie difficilement pendant la faction avec ma carabine au bras... Remerciez avec moi le bon Dieu. Loin de penser à revoir mon cher Roubaix, je sens chaque jour que ma place est à Rome, et j'espère la tenir généreusement. Plus nombreux sont les départs, plus cuisantes les chaleurs, plus je m'estime fier de rester debout. Nous avons été réellement bien éprouvés, et le chiffre de vingt pour cent de malades n'est pas exagéré; il n'est aucune compagnie qui n'ait eu plusieurs morts. »

Parmi les victimes du fléau, un ami de Théodore est emporté soudain. « Ce pauvre et bien cher Raoul Terrasse ! nous étions bien faits pour nous entendre ! » Malgré un malaise persistant, le jeune Terrasse avait continué son service, jusqu'au jour où, succombant à la peine, il dut entrer à l'hôpital. Les Sœurs le soignaient comme leur enfant gâté. « C'est un petit ange, » répétait l'aumônier. Tout son chagrin était de penser à la tristesse de sa mère : « Je suis fils unique, disait-il, et ma mère est veuve. Que dira maman quand elle saura que je suis mort ?... Dites-lui que je vais au ciel, et que c'est à elle que je le dois. » Un peu avant sa mort, comme sa figure s'illuminait dans l'ardeur de la fièvre, la Sœur lui dit : « Allons, vous allez mieux ! — Oh ! non, reprit-il, et puis mieux vaut partir maintenant : il faudrait recommencer une autre fois. »

Théodore avait trouvé en lui ce qui le charmait surtout : un cœur pur et partant généreux. « J'aime à me rappeler les rudes et pénibles commencements du sacrifice, quand son amitié, qui ne calculait point, se plaisait à prévenir mes besoins. Durant la traversée, nous avions à souffrir du froid et de la pluie. Il voulut, à toute force, se dépouiller pour moi de son manteau fourré, alléguant qu'il était plus dur à la fatigue. Avec lui j'entrai résolument dans cette vie militaire si étrange d'abord, et sa constance m'encourageait. Priez, car tous n'ont pas le cœur aussi pur ni l'âme aussi bien préparée. Les malades sont moins nombreux maintenant. Notre sort est entre les mains de la Providence : ce que DIEU garde est bien gardé. »

Et en effet, contre la maladie qui frappait les bons, contre les agissements des méchants qui recommençaient leurs manœuvres, que faire sinon s'abandonner à DIEU et marcher droit son chemin ? C'étaient la pratique et le refrain de Théodore : « Bien chers parents, confiance en la divine Providence. Répétons souvent ensemble ce *Fiat*, qu'il est si doux de prononcer quand l'âme est agitée par mille désirs, tourmentée par mille passions. »

Avec sa nature si aimante, il avait encore à lutter contre l'ennui, surtout lorsque le mois d'août vint réveiller en son cœur les joies de l'écolier d'hier, avec les gais plaisirs des vacances et les réunions de famille ; charmants souvenirs dont il souffre et qu'il aime, qui rendent le présent plus rude et qui, par une mystérieuse contradiction, aident à le supporter.

« Te souvient-il, ma chère mère, de ce jour heureux que l'on appelle le jour des prix, quand nos cœurs battaient ensemble ? Te souvient-il de cette bonne prière que nous allions faire aux pieds de la Vierge, pour lui consacrer les efforts de l'année et les plaisirs des vacances ? Jour sans mélange de chagrin, délicieux parfum de la jeunesse ! Mon bonheur est de vivre ainsi dans le passé. Quel contraste avec la réalité du présent ! une caserne et tout ce qu'elle a de rebutant ; mais quelle consolation de pouvoir rapporter tout cela à Dieu ! »

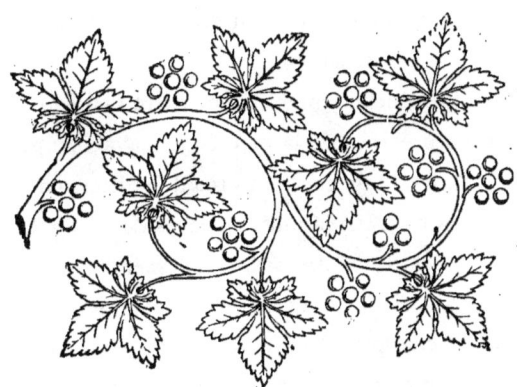

CHAPITRE HUITIÈME. — 1867.

En route pour Albano. — Contre-ordre. — Le choléra. — Crève-cœur. — Fossoyeurs et infirmiers. — Le cardinal Altiéri. — Assomption. — Honneur à la sixième ! — Délices de Capoue et tentations. — Bons conseils et victoire. — Le fonctionnaire-caporal à Ariccia. — Anniversaire de Castelfidardo. — Les souliers de Roubaix. — Retour à Rome.

« 6 août.

Voici le dernier jour que je passe dans ma chère Rome, pour un temps que Dieu seul connaît. Peut-être la reverrai-je dans quinze jours, peut-être dans trois mois. Demain nous partons pour Albano, petite ville délicieusement située entre deux grands lacs, au milieu de belles montagnes, en présence de la mer. Si je n'avais en perspective une aussi charmante résidence, j'aurais le cœur bien gros de quitter ma bonne ville. »

Ces lignes sont écrites pendant la nuit, au corps de garde. Le lendemain, après des alternatives d'ordres et de contre-ordres, d'espérances et de déceptions, on part enfin, « sac au dos avec tout un bazar. Chaque fois qu'il faut se mettre en route, c'est toujours le même problème à résoudre : mettre le plus dans le moins, c'est-à-dire fourrer tout ce qu'on peut dans un très petit sac. Le sergent me fait sortir des rangs avec quatre autres pour accompagner les bagages. Je vois partir les camarades sans trop de regret, avec espoir de les revoir le lendemain. Nous quittons la caserne, hissés sur des chars traînés par de fort beaux chevaux d'artillerie, et nous traversons toute la ville, au grand ébahissement des Romains, qui ne savaient que penser d'un si grand train. Nous portions sur nous gibernes sacs à pain en bandoulière et carabines. Parvenus au Maccao, nous nous arrêtons pour dormir quelques instants dans cette magnifique caserne bâtie par Pie IX. A minuit, nous sommes éveillés en sursaut par M. de Charette, qui nous défend de partir.

Nouveau dépit, nouveau sacrifice. L'ordre était d'importance pour que le lieutenant-colonel vînt lui-même, à cette heure, à l'extrémité de la ville. Toute la journée suivante fut employée à attendre et à nous ennuyer. Le soir, on nous prie de retourner d'où nous étions venus. Voilà bien les surprises qui résument la vie militaire ! »

On comprit bientôt le pourquoi de ces allées et venues, lorsqu'on sut que le choléra venait de s'abattre avec fureur sur Albano. Chariots, bagages et conducteurs reviennent donc à leur point de départ, attendant patiemment le retour de la compagnie. « Nous ne savons ce qu'ils font, mais, bien sûr, leur désappointement sera grand. Ils auront vu la terre promise sans y entrer. Nous les attendons ce soir. » Pauvre Zouave ! quel crève-cœur lui était réservé ! mais aussi quelle occasion de répéter ce *Fiat* qui calme la douleur bien qu'il déchire les lèvres !

« Mes bien chers parents, je viens vous confier ma grande peine ; jamais je n'ai été aussi fortement éprouvé. Quand je songe que quarante-cinq hommes de ma compagnie ont eu l'occasion de faire éclater le dévouement le plus héroïque, tandis que je restais à Rome inactif, dans une vaine attente, mon cœur est bouleversé ! Le jour même de leur arrivée à Albano, le choléra éclatait avec une violence inouïe. En un instant tout est désert ; plus personne pour assister les malades et enterrer les morts. Notre brave lieutenant de Résimont donne le premier l'exemple. Il prend sur ses épaules un cadavre et le transporte au cimetière ; tous l'imitent ; nos camarades de la sixième ont lutté d'abnégation. Sur un champ de bataille l'odeur de la poudre et l'enthousiasme vous cachent le danger ; mais en présence d'un cadavre ou d'un mourant qui se débat, combien il faut de force et de véritable courage ! Voyez-vous ces Zouaves prodiguant à des étrangers qui les haïssaient tout ce qui leur est donné de force et de dévouement ? La population nous était tout à fait hostile, et même avait résolu de s'opposer à notre entrée ; les Zouaves ont été les anges consolateurs. Le général a déclaré que notre compagnie s'était conduite héroïquement, et un rapport magnifique a été adressé au Saint-Père sur la sixième du premier ; tous seront décorés.

« Mon DIEU ! faut-il que vous m'ayez demandé un pareil sacrifice ! Je ne puis croire que la Providence n'ait des desseins particuliers, autrement je ne me consolerais jamais. Je ne vis plus ! savoir que nos amis se sacrifient et ne pas pouvoir les rejoindre, c'est à ne plus y tenir. Au moment de partir, nous sommes choisis pour veiller aux bagages. Trois fois nous sommes sur le point de nous mettre en route, et chaque fois nous avons reçu contre-ordre. Que de circonstances insignifiantes en apparence, et qui montrent le doigt de Dieu ! Il ne voulait pas que nous eussions la médaille de Pie IX ; il ne nous a pas permis de montrer notre dévouement au grand jour ; il nous a réservé des sacrifices plus pénibles peut-être, des souffrances secrètes qui, chrétiennement acceptées, nous seront également comptées. De rudes corvées ont été notre partage. Oh ! nous avons bien souffert ! Pour moi, je me suis toujours réfugié dans les Cœurs sacrés de Jésus et de Marie ; je leur fais volontiers le sacrifice de cette médaille que j'aurais été si fier de mériter et de porter !

« Adieu, très chers parents ; je ne vous redis qu'à moitié mes émotions ; elles sont trop fortes pour être exprimées : l'admiration, l'orgueil d'appartenir à la sixième, le regret, la confiance d'avoir accompli la sainte volonté de Dieu, se partagent mon cœur.

« Je vous embrasse et vous demande des prières et des bénédictions.

« Post-scriptum. — Dieu soit béni ! dans une demi-heure, je pars pour Albano avec le reste de ma bonne compagnie ; Dieu a tout conduit. J'espère remplir mon devoir avec courage. »

Albano offrait en ce moment le spectacle admirable de la charité se prodiguant au milieu de la terreur et de la mort. Les habitants valides fuyaient au loin, ou demeuraient hébétés devant le fléau ; aucune autorité pour organiser le service des malades, qui restaient abandonnés dans les maisons vides ; les membres de la commune avaient disparu ; le gonfalonier avait passé la frontière ; partout des cadavres en décomposition, gisant nus dans les maisons et dans les rues.

Au milieu de ce désarroi, sous un soleil insupportable, dans une atmosphère empestée, les soldats de Pie IX s'étaient partagé la besogne. Les uns s'établissent au cimetière, qu'ils ne quittent ni le jour ni la nuit, creusant les fosses et ensevelissant les morts ; durant la première nuit, on leur apporte quatre-vingt-dix cadavres. Le lieutenant-colonel, venu de Rome pour encourager ses soldats, apprend que deux Zouaves, occupés à faire des fosses, n'ont pas même pris le temps de déjeuner, et déjà il se fait tard ; il faut un ordre de leur chef pour contraindre ces braves à prendre quelque nourriture. D'autre part, dans la ville, les Zouaves vont et viennent au chevet de centaines de malades ; ils les déshabillent, les soignent, les frictionnent, les aident à mourir chrétiennement ; on dirait qu'ils n'ont rien fait d'autre de leur vie. Autour d'eux, tout ce qu'il y a d'âmes vaillantes rivalise de sainte charité ; les Filles de Saint-Vincent de Paul donnent l'exemple, comme toujours ; plusieurs prêtres succombent, martyrs de leur saint ministère ; le roi de Naples, qui n'a pas voulu fuir, soigne lui-même ses frères, sa famille, ses domestiques ; la reine-mère a été une des premières victimes. Deux Zouaves hollandais gagnent la terrible maladie, tandis qu'ils portent sur leurs épaules des cadavres en putréfaction ; tous deux meurent joyeux le même jour. Henri Peters, l'un d'eux, n'a pas même de paille pour s'étendre, mais il se console en pressant dans ses mains le crucifix ; que lui faut-il de plus ? Il l'embrasse, et, dans ce suprême baiser, il oublie la terre et les souffrances. « Je vois le ciel au bout de tout cela ! » disait-il en expirant.

C'est alors que le reste de la sixième compagnie reçut ordre de quitter Rome. Théodore et ses camarades débarquent à la gare d'Albano, et la joie au cœur, le sac au dos, la sueur au front, ils montent gaîment jusqu'à la ville. La distance est longue, la chaleur excessive ; il faut marcher pendant une heure et demie ; pour chasser la fatigue, ils se mettent à chanter comme s'ils allaient à une fête. C'est la joie du sacrifice, l'allégresse chrétienne en face de la mort.

« A quoi bon la tristesse ? N'avions-nous pas librement offert à DIEU notre vie ? La Providence avait pourvu à notre départ ; ne serait-elle pas miséricordieuse jusqu'au bout ? Nous trouvâmes une ville morne et silencieuse. Je me souviens d'avoir vu la petite cité en fête. Quel contraste ! Je ne vous dirai point notre joie de revoir les chers camarades ; ils avaient un visage fatigué, mais leur enthousiasme était toujours le même. La soirée fut employée à des corvées, et je me couchai éreinté. Le lendemain, pour commencer ma mission, j'eus le bonheur d'entendre la sainte messe et de recevoir la sainte Communion. J'avais besoin de prier, de m'unir à DIEU qui donne la force et l'abnégation. Qu'aurais-je fait abandonné à ma nature ? J'avoue que j'éprouvais une vive émotion, moi qui n'ai jamais vu souffrir. »

Durant son action de grâces, Théodore a pris des forces; il court à l'hôpital; sur son uniforme il passe le tablier blanc des sœurs, et, pour débuter, il reste huit heures consécutives au milieu des malades. « Nous avions à soigner quinze cholériques assez difficiles, fort peu reconnaissants en apparence, rebutants de malpropreté ; mais quand on voit en eux les membres souffrants de Jésus-Christ, tout disparaît. Les prendre dans nos bras, les aider dans les services les plus infimes, leur donner à boire, telles furent nos occupations. Il y a des Zouaves que l'on prendrait pour des Vincent de Paul, tant est grande leur tendresse ; ils savent glisser quelque bonne parole, une pensée vers Jésus souffrant. Vous ne sauriez croire combien on s'affectionne à ces pauvres malades. J'en ai vu deux mourir ; le second était un vieillard très âgé qui a souffert horriblement. Durant son agonie, nous nous agenouillâmes en priant, et quand je lui mettais le crucifix sur les lèvres, il expirait.

« Nous n'avons aucun mérite. D'abord, c'est Dieu qui fait tout, et puis, nous sommes merveilleusement encouragés par l'exemple de nos chefs. Le lieutenant-colonel de Charette vient presque tous les jours de Rome ; des capitaines, des lieutenants de toutes les compagnies viennent tour à tour passer un jour ou deux ; notre brave lieutenant de Résimont nous anime par sa parole, et plus encore par sa conduite. Le général Zappi et le ministre des armes Kanzler rendent visite à notre compagnie. Enfin le Saint-Père nous envoie ses bénédictions, et pour pousser plus loin sa sollicitude paternelle, il a fait cadeau aux Sœurs et aux Zouaves d'un excellent vin qui ranime les forces ; nous sommes des enfants gâtés. Certains Zouaves poussent le dévouement jusqu'à l'excès. J'ai mon voisin de lit qui ne passe aucune nuit dans son lit ; il enterre les morts de la journée. »

Théodore oublie un détail ; il est vrai que c'était chose trop admirable pour trouver place sous sa plume, et qu'en pareille circonstance son humilité imposait silence à sa franchise habituelle. Comme on ne savait où se procurer des chemises et des draps pour tant de malades, il employait les heures de la nuit à laver le linge des morts, surmontant tous les dégoûts de cette repoussante besogne, afin d'avoir de quoi changer ses chers cholériques. Élisabeth de Hongrie et Jean de Dieu auraient-ils fait davantage ?

« Hier soir, nous avons assisté à une bien touchante cérémonie : c'était l'enterrement du cardinal Altiéri, évêque d'Albano, chéri du peuple, dont il était le père. »

Il se trouvait à Rome lorsqu'il apprit les angoisses de sa ville ; malgré son état de souffrance, malgré les protestations de son entourage, il partit aussitôt pour donner à son peuple son reste de vie. Tout le jour il confessait, consolait, administrait les mourants, et se reposait en veillant la nuit à l'hôpital. Sur son lit de mort, voyant les Zouaves qui l'entouraient, il les bénit, leur recommanda ses malades, leur promit ses prières. On décida, pour ne pas ajouter à la panique de la population, que l'enterrement se ferait durant la nuit. A cette nouvelle tout le peuple accourt, les hommes se précipitent pour traîner le carrosse, les Zouaves s'alignent deux à deux devant la voiture, la population entière fait escorte avec des torches, au chant des cantiques : fête lugubre et triomphale, pleine de larmes et de reconnaissance !

« 13 août. — Vos excellentes lettres sont venues m'animer et m'encourager. Nous étions occupés, avec trois autres Zouaves, à soigner nos chers malades, quand un sergent me les a remises. Merci, chers parents, vous savez parler au cœur de votre enfant. Que DIEU est bon ! Non seulement il m'a conduit ici, mais encore il me donne la force d'accomplir mon devoir. C'est à lui, à lui seul que je le dois ; car avec un cœur aussi faible, aussi impressionnable que le mien, jamais je ne l'aurais pu faire. Courage et persévérance ; rapportons tout à DIEU. Notre mission est belle ; tous envient le sort de la sixième ; les habitants commencent à nous aimer. Je demande à DIEU de n'agir que sous son regard et de travailler en sa présence, car je serais malheureux si une sotte vanité ou quelque autre malice du démon me faisait perdre les petits mérites que je puis gagner.

« La Sainte Vierge nous a pris un de nos frères d'armes le jour de son Assomption ; elle le voulait pour sa fête. Ce brave Hollandais avait communié le matin à l'église ; le soir il était en paradis, emporté par un cas foudroyant.

« Et vous, comment avez-vous passé ce beau jour de l'Assomption, qui s'écoulait si paisiblement dans l'intimité de la famille ? Belles processions du matin, joies de l'après-dîner, je ne vous ai pas oubliées ! Ici, le soir de la fête, toutes les madones étaient illuminées ; dans les rues tous chantaient : *Evviva Maria !* Rien de touchant comme ce cri ; les hirondelles sont revenues, l'air est plus pur, tout annonce de beaux jours. »

En effet le fléau se calma presque subitement. Défense fut faite aux Zouaves de continuer leur rôle de Sœurs de charité ; ils devaient avant tout se reposer pour se préparer à combattre les Garibaldiens. Mais, en quittant leurs malades, les infirmiers voulurent se dédommager de ne pouvoir plus les servir ; ils se cotisèrent et leur firent remettre une somme de deux cent vingt francs : c'était l'or de l'aumône venant couronner la sainte charité des actes.

« Cette campagne d'Albano, écrit Théodore, laissera dans nos cœurs d'impérissables souvenirs. Ne sera-ce pas une grande consolation pour nous, à l'heure de la mort, de penser à ces agonisants que nous aurons secourus ? Certainement il en est déjà qui prient pour nous au ciel. Si nous n'avions pas travaillé pour DIEU, nous n'aurions jamais eu assez de force. Les habitants qui restaient se contentaient, en fait de soins aux malades, de pousser des exclamations. Encore si nous avions trouvé la moindre reconnaissance ! Les uns disaient que nous étions payés par la commune, d'autres que nous étions forcés par nos chefs... On appelle les Zouaves pour ensevelir une femme ; des hommes, parents de la défunte, étaient à rien faire dans la maison : ils répondent tout simplement : Nous ne sommes pas des croque-morts, c'est l'affaire des Zouaves ! Au milieu de tout cela, notre gaîté était constante. La joie redoublait avec les fatigues parce que l'âme était plus satisfaite. On se plaisantait l'un l'autre : nous étions nourrices, médecins, apothicaires. » Une jeune femme était atteinte du choléra, et son enfant exposé à mourir de faim. Celui qui soignait la mère se chargea du nourrisson ; il donnait à boire au petit avec une tendresse charmante. DIEU voulut récompenser le père adoptif ; il prit l'enfant, qui alla rejoindre en paradis les anges ses frères...... Ce fut un gros chagrin pour les Zouaves.

« 20 août. — Jour de gloire pour la compagnie. En présence de la population, le ministre des armes, assisté de notre colonel et de plusieurs autorités, a remis à notre lieutenant la croix de Pie IX. Ce brave monsieur de Résimont l'avait bien méritée ; les larmes lui vinrent aux yeux lorsqu'il la vit briller sur sa poitrine. Notre sergent-major de Morin fut créé chevalier de Saint-Grégoire, deux autres sergents, chevaliers de Saint-Sylvestre, puis vinrent trente-six hommes du premier détachement, qui reçurent des mains de Kanzler une médaille d'or de très belle dimension, avec l'inscription *Bene merentibus*. Le général, au nom de Sa Sainteté, adressa les plus vives félicitations à toute la compagnie. J'étais fier de mes camarades. Pourtant je ne puis m'empêcher de penser quelle douce joie j'aurais éprouvée de vous faire l'hommage d'une si belle médaille : cela a tenu à si peu de chose ! Elle n'est point perdue. Dieu, à qui j'ai tout offert, tiendra compte de mes petits efforts, et me donnera un jour quelque chose de plus précieux. Nous serions bien malheureux si nous devions attendre nos récompenses des hommes. Désormais la sixième tient le premier rang parmi toutes les autres compagnies. Jugez donc quel effet feront ces médailles resplendissantes. »

Ces simples mots laissent voir ce qui se passait au fond du cœur du jeune Zouave. A dix-huit ans être décoré, quel rêve pour un soldat ! Ce sacrifice, il devra le renouveler longtemps encore, chaque fois qu'Albano se présentera à sa mémoire. Le cœur pouvait-il ne pas se souvenir ? mais l'âme était trop haute pour garder quelque amertume.

Après le travail et la fatigue, voici donc pour la sixième des jours de repos, d'excursions, de farniente, d'intime camaraderie. Les vaillants infirmiers avaient grand besoin de se refaire, et comme rien ne vaut la liberté, toute latitude fut laissée à chacun pour se délasser à sa guise.

« Je fais promenades sur promenades ; presque point de service, et un laisser-aller qui rappelle la famille. Nous circulons dans Albano comme chez nous, sans sabre, tous munis d'un superbe bâton arraché dans la forêt. Les uns vont à la chasse, d'autres à la pêche, plusieurs font des repas champêtres. Jusqu'ici j'ai beaucoup joué des jambes. Le plus souvent je m'en vais, la canne à la main, un livre sous le bras, et je lis tout en jouissant du spectacle que Dieu offre à mes regards. Je me suis créé, sous un vieil arbre, une délicieuse retraite d'où je contemple Rome, Castelgandolfo, le lac et les beaux sites. Personne ne vient m'y troubler. De temps en temps, je fais une visite à un excellent Père Jésuite que j'ai choisi pour confesseur, je vais revoir les bonnes Sœurs et les malades de l'hôpital.

« En ce moment j'entends de bruyants éclats de rire. Un grand Zouave hollandais, taillé à la Don Quichotte, est flegmatiquement perché sur un âne, en dépit des protestations du propriétaire. Chaque fois qu'il repasse devant la fenêtre de la cuisine, il reçoit sur la tête deux ou trois seaux, qui l'arrosent ainsi que sa bourrique ; l'hilarité est générale. Un autre, pendant ce temps, tient entre les bras un petit poupon, comme une vraie bonne d'enfant ; le spectacle est des plus pittoresques. Malheureusement l'esprit trouve difficilement le calme au milieu de ce tapage, et nous aurons également besoin de bonne volonté, vous pour me lire, et moi pour vous écrire ».

Vie pleine de charmes, mais aussi pleine de dangers pour une âme jeune, enthousiaste, quelque peu rêveuse. Albano avait repris son air de fête ; tout était joie, rires et chansons dans la petite cité ; l'aristocratie romaine y venait en villégiature. N'étaient-ce pas pour les Zouaves les délices de Capoue ? En vain Théodore se plongeait dans la lecture et dans l'étude de l'italien, son cœur était bouleversé de tempêtes. Jamais il n'avait connu pareilles luttes, n'ayant jamais rencontré pareilles séductions. Il se révèle à lui-même, et s'étonne de ne plus être cet enfant pour qui la vertu était une sorte d'instinct. Dieu voulait mieux en permettant que sa vertu fût désormais la lutte et la victoire. Dans ce naufrage qui le menace, il cherche partout une planche de salut, il implore secours, il ouvre son âme à son sage confesseur qui le console, il réclame de ses parents prières et conseils, mais surtout il se jette entre les bras de Dieu, il prie avec acharnement.

« Je mène en apparence la vie la plus douce, mais je veux vous le dire, chers parents, jamais je n'ai ressenti si vivement les luttes pénibles d'une âme qui veut rester pure. Heureusement la religion propose à mon cœur des sujets de sainte affection. Chaque matin à la sainte messe je vais puiser la force et le désir du sacrifice ; le soir au salut, après une journée de combats bien pénibles souvent, je trouve près de la Sainte Vierge le repos et la consolation. En dépit de ma liberté, en dépit de tout, je veux que la vertu de S. Louis de Gonzague soit aussi la vertu de ma jeunesse. »

Dans ses confidences à son frère Joseph, qui venait de finir ses études, le passé revit avec un air de jeunesse et de fraîcheur, tandis qu'une teinte de tristesse assombrit le présent. « Mon cher Joseph, je pense beaucoup à toi, surtout devant Dieu. Je sens tout ce que doit éprouver ton cœur en présence d'une décision importante. A la sortie du collège, on ne peut s'empêcher de regarder en arrière, et ce n'est point sans un certain serrement d'âme qu'on dit adieu à la pension, à ces travaux pleins de si doux plaisirs. Je voudrais que la vie fût une jeunesse continuelle. Non, jamais je n'ai soupiré après l'instant où je serais déchargé de la tutelle de mes maîtres, jamais je n'ai désiré mes vingt ans et ma liberté. Maintenant encore je retiens ma jeunesse qui s'écoule, je voudrais être toujours sensible et simple. Je t'en supplie, rends-moi les prières que je fais pour toi ; je sens trop que je n'ai pas impunément mes dix-huit ans. Souvent je souffre de terribles combats, et je n'aurai jamais trop de forces pour résister. Que DIEU m'assiste et m'éclaire ! »

A ses côtés, Théodore trouve la compassion dont il a besoin et les conseils qu'il réclame, car il s'est fait de vrais amis parmi les Zouaves. L'un d'eux, auquel il a retracé par écrit ses angoisses et ses déchirements, lui répond avec cette franchise d'un cœur chrétien qui comprend le cœur de son frère, et, quinze ans plus tard, Théodore témoignait encore sa reconnaissance à cet ami qui lui avait tendu la main pour l'affermir dans le chemin du ciel. De leur côté M. et Mme Wibaux consolent et encouragent leur cher enfant ; pas de vains reproches ni de longs sermons ; il lui rappellent que la tentation n'est pas un mal, ils comptent bien que leur fils ne forlignera pas.

« Je ne sais comment remercier mon cher père. J'ai puisé une nouvelle force dans ses paroles dictées par l'amitié et l'expérience ; je veux combattre, je veux être généreux jusqu'au bout. Je souffrirai, je le sens, mais votre exemple sera pour moi un des plus forts stimulants. Heureusement la joie d'une passion vaincue surpasse de beaucoup celle du mal accompli. C'est ce que nous disait, appuyé sur une trop triste expérience, un Zouave de mes amis, tête exaltée, imagination ardente, très estimable du reste. Avec lui je passai ma première nuit de caserne, et depuis ce temps, je ne sais par quelle sorte de hasard, je ne l'ai point quitté un seul jour : même compagnie, même caserne, souvent même chambre.

« Il m'a rendu un service dont je lui serai toujours reconnaissant. Le second jour, comme il me voyait un peu dépaysé, et ne sachant trop si je devais dire ma prière avant de me coucher, il vint me glisser à l'oreille : Mon cher ami, croyez-moi, n'oubliez jamais votre prière du soir. Donc, le 11 septembre, nous fîmes une délicieuse partie, organisée par lui ; il voulait fêter cette date qui lui rappelait un cher souvenir. Nous emportons des provisions abondantes ; nous nous choisissons, à l'ombre, au bord de l'eau, une salle à manger, et nous voilà en devoir de goûter notre cuisine. Biftecks, patates, crabes, jambon, fromage, beurre, noix, tout fut trouvé excellent ; la joie n'était pas le moindre assaisonnement. Le spectacle était ravissant : soleil couchant, solitude complète, amis des mieux choisis. Le repas terminé, nous nous rangeâmes autour d'un arbre, sur le haut de la colline, par le plus magnifique clair de lune, et là notre ami, avec beaucoup de franchise et de charme, nous conta son histoire et le sujet de sa joie. Le 11 septembre 1853, au milieu de tous les dérèglements, la pensée de l'immortalité de l'âme l'avait soudainement frappé, grâce aux paroles d'un ami vertueux dont la présence l'importunait. Depuis lors, par des degrés insensibles, par des sacrifices inouïs, il était arrivé à la vérité Il nous exprimait avec beaucoup de chaleur, pour prémunir nos âmes, combien ces joies du monde sont fausses, puisque parmi toutes les satisfactions imaginables il n'avait trouvé que dégoût. Bien souvent, au milieu d'une fête ou d'un plaisir coupable, il s'était esquivé brusquement, se demandant où il pourrait trouver le bonheur. »

Peu à peu le calme se fit chez Théodore. Plus tard, en des circonstances analogues, le vent de l'enfer viendra encore remuer jusque dans ses profondeurs l'âme du jeune Zouave, mais toujours il tiendra bon, parce que, fort de sa faiblesse, il s'appuiera sur Dieu seul.

Pour le moment, il fallait se tenir prêt et, comme il le disait, « avoir l'âme en repos. » De tous côtés on parlait de Garibaldiens, de troubles, de révoltes ; les alertes étaient perpétuelles. Vingt-cinq hommes furent détachés d'Albano à Ariccia. La petite troupe était commandée par un sergent et deux caporaux, à qui on adjoignit quelques fonctionnaires-caporaux parmi lesquels figurait Théodore. « J'ai entre les mains toute l'autorité du caporal, dont il me manque les galons. Du haut de ma nouvelle dignité je puis lancer les foudres, distribuer les corvées et les consignes, maintenir la paix, me rendre redoutable ou aimé. Ma gloire sera bien éphémère, car sitôt le détachement fini je redeviendrai Gros-Jean comme devant. Je n'ai point d'autre ambition que de rester toujours simple soldat dans ma chère sixième. Je ne suis pas assez militaire pour être caporal, et mon inexpérience me fait préférer les corvées et la vie ordinaire à toute responsabilité si légère qu'elle soit ; je n'aimerais point à punir, je ne saurais commander. »

Le 18 septembre rappelait aux Zouaves la belle et sainte journée de Castelfidardo. Les vingt-cinq hommes d'Ariccia assistèrent en grande tenue à la messe. Le sergent qui commandait le détachement s'était battu comme un lion à côté de Guérin, son camarade de lit. « Je n'aurais pas voulu ce jour-là manquer la sainte Communion, dit Théodore. On se sent fier et fort de compter parmi ses intercesseurs des martyrs qui ont porté le même uniforme. C'est toujours avec émotion que j'invoque Joseph Guérin : il ne peut rien me refuser. J'ai plus d'un titre à sa miséricorde, ne fût-ce que l'excès de mes misères. » Tout le jour on fut en fête : distribution de vin aux hommes et « rata supérieur ». Quant à l'état-major tous les caporaux même fonctionnaires, furent conviés par leur sergent à une table d'honneur. Les anciens rappelèrent les souvenirs de la célèbre bataille, et « pour rendre l'illusion plus complète, un orage épouvantable, accompagné de grêlons plus gros que le pouce, éclata sur nous. Quand nous sera-t-il donné de ressusciter par des faits le dévouement de nos frères ? Nous appelons de nos vœux le jour de la bataille. »

Et avec son coup d'œil si juste, il donne sa franche appréciation sur les troupes pontificales. « Non, nous ne sommes pas une armée ordinaire. Sans doute la jeunesse et la fortune font parfois oublier à plusieurs qu'ils sont les défenseurs de la plus pure et de la plus sainte des causes. Mais qu'un événement les place soudain en présence de leur devoir, ils redeviennent croisés, et alors ce n'est plus qu'un même cœur, une même pensée, une même passion. Cet amour pour Pie IX et la sainte Église fait excuser bien des faiblesses ; il inspire un ardent désir de combattre et de mourir. Pareil mépris de la mort n'est point naturel ; tous attendent le jour du sacrifice comme un jour de fête. Devant nous de nombreux ennemis ; à nos côtés bien peu d'amis ; la trahison nous entoure, nous menace ; nous en respirons en quelque sorte l'air corrompu, à tel point que chaque visage nous paraît le visage d'un traître. Hier encore, on a arrêté le chef de gare et le chef du télégraphe d'Albano. Ils s'étaient engagés à intercepter les dépêches du gouvernement pontifical pour ne laisser passer que celles du parti révolutionnaire ; Garibaldi devait entrer par Velletri et trouver passage libre sur la voie ferrée ; nous aurions essuyé ses premiers feux. Pauvre petite compagnie ! elle se serait pourtant bien battue !

« J'éprouve un très grand bonheur en songeant que nous sommes dans le mois des saints Anges gardiens, nos amis les plus fidèles, les confidents de nos peines, nos messagers auprès de DIEU ; nous avons le droit d'espérer beaucoup. »

La vie en famille continuait joyeuse et intime pour les vingt-cinq Zouaves d'Ariccia. Dans une pareille solitude, la moindre chose, on le devine, prenait les proportions d'un événement. Un jour on remet un paquet au fonctionnaire-caporal; dans le paquet il trouve une paire de souliers, et dans les souliers des lettres de Roubaix. L'émoi fut grand dans la chambrée : « En un instant je fus entouré. On admira la forme et l'élégance des chaussures ; puis, tout au fond, au milieu des papiers, un ami découvrit une charmante photographie. Je revoyais mon cher Stéphane, avec son bon rire, un petit chapeau à la mode, un costume d'élégant gentleman. Ce fut à qui se l'arracherait ; sergent, caporaux, Hollandais, Français, n'eurent qu'une voix : « C'est un *chic* garçon ! on voit bien que c'est votre frère. » J'étais très flatté du compliment. Quel plaisir, mon cher Stéphane, de te revoir après dix mois d'absence ! Nos regards s'étaient rencontrés pour la dernière fois dans la grande avenue de Marcq. Je te vois avec ta gaîté qui déride les fronts les plus soucieux, j'entends at grosse voix qui agace Willebaud. Comme de juste, Joseph essuie tous les coups de poing que tes jambes savent éviter ; si je m'en souviens, Willebaud a de fameuses mains qui vous tombent sur le dos comme deux morceaux de plomb ; Joseph est là pour le dire. Avec toi, cher gai pinson, les irres bruyants remplissent la salle à manger et la petite cour. Va, ris, jouis, reste jeune ! »

Ainsi s'écoulaient les journées à Ariccia. Pour de simples touristes c'eût été un délicieux idéal ; mais pour les Zouaves il y avait mieux à faire. Un ordre subit vint briser cette heureuse existence en rappelant à Rome la sixième compagnie ; après le rêve, la réalité ; après le repos, les rudes fatigues ! De toutes parts la révolution éclate, les Garibaldiens se massent, les trahisons se multiplient, la petite armée pontificale doit faire face à tout : ce sont les premières vêpres de la belle fête de Mentana.

CHAPITRE NEUVIÈME. — 1867.

Les Garibaldiens autour de Rome. — Guillemin. — L'émeute. — Casernes minées. — Nuits de garde. — Les Français viendront-ils ? — Sur les remparts. Prêt à mourir. — La Toussaint. — Vive la France !

Les frontières pontificales continuaient à être soi-disant gardées de tout envahissement par l'armée de Victor-Emmanuel, tandis que les bandes garibaldiennes pénétraient dans les États de l'Église, attaquaient les villages, pillaient les caisses municipales, rançonnaient les habitants et profanaient les sanctuaires. Leur tactique ne manquait pas d'habileté : attirer sur les frontières les troupes du Pape, et faire ainsi le vide à Rome pour s'emparer de la ville en l'absence de ses défenseurs. Et quand les Garibaldiens, repoussés, harcelés de tous côtés par les gendarmes et les Zouaves, sentaient le besoin de se ravitailler, ils traversaient de nouveau les lignes italiennes, et par delà les frontières allaient chercher des hommes et des munitions. Il était convenu que l'armée du Piémont ne voyait rien ; elle veillait en fermant les yeux et en fournissant aux envahisseurs de quoi continuer la guerre : le protectorat se devinait sans peine sous le masque de la surveillance. Le champ de bataille s'étendait sur toute la province de Viterbe : Acquapendente, Valentano, Bagnorea, Subiaco, Monte-Libretti et vingt autres lieux, applaudissaient aux faits d'armes des soldats du Pape.

« Rassurez-vous, écrit Théodore à son arrivée à Rome ; je suis encore en vie. Depuis huit jours nos Zouaves se couvrent de gloire. Espérons que notre tour viendra bientôt ; le colonel a dit qu'il y en aurait pour tout le monde. J'étais tout ému en rentrant dans la ville des saints. Ici l'âme se retrempe ; ville de sainte Agnès, de saint Louis de Gonzague, de saint Stanislas, de sainte Cécile, je vous revois avec la tendresse d'un fils qui revoit sa mère. Je suis redevenu simple soldat, et vivent les corvées ! elles ne manquent pas. »

Cette existence de dévouement obscur, de travaux incessants et prosaïques, était d'autant plus pénible que chaque jour apportait la nouvelle de nouveaux faits d'armes accomplis par les Zouaves. Pour les défenseurs de Rome au contraire, pas d'autre champ de bataille que les corvées et les factions, et, en fait d'ennemis, des conspirateurs cachés dans l'ombre. « Je suis de garde près des prisonniers garibaldiens. Leur piteuse figure et leurs hideux haillons me font pitié. Ce matin, j'ai reçu la sainte Communion ; me voilà fortifié dans ce service si rude, et en quelque sorte si abrutissant. Adieu les douces émotions, les bonnes lettres ; il semble que je perds tout dans cette vie matérielle ; mais courage, c'est pour DIEU ! »

Les brillants exploits de l'armée pontificale se payaient au prix de victimes pures et choisies. Parmi les blessés et les morts, les amis de Théodore sont nombreux ; aussi combien il souffre de ce qu'il appelle son inaction ! Quand on ne rêve que sacrifice et qu'on voit les autres à la peine, il est dur de regarder faire. Le lieutenant Guillemin était tombé à Monte-Libretti, écrasé par des forces quinze fois supérieures. « A la nouvelle de cette mort, je me suis senti bouleversé ; j'aurais voulu pleurer pour me soulager, mais j'ai pensé que le brave lieutenant était au ciel, et j'ai été consolé. DIEU nous prépare maintenant des intercesseurs. Ils prieront pour nous, ces saints et braves jeunes gens ; ils nous protégeront dans les combats à venir. Mon DIEU ! vous voulez notre sang pour cimenter le triomphe de l'Église, le voici ; dès maintenant je fais le sacrifice de mes amis ; j'apprendrai leur mort avec résignation. Guillemin était un modèle et tous le chérissaient ; la mort ne l'aura pas surpris, car il était mûr pour le ciel. » Le matin, il avait dit à l'aumônier : « Je me confesserais volontiers, mais je n'ai rien sur la conscience. » On comprend qu'un soldat ainsi préparé soit capable de tous les héroïsmes ; pour lui la mort n'a pas de terreurs, car, même s'il est vaincu, elle lui assure la victoire.

« Nos blessés ont été consolés et fortifiés dans leurs souffrances par la visite de Pie IX. Le Saint-Père, dont la figure est plus calme que jamais, a trouvé pour tous une parole et un souvenir. Que la couche de douleurs me semblerait un lit de roses au prix de pareilles consolations ! »

Tandis que tout s'agitait dans le territoire pontifical, Rome gardait son calme comme aux plus beaux jours, quand soudain, le 22 octobre, la révolution éclata dans tous les quartiers de la ville. A six heures du soir le cri « Aux armes ! » fait sortir les Zouaves de leurs casernes. « Notre compagnie se rendit immédiatement sur la place Colonna. Là régnait un silence écrasant, toutes les boutiques étaient fermées ; les rues du Corso, d'ordinaire si animées à cette heure, n'étaient plus parcourues que par des patrouilles. Jusqu'à deux heures du matin nous restâmes de faction autour du vaste palais Piombino, tandis qu'à l'intérieur des officiers et des gendarmes faisaient des perquisitions pour trouver Garibaldi, qui s'y trouvait caché, disait-on. »

Durant cette nuit des bandes de furieux attaquent les postes et les casernes, se ruent sur les soldats pontificaux, veulent pénétrer au Capitole pour sonner la cloche d'alarme ; mais partout Zouaves, carabiniers et gendarmes repoussent les attaques des émeutiers. « Dans le lointain, nous entendions des détonations. Rien de lugubre comme ces bruits au milieu des ténèbres. » Une explosion immense fait tout à coup tressaillir la ville : la caserne Serristori, minée par des traîtres, venait de sauter. Trois étages renversés offraient un pêle-mêle de décombres, de poutres, de meubles, et de ces ruines s'élevaient les plaintes affreuses des blessés. La révolution voulait se défaire des Zouaves, et parmi les moyens à employer, ceux-là méritaient ses préférences qui détruisaient en grand. Au milieu du tumulte, Mgr de Mérode, M. l'abbé Daniel, le colonel Allet, organisent le sauvetage. On retire vingt-deux cadavres et douze blessés ; les autres sont sains et saufs. « Quelle lâcheté de la part des Garibaldiens, et comme ils se qualifient bien eux-mêmes ! De pareils moyens ne sont pas dignes des hommes. Il est vrai qu'ils sont sûrs et pas dangereux ; ils ont miné ainsi plusieurs casernes, paraît-il ; on vient d'en faire évacuer deux. »

Le reste de la nuit se passe en patrouilles ; on ramasse quantité de poignards et de cartouches, on fait quelques prisonniers. « A dix heures du matin nous rentrons à la caserne, et aussitôt je suis nommé de planton chez le général. Sans pitié pour nos jambes, on réclame encore notre brave compagnie à quatre heures et demie ; nous allions au secours des carabiniers, occupés à assiéger une maison remplie de Garibaldiens. » Là se fabriquaient les bombes Orsini : les scélérats n'avaient qu'à prendre pour les faire pleuvoir sur les assiégeants ; mais ceux-ci n'hésitent pas, ils enfoncent les portes, pénètrent dans les chambres, et, toujours humains même avec les traîtres, ils accordent la vie à plus de quarante hommes, qui se jettent à genoux et demandent grâce au nom de Pie IX.

« Nous passâmes la nuit à la garde de la porte du Peuple, par un brouillard épais et glacé ; la nuit suivante nous restons debout sur la place Colonna ; aussi pour le moment je tombe de sommeil et de fatigue. J'ai une heure libre que je vous consacre. Je sais trop quelles doivent être maintenant vos inquiétudes, et moi-même je vis si agité, si tourmenté, que j'ai besoin de me réconforter l'âme dans votre souvenir. Nos journées se passent en excursions hors des portes, car les Garibaldiens n'oseraient pas se montrer en plein soleil ; pour un étranger, Rome ne trahirait aucun signe de trouble. Quand le soir est venu, alors commencent les coups dans l'ombre. La ville devient silencieuse comme un tombeau ; à six heures, vous croiriez être à minuit... Toute la nuit nous grelottons à travers les rues ; les heures paraissent bien longues et bien tristes. Un combat en plein jour serait une fête ; lors même qu'ils seraient dix contre un, nous irions les trouver en chantant. Mais dans l'intérieur d'une grande ville, au milieu de l'obscurité et de la trahison, le cœur, malgré tout son dévouement, se sent bien serré. Combien de fois alors j'ai tourné ma pensée vers vous ! On a besoin de se redire souvent qu'on souffre pour DIEU, et que, si l'on meurt, on trouve le ciel. Jamais dans les considérations humaines je ne puiserais assez de courage pour tuer un homme, m'exposer aux balles, supporter les dangers et les fatigues. Le matin je fais provision de force durant la messe ; car, au moment même de l'action, il est bien difficile de penser à DIEU, l'esprit est trop distrait. Le tout est de faire au commencement une bonne prière, qui se résume toujours en ces mots : Mon DIEU, c'est pour vous. Vous ne sauriez croire combien la révolution est féconde en inventions perfides. Plusieurs Garibaldiens se sont déguisés en Zouaves et ont assassiné un gendarme. »

Les bombes Orsini étaient plus que jamais en honneur : « Nous arrêtons un individu qui en lançait ; il déclare faire cela pour s'amuser. Quel agréable passe-temps ! C'était un employé de la poste. Un autre Garibaldien, porteur de deux bombes, reçut la punition de DIEU. Je ne sais par quel accident, une d'elles fit explosion sur lui ; il fut tué raide ; nous le trouvâmes baigné dans son sang, le visage emporté... La confiance de Pie IX est toujours aussi grande. L'autre jour, il traversait encore les rues de Rome au milieu d'une foule nombreuse. »

Au dehors, l'invasion, qui chaque jour gagnait du terrain, amenait du moins le résultat pratique de faire mettre bas les masques. Le héros de Capréra, enfermé dans son île et gardé par sept vaisseaux de guerre italiens, avait échappé à la vigilance bien connue de ses geôliers, et comme pour braver les foudres de Victor-Emmanuel, il s'était dirigé droit sur Florence. De là un train spécial le conduisait à la frontière romaine, où ses deux fils l'attendaient à la tête des chemises rouges. C'était de la part du gouvernement italien une connivence trop peu dissimulée ; la France, lassée des explications mensongères de M. Rattazzi, passa aux menaces, et réunit à Toulon un corps expéditionnaire qui devait rappeler pratiquement à Victor-Emmanuel l'existence de la convention de septembre. Le premier article ne portait-il pas en effet que l'Italie s'engageait à empêcher, même par la force, toute tentative venant de l'extérieur contre les provinces pontificales ? A plusieurs reprises ordre fut donné à la flotte française de lever l'ancre pour gagner Civita-Vecchia, mais chaque fois les explications fournies par Florence rétablissaient entre les deux gouvernements un courant de pacification, et un contre-ordre ne tardait pas à arrêter le départ de la flotte. On ne pouvait imaginer plus odieuse comédie.

Peu soucieux des pourparlers et des chicanes, Garibaldi trouvait plus pratique de gagner du terrain en s'établissant, le 27 octobre, à Monte-Rotondo, situé à cinq lieues de Rome. En vain les braves légionnaires pontificaux avaient tenu bon dans la place durant vingt-sept heures ; que pouvaient trois cent cinquante hommes contre dix mille assaillants ? Dès lors il fallait s'attendre, d'un moment à l'autre, à voir Garibaldi sous les murs de Rome ; et dans ce cas c'en était fait de la ville si la France ne se décidait pas à agir promptement. « L'intervention de la France nous est annoncée chaque jour, écrit Théodore le 29 octobre, et nous ne voyons rien venir ; il est temps, grand temps. Notre position n'est plus tenable ; il faut que le dénouement arrive. Nous sommes tous éreintés. DIEU protège l'Église ! confiance ! Une chose nous inspire beaucoup de courage, c'est l'arrivée de tous les anciens volontaires, qui accourent en foule reprendre leur place ; à peine ont-ils le temps de s'habiller.

« Pour le moment, j'occupe avec quinze hommes un bastion près la porte Saint-Pancrace. Notre poste est un mur de peu d'élévation à défendre sans artillerie. Toutes les troupes sont ainsi campées le long des faibles remparts de Rome. Notre force de résistance se réduit à bien peu de chose ; nous sommes peu nombreux ; abandonnés à nous-mêmes, nous ne résisterions pas longtemps. En attendant les événements, nous faisons bonne et pénible garde. Notre temps se passe en factions, par le froid le plus vif et par une pluie continuelle. Dans les inter-

Monte-Rotondo.

valles, nous dormons tout habillés, encore heureux de pouvoir nous étendre sur la paille ; nous n'étions plus habitués à une pareille mollesse ; voici huit jours que nous ne nous déshabillons pas. Bien que mes traits soient tirés et mes yeux creux, je ne ressens aucune fatigue et suis toujours debout.

« Quelquefois je veux admirer ma Rome si chère, et cette vue me serre le cœur. Je la vois si sainte, si resplendissante, et je songe qu'elle recouvre une vaste mine prête à éclater ; j'entends sortir de son sein mille cris de guerre ; partout l'horreur de la révolution. Comment croire pourtant que ce Vatican, ces pieuses églises, tous ces monuments deviendront la proie des Garibaldiens ? On assure que le monde a besoin d'une révolution, d'un cataclysme épouvantable, pour être régénéré et revenir forcément à la vérité de l'Église ; Rome en serait le foyer. S'il faut en passer par là, mon DIEU ! que votre volonté soit faite, et que, dans la mesure de nos forces, nous concourions à votre gloire.

« Tandis que je vous écris, je puis être interrompu par le cri d'alerte et quitter ma plume pour prendre ma carabine. Dans une heure, dans moins que cela, peut se livrer le combat de la vérité contre le mensonge, du plus saint des droits contre l'injustice. Mon cœur est calme et plein d'une immense confiance dans la miséricorde divine. Je sens que mon bras est bien faible, que je laisse derrière moi bien des douceurs, bien des affections, et que je suis jeune pour mourir. J'éprouve tout cela, je sens mon indignité pour paraître devant DIEU, mais j'espère aveuglément. Mon bon Ange dirigera et fortifiera mes coups ; mon uniforme, mes souffrances, mon sang versé librement, purifieront mon âme de ses souillures. Oui, mon DIEU, vous avez promis votre beau ciel à ceux qui souffriraient pour la justice ; me voici, pauvre enfant ! j'ai uni de mon mieux mon sang au vôtre, ma croix à la vôtre : acceptez-moi. »

Ils étaient admirables ces soldats de l'Église que nulle corvée, nulle fatigue et nulle veille ne pouvaient abattre, et pourtant ils n'avaient en perspective que la défaite et la mort ; c'étaient les préparatifs d'un second Castelfidardo. Mais combien cet horizon, si sombre humainement, s'illuminait aux yeux de ceux qui regardaient vers le ciel !

On avait rappelé à Rome les troupes pontificales dispersées dans la province, afin de concentrer toutes les forces vers le point de mire de l'ennemi. Aussitôt des masses d'hommes sans aveu, vraies troupes de fauves, se précipitent dans les localités laissées libres : Subiaco, Velletri, Valmontone, Viterbe, voient leurs murs envahis par des gens qui se disent Garibaldiens, et qui à ce titre, excellent passeport d'aventuriers, jouent aux conquérants, établissent des officiers municipaux de leur bord, lèvent des taxes, réquisitionnent le clergé et les couvents, remplissent les églises de sacrilèges et d'atrocités ; on dirait une horde échappée de l'enfer.

« Ah ! si la France envoyait son drapeau ! s'écrie Théodore ; mais les dépêches n'apportent que des espérances successivement démenties. L'attente se prolonge et le cœur du Zouave français se sent mal à l'aise dans cette alternative qui blesse en même temps son patriotisme et sa foi. » La fête de la Toussaint s'annonçait triste pour Rome et ses défenseurs : « Cette année je ne pourrai seulement pas communier. Qu'ils sont heureux ceux qui passent cette fête dans le ciel, sans aucun mélange de tristesse ! J'offrirai mes peines pour la gloire des saints et le soulagement des âmes du purgatoire. Je suis prêt à tout ; d'avance j'accepte l'humiliation de la défaite ; pourtant j'aurais besoin d'une plus grande force ; aussi implorez pour moi les saints martyrs afin qu'ils m'inspirent un peu de leur zèle brûlant. Cher père, chère mère, je vous aime beaucoup ; mon cœur désire vous revoir ; onze mois de séparation, que c'est long ! Du moins au paradis on ne se quittera plus. Un jour ou l'autre, nous nous y retrouverons tous ; ce sera le suprême rendez-vous. »

Mais voici que, le 30 octobre, « les soldats postés sur les hauteurs du Janicule entendent un bruit de clairons et de tambours, puis les sons d'une joyeuse fanfare ; » c'est la musique des régiments français : Rome est sauvée, vive la France ! Encore un jour, et peut-être il était trop tard ; mais aujourd'hui les tristesses et les appréhensions disparaissent, et le drapeau tricolore, arboré sur le château St-Ange à côté des couleurs pontificales, fait planer sur la Ville Sainte un air de fête et d'espérance.

L'heure est venue de purger le sol romain des brigands qui l'infestent. La France garde Rome, on peut donc tenter un coup décisif et opérer une sortie. Les soldats se sentent revivre à la perspective d'un vrai combat, ceux-là surtout qui, depuis un mois, ne vivent plus que sous la menace des bombes Orsini, des poignards et de tous les guets-apens d'une guerre de révolution.

Et tandis que tout se préparait pour attaquer Garibaldi dans Mentana, l'armée du Piémont franchissait les frontières romaines du côté de Viterbe, et venait fraterniser avec les bandes garibaldiennes. Pour comble de déloyauté, Victor-Emmanuel faisait savoir à la France et aux cours d'Europe que l'unique but de cette occupation était de « concourir au maintien de l'ordre ». On ne pouvait manier avec plus de désinvolture l'ironie du mensonge.

CHAPITRE DIXIÈME. — 1867.

En route vers Mentana. — Avant la bataille. — L'armée garibaldienne. — En avant ! — Sang-froid. — Les meules. — Blessés. — Monte-Rotondo. — Triomphe.—« Les chassepots ont fait merveille. »— Mœller et d'Alcantara. — La sixième au Vatican. — Souvenirs de l'an passé. — Le « jamais » de M. Rouher.

« Rome, 7 novembre 1867.

« MES BIEN CHERS PARENTS,

'HONNEUR que DIEU m'a fait de prendre part au glorieux combat de Mentana surpasse toute reconnaissance. Il est donc bien vrai que je me suis battu pour son nom, que cinq heures durant je me suis trouvé au milieu d'une grêle de balles, que cent fois j'ai exposé ma tête pour lui ! Sans doute il n'a pas accepté une seule goutte de mon sang, mais par ma présence je le lui consacrais tout entier. Je voudrais faire passer dans vos cœurs toutes les émotions que j'ai ressenties ; je vous raconterai de mon mieux notre expédition.

« Nous partîmes dans la nuit du samedi au dimanche 3 novembre, par un temps sombre et une pluie torrentielle. N'importe, l'enthousiasme était grand. Tout le régiment des Zouaves était engagé ; des légionnaires et des carabiniers suisses marchaient avec nous ; bien plus, nous devions nous battre en compagnie des Français, que commandait le général de Polhès.

« Quel beau spectacle de voir se déployer sur la voie Nomentane cette imposante colonne de cinq mille hommes ! Les Zouaves, au nombre de quinze cents, formaient l'avant-garde, puis venaient les autres troupes pontificales. Les Français, chasseurs à pied, compagnie de ligne et artillerie, formant un effectif de deux mille hommes, marchaient en arrière comme réserve. » Il était juste que les soldats du Pape, seuls à la peine depuis si longtemps, fussent aujourd'hui les premiers à l'honneur; aussi avait-il été convenu entre les chefs que les Français laisseraient agir l'armée pontificale, prêts à l'appuyer quand il en serait besoin.

Au sortir de Rome, on salue « la fraîche et douce basilique d'Agnès, indiquant au chrétien qui passe le chemin de l'éternité. Ce souvenir de la jeune vierge se présente aux soldats du CHRIST comme une gracieuse apparition. De ces Catacombes tout imprégnées du sang chrétien il s'échappe un courant de grâce qui fortifie, et comme des chants de triomphe acclamant par avance ceux qui vont mourir. » On marchait lentement depuis quatre heures, au milieu de la boue, quand on fit halte dans une vaste plaine à Capo-Bianco.

« Tandis que tout le monde s'agitait, j'eus le bonheur de revoir les amis. L'instant était solennel ; peut-être était-ce une dernière heure d'intimité que DIEU nous ménageait. » Le lieutenant Wyart, MM. Vitrant, Cordonnier, Mœller et d'autres se retrouvent avec Théodore; ils ne se quitteront guère pendant la bataille, toujours au premier rang. Mœller, ancien officier des Zouaves, venait de rentrer comme simple soldat ; il avait demandé la sixième compagnie du premier bataillon pour se trouver avec Théodore, dont il connaissait la famille. « Le soir du samedi nous soupâmes gaîment ensemble. Il était exténué d'une longue course faite le matin, et ses pieds lui causaient de violentes souffrances ; malgré cela il endossa le sac. Quand on n'a jamais porté que l'épée d'officier, cela doit paraître horriblement lourd, et je ne pouvais assez l'admirer ; j'aurais volontiers porté deux sacs pour le décharger. »

Une heure et demie se passe en causeries intimes ; soldats et aumôniers se promènent ensemble dans la plaine ; on mange un morceau, on sèche ses vêtements à des feux de broussailles, on se fait mutuellement ses dernières recommandations; la pluie cesse, le soleil se montre radieux; le clairon annonce le départ, et ses notes joyeuses résonnent jusqu'au fond des cœurs.

« J'embrassai M. Wyart et serrai la main aux amis ; puis, m'adressant au bon JÉSUS et à mes chers intercesseurs, je leur fis une courte prière, leur rappelant mes souffrances, ma bonne volonté, leur miséricorde. J'avais reçu le pain des martyrs, j'étais tranquille autant qu'on peut l'être. Alors ma pensée se reporta vers vous, cher père et chère mère ; je priai mon bon Ange de vous porter, avec mes adieux, l'inspiration d'une prière ! Nous partîmes en chantant le vieux refrain du bataillon : *En avant ! marchons! Zouaves du Pape, à l'avant-garde!*... Ce refrain, les Zouaves l'ont composé jadis sous la tente, et l'ont chanté à travers les rudes sentiers des Apennins : c'est le fier langage du soldat qui sait se battre et du chrétien qui sait mourir. Les vers n'ont d'autre poésie que celle du dévouement, mais n'est-ce pas la mieux inspirée ? Deux compagnies nous précédaient ; elles ne tardèrent pas à se déployer en tirailleurs et nous attendîmes. »

Garibaldi avait habilement choisi ses positions ; son armée, forte d'au moins dix mille hommes, occupait le plateau oblong où se dressent Mentana et Monte-Rotondo, à un kilomètre environ de distance. Ces deux bourgs, avec leurs citadelles, leurs maisons blanches et leurs épaisses murailles, se profilent sur la crête qui partage les vallées du Tibre et de l'Anio. Des ruisseaux, des torrents, des ravins découpent les deux versants, et rendent difficile l'abord des sommets en multipliant les pentes abruptes et les déchirures. Aux alentours des deux petites cités, les bois d'oliviers et les taillis, les vignes et les clos, offraient aux Garibaldiens d'excellentes retraites pour cacher leur jeu et tomber à l'improviste sur les assaillants.

Les compagnies des Zouaves, envoyées en avant, « gravissent une colline boisée et disparaissent au milieu d'un profond silence. Les cœurs battent bien fort dans toutes les poitrines. Et certes il y a quelque chose de solennel dans cette perspective d'une lutte prochaine : l'âme, un instant livrée à elle-même, peut mesurer à loisir le court espace qui la sépare peut-être de l'éternité. Enfin un coup de feu se fit entendre, d'autres se succédèrent plus rapides. Je ne vous dirai point notre joie quand on vint nous dire : En avant la sixième ! allez soutenir la droite ! Nous montâmes au pas gymnastique, tandis que les Garibaldiens, abrités derrière les buissons, nous envoyaient des balles qui ne faisaient aucun mal. On éprouvait un certain plaisir à voir au bout de sa carabine, à deux cents mètres, ces chemises rouges dont la couleur présentait une cible resplendissante. C'était l'aristocratie garibaldienne, jeunes fanatiques séduits par le beau rêve de l'unité nationale, plus dévoyés que méchants ; ou bien encore, Bersagliers et Piémontais travestis. Sur plus d'un cadavre on recueillit des congés illimités, par lesquels le gouvernement italien octroyait gracieusement aux siens le droit de se faire tuer sous les ordres de Garibaldi. Le reste n'était qu'un ramassis de brigands et de coquins, attirés par l'espoir du pillage.

« L'échange des coups de feu durait depuis quelque temps, mais cet exercice de tir plaisait peu à l'humeur bouillante du lieutenant-colonel de Charette. Il arrive au milieu des balles : *Mes amis, délogez-moi cela à la baïonnette !* Et poussant son cheval au-devant des Garibaldiens : *Allons, j'irai seul !* s'écrie-t-il. Il savait bien le contraire. Chacun se débarrassa de son sac pour courir suivant l'inspiration de son courage ; les compagnies mêlées ensemble se dispersèrent dans toutes les directions. Un instant l'ardeur des Zouaves fut contenue devant la Vigna Santucci. C'est un enclos de vignes entouré d'une muraille peu élevée, où s'élève une métairie, qui servait de retranchement aux Garibaldiens. La maison est bientôt prise d'assaut ; le plateau évacué, l'armée pontificale y installe des pièces d'artillerie. Nous reprenons notre course désordonnée derrière les Garibaldiens ; chaque vigne, chaque maison est emportée pièce par pièce. » C'est une immense charge à la baïonnette qui, sur une étendue de plusieurs kilomètres, refoulait les ennemis vers Mentana ; hommes et chefs couraient pêle-mêle ; aucun commandement si ce n'est : « En avant ! en avant ! » On n'obéissait plus aux sonneries de ralliement ; l'élan, l'impétuosité prenaient la place des combinaisons stratégiques.

Dès le commencement de l'affaire, Théodore, grâce à ses grandes jambes, était arrivé aux premiers rangs. Au delà de la Vigna Santucci il avait rencontré Carlos Cordonnier ; les deux amis, avec quelques camarades, se précipitent ensemble sur la route qui mène au village. Les balles pleuvaient si dru qu'il semblait téméraire de poursuivre : déjà plusieurs Zouaves avaient dû renoncer à aller plus avant, et attendaient que le chemin fût praticable. « Mais, comme l'écrit Théodore, dans ces moments d'exaltation on ne songe qu'à avancer en tuant le plus de monde possible. » Ils arrivent à un sentier dont le passage leur est disputé par des Garibaldiens embusqués derrière une briqueterie ; Carlos tire une première fois. « Tiens, lui dit Théodore, prends mon fusil ; il est chargé, tu es plus habile que moi. » Un Garibaldien se découvre au même instant ; Cordonnier fait feu. « Descendu ! » s'écrie Théodore tout content.

Ce petit trait en dit long. Que de soldats durant la bataille sont comme grisés par le bruit, la poudre, l'animation, et brûlent inutilement leurs cartouches. « Il faut bien faire quelque chose ! » disait un jour un soldat à son chef pour s'excuser de tirer à l'aventure. Théodore était de ceux qui ne perdent jamais leur présence d'esprit ni leur calme. Ses camarades se rappellent encore l'avoir vu s'avancer tranquillement sur la route de Mentana, se dresser de toute sa taille au milieu des projectiles, épauler son fusil avec le plus grand calme, et tirer comme il eût fait à la cible. Après quoi, il se masquait derrière quelque taillis pour recharger son arme, et recommençait la même manœuvre sans sourciller.

Les ennemis étaient rentrés précipitamment dans le village. Du haut des murs, ils dirigeaient un feu terrible contre les Pontificaux, qui les avaient suivis la baïonnette dans les reins. Par bonheur les Zouaves purent se retrancher derrière des meules de paille et de foin, à quelques mètres seulement des remparts. Là, Théodore combattit quatre heures durant. « La bataille devint affreuse. Plusieurs fois nous nous élançâmes sur les maisons, mais les hommes tombaient trop nombreux ; c'étaient des pertes inutiles. Les Garibaldiens, protégés par les fenêtres, pouvaient ajuster à leur aise, tandis que nous étions obligés, pour décharger nos carabines, de nous mettre à découvert. L'ennemi épiait ce court intervalle ; ses coups ne portaient que trop juste.

« J'étais à côté de Mœller quand il fut blessé tout à la fin du combat. Comme il pénétrait dans la ville, une balle le frappa à l'épaule ; il s'affaissa derrière une grande cuve qui le protégeait. Il put encore se relever seul ; sa figure exprimait la souffrance et le bonheur : Je suis content, disait-il, c'est moi qui suis entré le premier ! Son courage a été admirable, je dirai presque téméraire. Toujours en avant, il paraissait ne point s'apercevoir qu'il était au milieu des balles. J'espère que sa blessure ne sera point grave ; en tous cas, nous ne pouvons qu'envier son sort. Le soir il me disait : Je suis tout disposé à lier connaissance avec le Père éternel. »

Paul Doynel tomba, lui aussi, à côté de Théodore : « Mon cher, lui dit-il, je suis perdu ! » Deux balles lui avaient traversé le corps, et il s'avançait en se soutenant sur son fusil, comme il eût fait d'une béquille. Lorsqu'à l'ambulance on lui parla d'amputation, il répondit simplement : « Un bras de moins pour l'Église ce ne sera pas mal. »

Théodore Wibaux.

« Vers trois heures et demie, les Français arrivèrent devant les murs de Mentana, s'annonçant d'une manière tout à fait significative par une décharge de cinq minutes. Quelle chose épouvantable que ces fusils chassepots ! On aurait cru entendre un roulement de tambour. C'était la première fois que nos soldats se servaient de pareilles armes, et il est heureux que l'épreuve en ait été faite sur les ennemis de la Papauté.

Mentana.

« La nuit vint terminer la lutte ; l'armée campa sur les hauteurs environnantes afin de cerner tout passage. Le froid, la fatigue, la faim, le regret donné aux morts, la joie de retrouver les camarades, un sommeil interrompu par de fréquentes alertes, tels furent les incidents de cette nuit. Si j'avais le temps, je vous montrerais tout ce que la guerre a de pittoresque et de gai : cette agitation des camps, ces feux du soir, ces innocents maraudages. Chacun de nous revenait chargé d'un magnifique revolver, d'une baïonnette, d'une casquette garibaldienne. Comme, selon les prévisions, nous devions nous battre encore plus rude le lendemain, je n'emportai qu'une baïonnette ennemie. Il y en eut qui trouvèrent moyen d'enlever les chevaux des chefs. »

Sur le champ de bataille, la charité chrétienne succédait à la bravoure : c'était toujours l'héroïsme sous une autre forme. Infirmiers volontaires, nobles dames, filles de Saint-Vincent de Paul, rivalisèrent durant la nuit de soins et de délicatesses auprès des blessés, sans distinction d'amis ou d'ennemis, tandis que les aumôniers continuaient à ouvrir le ciel aux moribonds, comme ils avaient fait pendant tout le combat au milieu des balles. Le matin, quand le soleil parut, les Garibaldiens, qui avaient eu le temps de reconnaître leur désarroi, se hâtèrent de capituler. La victoire était complète ; la bonne cause triomphait.

« Les prisonniers furent conduits en longue file au château Saint-Ange, sous l'escorte des soldats français. Le reste avait pris la fuite durant la bataille, et avait réussi à regagner la frontière. Les ennemis laissaient sur le terrain huit cents tués ou blessés ; l'armée pontificale comptait environ deux cents hommes hors de combat. Quant à Garibaldi, on ne vit même pas l'ombre de son panache blanc. Il avait annoncé aux siens qu'il suffirait de chasser à coups de crosse les vils mercenaires étrangers : au plus fort de la lutte, il prit la fuite vers les frontières. Quelques Zouaves virent une voiture qui tourna bride brusquement à leur approche. Peut-être renfermait-elle la grande âme de Garibaldi. Il s'était écrié : Rome ou la mort ! Ne pouvant obtenir la première, il faisait sans trop de peine le sacrifice de l'autre.

« Pour moi, je suis encore à me demander comment je me trouve maintenant sur mes jambes. J'ai entendu tant de balles siffler à mes oreilles, j'ai vu tant de blessés à mes côtés ! Un carabinier, en tombant sur moi, m'a renversé au moment où je visais. Vous dire mes impressions, chers parents, serait chose difficile ; elles sont si étranges et si variées ! Les premiers coups de feu ne m'ont produit aucun effet. Au bout de cinq minutes, j'avais déjà les mains et le visage noirs de poudre, et dans ma précipitation j'avais avalé la moitié d'une cartouche, ce qui me donnait un semblant de barbe autour des lèvres. En un rien de temps nous avons parcouru, sans nous en douter, l'espace de trois quarts de lieue.

« Au milieu du combat, il y a des moments où le cœur vous revient avec toute sa sensibilité. Oh ! alors la tristesse vous prend. Si vous saviez comme elles sont déchirantes les plaintes des pauvres blessés, comme il en coûte de voir un ami baigné de sang ! Il y a des blessures si affreuses ! Pendant le combat je rencontrai M. Wyart ; nous nous embrassâmes, heureux de nous retrouver vivants. Le lendemain j'ai parcouru tout le champ de bataille. Les morts étaient encore étendus à l'endroit où ils avaient été frappés : on reconnaissait un camarade, un homme de la compagnie ; partout des débris d'armes Les cadavres des Garibaldiens étaient espacés sur une lieue de terrain. Leurs blessés mouraient comme des chiens, refusant tout secours, avouant hautement qu'ils voulaient aller en enfer. Qu'ils étaient beaux, au contraire, les soldats chrétiens ! Je ne puis oublier la ravissante figure de Watts Russel, Zouave de dix-sept ans, la plus jeune des victimes de cette glorieuse journée, et, on peut bien le dire, une des plus pures. Il était tombé vers le soir, atteint d'une balle au front, sans pouvoir proférer une seule parole. Il était encore là, étendu près des meules, beau comme un ange, fidèle à sa devise, qu'il portait sur lui : *Mon âme, aime Dieu et va ton chemin !*

« Le 4 novembre, nous fîmes notre entrée dans Monte-Rotondo. Pauvre ville ! elle avait été rudement éprouvée ! Durant huit jours les Garibaldiens s'étaient imposés en Vandales : absence complète de vivres, désolation partout. Quelle pénible impression en voyant les églises et en particulier la cathédrale ! La porte du tabernable était transpercée d'un coup de baïonnette, les autels dépouillés de leurs ornements, les images et les statues affreusement mutilées ; on n'avait rien respecté. Les Zouaves hollandais baisaient en pleurant les traces de ces profanations. L'un d'entre nous trouva, sur le cadavre d'un Garibaldien, un ciboire et douze hosties. Voilà les gens qui s'intitulent des libérateurs, voilà leurs dispositions en marchant au combat ! On dressa un autel devant la cathédrale ; une messe fut célébrée par l'aumônier ; j'y assistai en esprit d'expiation. Nous passâmes environ deux jours à Monte-Rotondo privés de tout.

« Hier nous rentrions à Rome, au milieu des ovations les plus magnifiques. Notre compagnie marchait en tête de toute la colonne. La route de Monte-Rotondo était couverte de voitures qui venaient à notre rencontre. Quand nous passâmes la Porta Pia, ce fut un enthousiasme indescriptible ; les timides n'avaient plus peur de se montrer : c'étaient des cris : *Viva i Zuavi ! Viva Pio IX !*

Nous remarquions beaucoup de voix françaises. Plusieurs se précipitaient sur nous pour serrer nos mains noires et suantes. Le colonel de Charette, fièrement campé sur son cheval garibaldien, apparaissait à la foule comme le héros du jour. Grand nombre de soldats s'étaient coiffés de la casquette garibaldienne pour remplacer les képis égarés durant la bataille, ou tenaient au bout de leurs carabines des baïonnettes ennemies. Nous marchions crânement avec nos dépouilles ; c'était un beau moment ! J'essayai autant que possible d'élever mon âme à DIEU ; lui seul est le véritable invincible, le vrai triomphateur.

« Le coup est porté aux Garibaldiens ; ils ne s'en relèveront plus. La tranquillité est revenue dans Rome, que nous avions laissée si agitée. Les soldats français, qui nous traitaient en enfants, estiment et aiment les Zouaves ; nous fraternisons à merveille ; ils ne s'attendaient nullement à ce qu'ils ont vu et ont témoigné leur étonnement : En voilà, disaient-ils, qui marchent numéro un ! on pourrait les mettre à notre tête ! S'ils connaissaient le secret de notre force, ils ne s'étonneraient plus. Après une marche de six heures, sac au dos, j'ai été immédiatement nommé de garde au Capitole. Que les temps sont changés ! Autrefois les triomphateurs y étaient menés par quatre chevaux blancs pour recevoir de splendides honneurs ; maintenant ils y montent la faction prosaïquement, exposés au froid et à tous les vents du ciel. Nous continuons de coucher sur la paille dans les corridors glacés de l'Ara Cœli : ce n'est plus ma chambrette ni mon bon feu.

« *P. S.* C'est le jour de saint Hubert que commença le combat de Mentana. Quelle partie de chasse ! »

Telles sont les impressions de Théodore sur la bataille, impressions d'un soldat qui ne connaît rien des différentes phases de la lutte ni des mouvements exécutés par les troupes pontificales et françaises, et qui se contente de raconter ce qu'il a vu. Pas plus que lui nous n'avons à faire une histoire générale ; ici comme ailleurs nous devons le suivre pas à pas, en donnant le premier rang à cette figure de Zouave si loyale et si chrétienne.

Quelques années plus tard, il recueillera et complétera ses souvenirs, où se trouve consignée cette appréciation parfaitement juste sur la part que prit l'armée française à la journée de Mentana. C'est un commentaire de la fameuse phrase du général de Failly : « *Les chassepots ont fait merveille.* »

« Le feu des chassepots était dirigé sur un groupe de maisons, et les Garibaldiens n'eurent garde de se montrer tout le temps que dura cette effroyable décharge. Les murs seuls eurent à la supporter, et aujourd'hui encore ils en gardent l'empreinte. Certes loin de nous la pensée de diminuer le rôle de l'armée française et de lui ravir la moindre parcelle d'une gloire si bien acquise. Mais il est bon de flétrir l'injustice de ceux qui s'obstinent à lui attribuer tout l'honneur de la journée. Son drapeau fut comme une menace sur le champ de bataille, et jeta l'épouvante au cœur des Garibaldiens ; elle contint par sa présence les bataillons piémontais campés à quelques milles du terrain de la lutte ; enfin, grâce aux habiles manœuvres exécutées par elle aux abords de Monte-Rotondo et dans la plaine, elle intercepta les renforts ennemis. Mais encore une fois, toutes les positions avaient été enlevées lorsqu'elle vint prendre une part active à l'affaire. Les vaincus jugèrent moins humiliant de rejeter leur défaite sur les merveilles des chassepots, et ce fut pour tous les ennemis de l'Église un dédommagement que d'exclure l'armée pontificale d'un triomphe acheté par sa bravoure. »

La victoire de Mentana valut à Rome quelques beaux jours. Un souffle d'en haut avait balayé les nuages amoncelés sur la ville des Papes ; l'Église brillait plus radieuse après la lutte, fière de ses défenseurs, fière surtout de ses nouveaux martyrs. D'une part, le monde catholique avec ses acclamations pour Pie IX vainqueur, de l'autre, les méchants avec leurs cris de rage, formaient un étrange concert à l'honneur du CHRIST. La défaite des hordes garibaldiennes ouvrait une ère de tranquillité relative, qui devait avoir son couronnement, trois ans plus tard, au concile du Vatican.

Au lendemain de la bataille, Théodore ne peut s'empêcher de se recueillir un instant ; depuis un an, que d'occasions de prouver son amour à l'Église sa Mère ! Ennuis, fatigues, souffrances, n'ont pas fait défaut, mais le souvenir qu'ils laissent au cœur n'est-il pas déjà une bien douce récompense, et après Mentana que souhaiter de plus ? La reconnaissance déborde du cœur du jeune soldat : « DIEU a tout conduit. Si l'on jette les yeux sur cette histoire de la révolution, on est bien forcé de voir un miracle continuel. Il suffit de mettre en présence la méchante hypocrisie des conspirateurs avec la loyauté et la faiblesse des défenseurs de l'Église. Nous surtout, pauvres Zouaves, nous sommes encore à nous demander comment il se fait qu'il y ait parmi nous un seul survivant. Le plan des Garibaldiens était de nous enfouir sous un monceau de ruines. Quelle main a pu renverser ces complots, sinon une main divine ? Et toutes ces autres circonstances, où humainement les Zouaves devaient être écrasés par une armée dix fois plus nombreuse sans que personne pût échapper ! Cette campagne de deux mois laissera dans nos cœurs de chers souvenirs. Que de puissantes compensations à tant de fatigues : la joie du devoir accompli, l'orgueil de servir Pie IX, enfin tant de belles et saintes morts qui font désirer d'être martyr ! »

Cependant il lui restait au cœur une sorte de scrupule que, suivant son habitude, il confia à ses parents : « Quand je songe à Mentana, j'ai comme un regret de n'être pas resté sur le champ d'honneur, et je suis presque honteux de n'avoir reçu pour Pie IX aucune égratignure. Je suis pourtant assez haut perché. Une autre fois, j'espère bien que j'irai au combat pour n'en plus revenir, si ce n'est sur une jambe ou dans une voiture d'ambulance. » Et Mme Wibaux comprenait si bien les ardentes aspirations de son fils, qu'en lui répondant elle laissait échapper ces paroles, dignes de la mère des Machabées : « Ah ! oui, cher enfant, je partage tes sentiments. C'eût été pour toi un bonheur inappréciable de mourir pour Dieu et d'aller jouir de sa douce présence au ciel. Sois assuré qu'il a accepté ta généreuse offrande. » La mère et le fils n'admettaient pas la médiocrité dans le dévouement, et voilà pourquoi leurs cœurs battaient à l'unisson au seul nom de sacrifice.

Pour le moment, Théodore se prodiguait à ses amis blessés ; avait-il un instant de liberté, il courait à l'hôpital rendre visite à Mœller et à son camarade de chambre, Carlos d'Alcantara. Rien de touchant comme d'entendre ces deux chrétiens qui de leurs lits s'encourageaient mutuellement à souffrir. « Ces jours-ci sont les plus beaux de ma vie, » disait Mœller ; et quand on lui demandait de ses nouvelles, il répondait : « Ça s'en va petit à petit. » De son côté, d'Alcantara se consolait au milieu d'atroces douleurs en répétant : « Plus on souffre, plus on a de mérites. » Dans cette chambre il y avait quelque chose qui n'était plus de la terre : la paix et la résignation y répandaient un parfum du ciel. Ces deux fils de la chrétienne Belgique, si unis dans leur sacrifice, ne furent pas séparés dans leur mort ; tous deux expirèrent le même jour. « Cette nouvelle m'accable, écrit Théodore ; je dus me la faire redire par plusieurs ; moi qui croyais Mœller en pleine voie de guérison ! J'aurais voulu prier auprès de son corps, l'embrasser une dernière fois ; c'était un besoin de mon cœur et un devoir d'amitié ; mais, dans notre vie, tous les désirs les plus légitimes doivent céder devant des exigences pénibles. J'ai cherché vainement à me faire remplacer ; j'offre ce sacrifice pour le repos de son âme. Demain il faut à tout prix que j'assiste à ses funérailles. J'espère que Dieu le permettra. Quelque temps avant sa mort, un lieutenant lui disait : Eh bien ! Mœller, tu me vois : je suis plein de vie, plein de jeunesse ; toi, tu es étendu sur un lit de douleur, tu vas mourir ; voudrais-tu échanger ton sort contre le mien ? — Oh non ! répondit-il avec un regard où se traduisait éloquemment la certitude du bonheur à venir. »

L'accalmie causée à Rome par la victoire de Mentana fut de courte durée ; la révolution grinçait des dents, impatiente de prendre sa revanche. On découvrit que Saint-Pierre était miné ; quant à l'homme désigné pour faire sauter la caserne San-Francesco, pris de remords au moment de mettre le feu aux poudres, il alla se déclarer. « Nous dormons sur des mines, et le soir nous nous couchons avec l'agréable perspective de nous retrouver perchés sur le dôme d'une église, ou de ne point nous retrouver du tout. Trois jours de suite, à l'Ara-Cœli, on nous a dit : C'est cette nuit que vous devez sauter. Grande surprise le matin. Il est de fait qu'on a découvert de la poudre sous le Capitole, si bien qu'on s'est résolu à nous faire plier bagage. Mais voyez ce que nous avons gagné. La sixième est gratifiée d'un honneur inappréciable : nous logeons presque littéralement dans Saint-Pierre, sous un grand vestibule qui fait suite aux colonnades de gauche. Le Très-Saint Père Pie IX a exprimé le désir d'avoir des Zouaves auprès de sa personne, comme un père qui, au moment du danger, s'entoure étroitement de ses enfants. Il a donc fait de ce grand vestibule une magnifique caserne, la plus belle de Rome et de l'Europe, assurément la mieux située du monde. Nous sommes là comme des princes : lits, paillasses, matelas, feu, rien ne manque. Quelle garde d'honneur ! Aussi il faudra que tout reluise, car nous recevrons d'honorables visites. Et puis, s'endormir tous les soirs sous le regard de saint Pierre, sous les fenêtres du Pape, à la source du dévouement ! Là nous ne craindrons plus de sauter. Allons, chers parents, bonne nuit. »

Les derniers jours de novembre invitaient naturellement Théodore à se reporter à l'année précédente, pour relire les notes prises alors sur son calepin et savourer par la mémoire du cœur les derniers beaux jours passés au foyer paternel. « Hier un an que j'embrassais ma chère mère en lui disant adieu. Cette pensée m'est venue la nuit, tandis que j'étais de faction sur la place du Capitole. Quel contraste ! A la sainte messe, j'ai renouvelé le sacrifice de tout ce que j'ai laissé. Quant à vous, le coin du feu, la table hospitalière, vous rappellent un absent pour lequel il faut beaucoup prier. »

Il retrouve le récit d'une promenade faite avec son frère aîné : « En rentrant

Le Vatican.

nous causâmes longtemps ; Willebaud me dit ces paroles qui me font venir les larmes aux yeux : Maman ne peut se faire à l'idée de ton départ. Combien ces quelques pages, écrites sous l'impression encore vive de la séparation, me font de bien à lire ! J'y revois mes inquiétudes, et en même temps la bonté de la Providence qui a tout conduit. »

S'il aime à rappeler le passé, ce n'est pas pour laisser le regret pénétrer en son âme, mais bien pour puiser dans le souvenir la force d'accomplir généreusement le devoir de chaque jour, tout hérissé de fatigues, de veilles et de corvées. « Dieu sait si les factions sont pénibles par le temps qui court. Depuis une semaine, je ne vis plus que dans le corps de garde : or, cela dure vingt-quatre heures. Le service ne manque pas. Les inquiétudes renaissent plus vives que jamais. Demain les Français quittent définitivement Rome ; infâme comédie qui sera plus tard cruellement expiée ! »

De fait, nos troupes furent rappelées, et notre drapeau cessa de flotter au château Saint-Ange. Mais, dès la rentrée des Chambres françaises, le gouvernement impérial dut se prononcer nettement au sujet du pouvoir temporel, et M. Rouher, poussé à bout par la majorité, déclara au nom de son maître que *jamais* l'Italie ne s'emparerait de Rome. On se rappelle quelle explosion de joie ces paroles provoquèrent dans les cœurs des catholiques, rassurés par une affirmation qui semblait ne laisser aucune prise à la déloyauté. « Enfin, voilà la France qui reprend sa place. Ce *jamais* a eu bien du mal à sortir de la bouche de M. Rouher, mais les catholiques ne l'auront que mieux retenu ! Pauvre Italie ! pauvres révolutionnaires ! Le Galant-Homme se trouve dans une fâcheuse alternative....

« Est-il plus beau spectacle que cette grande lutte, ces haines diaboliques, ces manifestations sublimes, lorsque tout vient aboutir au pied d'un faible trône ? Ce vieillard, qui paraît si débile, met en mouvement tout un monde, remue toutes les consciences. Pie IX est la plus grande figure du siècle. Vaincu ou triomphant, dans l'amertume ou dans la gloire, il domine toujours par la sainteté et par l'amour. Ce n'est point vainement qu'il porte sur son front le cachet de la divinité. Tandis que tout s'agite autour de son trône, c'est un bonheur de nous serrer à ses côtés comme un rempart vivant. »

CHAPITRE ONZIÈME. — 1867-1868.

Un an au service. — Les premiers galons. — Caporal instructeur. — Le dépôt. — Sombre avenir. — Adieux à la sixième. — Tout pour le mieux. — Noël. — Audience du Pape. — « Nunc dimittis ! »

IL est intéressant d'étudier le changement opéré chez Théodore après douze mois de vie militaire. La caserne et le corps de garde, les séductions et la liberté, n'auront-elles pas quelque peu altéré cette fraîcheur de sentiments qui brillait dans le soldat nouvellement arrivé à Rome ? Est-ce encore cette piété, cette générosité sans mélange, cet amour de la famille si sincères il y a un an ? La rude existence de Zouave n'a-t-elle pas blasé le cœur de l'enfant sur ces délicatesses qui le charmaient naguère ? Une lettre, datée du 15 décembre 1867, va répondre à ces doutes et dissiper toute crainte ; ce jour était un dimanche.

« Corps de garde du Colisée, 7 heures du soir.

« Un mot à mon père et à ma mère dans cette belle journée sacrifiée, cela ne fera pas de mal ; j'ai si souvent pensé à vous depuis mon réveil ! Tous les dimanches mes souvenirs se reportent plus volontiers vers la famille, car j'en sens davantage la privation. Je pense à la communion matinale de ma chère mère, à la grand'messe, aux prières faites en commun, à ces réunions, à ces joies si douces parce qu'elles sont intimes et pures. Aussi je ne manque pas de dire du fond du cœur : Bonne et sainte journée du dimanche ! Je suis sûr que le bonheur n'y manque jamais, parce que DIEU n'y est jamais oublié. Presque toutes les nuits il m'arrive de rêver de vous. Je fais un petit tour dans la famille, je revois mes amis, et le matin je suis tout en colère contre la *tromba*, qui me réveille bien mal à propos. Il m'en coûte énormément de passer de tels jours dans un corps de garde ; rien de si insipide. Vous arrivez avec les meilleures intentions d'employer utilement votre temps à lire, à écrire, à apprendre l'italien. Bagatelles ! Tout cela tombe devant la réalité d'un affreux cachot, et vous êtes prosaïquement réduit à *blaguer* avec votre sergent et avec vos hommes, quand ils comprennent le français ; à boire, à manger, à tuer le temps.

« Fort heureusement je suis au Colisée ; je ne pouvais mieux tomber. Malgré un froid abominable, j'ai pu prier au pied de la croix pour vous et pour moi, et ma journée s'est trouvée à demi-sanctifiée. Vous étiez, si je ne me trompe, à Tourcoing, jouissant d'un feu pétillant qui ne me ferait pas de mal en ce moment. Je vois le temps où nous ferons nos corvées à patin. Les mains vous piquent tellement qu'on ne peut plus mettre la baïonnette au canon. Tout dernièrement, j'ai *briolé* (glissé) sur la place Saint-Pierre, près des grandes fontaines, ce qui m'a causé, avec une réminiscence du pays, un plaisir extraordinaire. »

Il faut l'avouer, si Théodore a changé, c'est pour se fortifier dans la vertu, et pour traiter le sacrifice, non plus en inconnu à mine austère, mais en vieille connaissance. Le cœur reste le même au milieu des changements survenus dans son entourage : près de lui, en effet, ses amis Crombé et Cordonnier ont de l'avancement, ce dont il se réjouit d'autant plus volontiers qu'il ne désire rien pour lui-même : « Vive Roubaix qui produit des caporaux ! Voilà ce qu'on appelle des galons qui ne sont pas volés ! Aussi nous les avons arrosés hier sans scrupule. Nous sommes convenus de nous payer réciproquement à dîner le jour de notre nomination, et je crois que les fêtes vont se succéder.

« Quant à moi, la barbe, la dégaîne, l'autorité, et ce je ne sais quoi que l'on trouve dans un caporal, me manquent totalement ; je ne saurais punir ni me faire respecter. Ce serait la même chose qu'au patronage de Marcq, lorsque j'avais à diriger une classe de gamins. Notre plus grand bonheur est de nous retrouver ensemble, nous autres Roubaisiens. Si l'un de nous a quelque chose sur le cœur, il l'oublie vite en revoyant les autres. Est-il plus grand plaisir que de causer du pays ? »

Le tour de Théodore arriva, et lui aussi dut entrer dans la voie des honneurs, en gravissant le premier degré de la hiérarchie militaire ; ce fut un vrai chagrin. Passe encore d'être caporal, il en eût pris son parti ; mais les nouvelles fonctions qui lui furent confiées se présentèrent à ses regards sous des couleurs si sombres, que l'heureux soldat de la sixième ne put retenir des doléances amères. On sourit malgré soi en lisant les lignes suivantes, où son imagination accumule Pélion sur Ossa et sur bien d'autres montagnes encore. La folle du logis, si vive chez lui, se met en frais pour grossir les inconvénients à venir, et si elle le trompe, elle lui procure du moins une nouvelle occasion de grandir en mérite.

« Le bon Dieu m'envoie une des plus lourdes croix que j'aie jamais portées. Me voici nommé définitivement caporal, mais je paie chèrement mes galons. Hélas ! on me plante tout crûment au dépôt pour instruire les nouveaux arrivants. Je suis resté étourdi à cette nouvelle. Pour partager ma peine, il faudrait se faire une idée de ma future situation. Figurez-vous une grande et sombre caserne, qu'on appelle Saint-Calixte. Dans l'intérieur, un remue-ménage, une confusion extraordinaire ; cent recrues pas équipées, mal disciplinées, s'agitent sans ordre : il faut voir quels types ! Il s'agit d'instruire tout ce monde à la manœuvre et, ce qui est plus difficile, de le civiliser ; quel amusement ! Deux fois par jour enfoncer dans les têtes, à force de cris, les principes du *Portez armes !* et autres choses aussi intéressantes ! Me voyez-vous en présence d'une vingtaine d'individus véritables habitants de la tour de Babel, avec la tournure que vous me connaissez, ne sachant où cacher mes jambes ni où fourrer mes bras ?

« Et puis, dans l'intervalle, commander des corvées, étudier la théorie, etc... Ce n'est rien encore, mais dans quelle compagnie vais-je tomber ? Ordinairement, on met au dépôt de vieux caporaux abrutis. Quel digne choix d'amis ! Enfin, la principale qualité d'un instructeur est d'être un peu bourru ; je ne me sens pas capable de remplir cette condition. Quant à l'instruction, j'aurais bien plutôt besoin d'être renseigné moi-même que d'instruire les autres ; enfin, lorsque vous avez déjà obtenu quelque petit résultat, tous les huit jours vous arrivent une centaine de recrues, et c'est à recommencer. J'ai peur de voir la théorie étouffer mes affections, ma ferveur, mon faible dévouement. Aurai-je encore le goût de vous écrire ? Plus de messe le matin, il faut y renoncer ; c'est pourtant ce qui me soutenait. Ah ! ce que je redoute, ce n'est point tant la peine, l'humiliation, la privation d'un visage ami ; mais lorsque je me vois si jeune et si exposé, j'ai peur ! Allons, je vous quitte pour aller aux vêpres de Saint-Louis, en union de prières avec vous.

« Lundi matin. Je vous écris avec une paire de galons sur le bras ; cela ne me fait pas tourner la tête, et je vous promets de ne pas être ambitieux. Je n'aurais jamais aspiré si haut, et serais volontiers resté simple soldat de deuxième classe. Enfin j'ai le cœur plus à l'aise. J'ai vu ce matin M. l'aumônier qui m'a encouragé ; mon parti est bien pris. DIEU m'impose cette croix ; je l'accepte. Si je n'envisageais pas cela au point de vue chrétien, j'en aurais la tête perdue ; mais Celui qui m'a soutenu pendant un an n'a point changé. Si les dangers deviennent plus grands, sa grâce sera proportionnée ; si ma vie devient toute matérielle, je m'élèverai par la pensée ; je veux la joie d'une bonne conscience, je veux, dès le principe, me poser en chrétien. Que si, à cause de mon air d'enfant, on ne respecte pas mon autorité, on respectera du moins mes principes. DIEU me veut au dépôt, peut-être pourrai-je lui être utile. Sitôt que mes galons furent attachés à ma veste, mon bon Ange m'inspira une excellente idée : j'allai me prosterner sur le tombeau des saints Apôtres et les leur consacrai. Une chose me rassura surtout : la bonté de mon capitaine, M. Joubert, excellent chrétien, préfet de la congrégation.

« J'ai donc quitté ma bonne vieille sixième qui m'a nourri si longtemps. Que de sujets de reconnaissance ! que d'agréables souvenirs ! Adieu à ma caserne du Vatican, adieu à tous les camarades ! J'ai emporté d'eux le meilleur souvenir, car c'étaient de braves garçons. Je ne crois pas qu'il y ait de compagnie où l'entente soit plus cordiale et plus universelle. Hélas ! tous les vieux piliers, les bases de la sixième, se dispersent de côté et d'autre. Les uns regagnent leurs familles ; les autres, appelés aux dignités, sont nommés caporaux sur tous les points du régiment. Puissent-ils porter avec eux quelque chose des vertus de la sixième ! Pauvre vieille compagnie ! »

Ne croirait-on pas entendre un grognard parler des vieux de la vieille, et rappeler les beaux jours du passé en essuyant furtivement une larme ?

Par bonheur pour lui, Théodore s'était mépris sur les prétendus inconvénients de la vie au dépôt, et cet horizon, si sombre à distance, ne manquait pas de charmes vu de plus près. Parmi les caporaux, on pouvait se faire d'excellents amis. L'un d'eux expiait volontairement au service du Pape les égarements de sa jeunesse : « Il fit une conversion éclatante, ramené par une force invincible au moment où il allait se suicider. Le métier l'ennuie horriblement ; je connais ses luttes et ses sacrifices de chaque jour. Le soir, quand tout le monde dort, il allume sa bonne pipe et nous causons, ou plutôt je l'écoute. Il a un cœur d'or, et m'a souvent parlé de son désir de purifier sa vie dans la pénitence. La Trappe est l'objet de son ambition ; Dieu sait ce qu'il laissera derrière lui d'espérances détruites. »

Autre bonne fortune : au dépôt, les dimanches étant libres de service offraient plus de facilités qu'ailleurs pour faire la part du cœur et de la piété. On devine si le nouveau caporal laissa libre carrière à son âme, afin de savourer à l'aise les joies de la Nativité.

« Le 24 décembre, tandis que de toutes parts s'échappaient des sons joyeux, je pensais à ma chère famille. Je me disais : Demain il n'y aura plus de distance, plus de séparation, mais un seul cœur, une même joie, un égal amour pour célébrer la naissance de JÉSUS-Enfant. Que de messes dans tout l'univers ! que de prières auprès de la crèche ! Noël, c'est la fête du cœur. La nuit aidait à la solennité, une de ces nuits bien froides comme dans notre Nord, un vent glacial, un ciel parsemé de millions d'étoiles. Je crois que ce devait être ainsi à Bethléem. »

Son nouveau poste le ramenait fréquemment sur la place Saint-Pierre, et lui procurait de nombreuses bénédictions de Pie IX. Dès qu'il voyait l'équipage du Pape, il courait se poster sur son passage dans quelque endroit solitaire, afin d'avoir une bénédiction qui fût pour lui seul ; après quoi, prenant le pas gymnastique, il montait les escaliers du Vatican et, tout essoufflé, se mettait encore à genoux devant le Saint-Père : « Je crois qu'ainsi, disait-il, il finira par connaître ma physionomie. » Mais il voulait davantage, et depuis longtemps il sollicitait une audience particulière. La grâce si désirée lui fut accordée comme étrennes de l'année 1868 :

« Je vous apporte une bonne et grande nouvelle, je vous envoie un présent bien précieux : la bénédiction de Pie IX. Réjouissez-vous ! Tous mes vœux et les vôtres sont comblés, j'ai puisé à la vraie source de force, d'amour, de consolation. DIEU est bon, et il m'a obtenu plus que je n'aurais osé ambitionner. Durant dix bonnes minutes je me suis tenu prosterné seul aux pieds du Saint-Père ; j'ai baisé ses mains, j'ai entendu ses douces paroles ; je lui ai parlé avec la même liberté, la même expansion que si j'avais parlé à un père. Oh ! je voudrais pouvoir vous redire tout ce que cet entretien a eu de suave !

« Il y a environ quinze jours, avant la fête de Noël, j'écrivis une lettre à Monseigneur Pacca. C'était peut-être bien téméraire, mais la violence de mes désirs me semblait la meilleure excuse. J'exposai au Cardinal toutes mes raisons ; je lui racontai mon grand sacrifice, la foi ardente de ma famille et son amour pour Pie IX ; j'alléguai ma longue attente, vos exhortations incessantes, mes petits services, ma grande jeunesse, mes luttes, et le besoin que j'avais d'une bénédiction. Enfin je lui disais : Monseigneur, le 26 décembre sera la fête de ma mère ; si je pouvais lui envoyer en cadeau, un petit souvenir et une bénédiction ! Il paraît que la justice de ma cause me rendit éloquent et que je ne trouvai pas un cœur insensible. Cependant les jours s'écoulaient, et je commençais à désespérer, sans cesser toutefois de prier en union avec vous.

« Ce fut hier, 3 janvier, que je fus exaucé. Je n'oublierai jamais cette date. Le matin, à la sainte messe, la pensée d'une audience m'était venue tout à coup ; vers dix heures, comme j'étais tranquillement dans ma chambrée de Saint-Calixte, je vois entrer avec précipitation un de mes amis de la sixième qui s'écrie : Bonne nouvelle ! tu as une audience ! et il me présente le bienheureux billet d'admission. Avec quelle émotion je lus les lignes qui portaient mon bonheur !

« J'eus le temps de faire mes préparatifs et quelques petits achats, tout cela au milieu d'une grande agitation, car je ne tenais plus de joie. Je me disais souvent : Si je pouvais apprendre à mes chers parents que, dans quelques heures, je serai auprès du Saint-Père ! Mon premier soin fut de rendre mes actions de grâces à qui de droit, et de demander en même temps les lumières nécessaires pour cette audience. Vers cinq heures, je montais les escaliers de marbre du Vatican, et, après avoir déposé mon sabre dans une antichambre, je fus introduit dans un salon d'audience, simple et grandiose. On y voyait un beau trône de velours, et en face un magnifique crucifix. Six Zouaves attendaient. Je craignis un moment que notre audience ne fût générale, ce qui m'aurait vivement désappointé ; mais il n'en fut rien.

« Après une demi-heure, qui me parut bien longue, on commença à nous appeler, chacun à notre tour. En écrivant, je ressens encore cette même émotion que j'éprouvais quelques minutes avant l'entretien. Je tremblais comme une feuille, non point de crainte, mais plutôt de joie, car ceux qui revenaient nous disaient : Oh! qu'il m'a bien reçu ! Enfin on appela mon nom ; j'étais l'avant-dernier. Le Monsignor qui vint me chercher sourit avec un air qui semblait dire : Nous nous connaissons ! Il paraissait heureux de mon bonheur. Je traversai un long corridor fort étroit, marchant timidement et avec précaution, car je m'attendais toujours à rencontrer la sainte figure de Pie IX.. Mon introducteur fut obligé de m'inviter à le suivre ; arrivé à un petit appartement qui précédait celui du Saint-Père, je m'arrêtai. Le Monsignor entra seul, échangea sans doute quelques paroles, appela à haute voix : M. Wibaux, et se retira.

« Je fis une prière au fond du cœur et m'avançai. Agenouillé sur le seuil de la porte, je reçus une première bénédiction. Le Saint-Père était assis dans un petit cabinet de travail, devant son bureau. A mon approche, il tendit les mains vers moi en disant : Approchez, mon pauvre enfant. Je lui baisai la main qu'il m'offrit lui-même. Ah ! voyons, de quel pays il est. — Très Saint Père, je suis de Roubaix. — Près de Lille ? — Oui, Très Saint Père, du diocèse de Cambrai. — C'est Monseigneur Régnier ? — Un très bon évêque qui vous a donné beaucoup de Zouaves. — Oh oui ! Puis, prenant la manche de ma veste : Ah! vous êtes caporal ! dit-il en souriant. Alors, m'adressant à lui : Très Saint Père, vous bénissez ma famille, n'est-ce pas ? Si vous saviez combien papa et maman vous aiment, combien ils pensent à vous et prient pour vous ! Il souriait en inclinant la tête : Très Saint Père, j'ai ma grand'mère qui a acheté un très beau portrait de votre Sainteté, et tous les soirs elle vous demande votre bénédiction. A ces mots il me donna une petite tape sur la joue : Ah! je vais vous donner un petit souvenir, c'est l'image de saint Pierre et de saint Paul. Et le bon Pie IX chercha quelque temps sur son bureau : Tenez! — Très Saint Père, je dirai à maman que c'est un souvenir tout particulier que vous lui envoyez ; c'était justement sa fête le jour de saint Étienne. — C'est cela, allons, levez-vous !

« Je pris une grande photographie de Pie IX que j'avais achetée. En dessous j'avais écrit moi-même une demande d'indulgence pour moi, ma famille et mes parents jusqu'au quatrième degré. On me dit qu'il n'accordait jamais que

Théodore Wibaux.

jusqu'au troisième ; mais je laissai la chose avec intention. Avant que j'eusse pu seulement formuler ma demande, Pie IX me la tira des mains et prit la plume : Très Saint Père, lui dis-je, j'ai fait une petite faute ; et je la lui fis remarquer. Oh! ce n'est rien, je corrigerai cela moi-même ; et il lut tout haut la demande. Arrivé au passage, il fit la correction que vous verrez, puis il signa. Tandis qu'il écrivait, je ne faisais que lui répéter : Oh ! Très Saint Père, si vous saviez comme je suis heureux ! quel beau jour pour moi Il souriait en écrivant. Je lui présentai une petite boîte. Ce sont des chapelets, des médailles ? — Oui, Très Saint Père ; et il fit une grande bénédiction. Un Zouave de mon ancienne compagnie m'avait donné *soixante francs à lui remettre ;* je *les déposai sur son bureau : Ce bon Zouave,* dit-il d'un ton ému, je veux bien lui donner aussi un petit souvenir. Il chercha une médaille et n'en trouva plus.

« J'étais toujours agenouillé : Avez-vous des frères et des sœurs ? — Quatre frères et quatre sœurs. Il fit un geste de surprise : Sont-elles mariées ? — Non, Très Saint Père, elles sont encore jeunes. — Ah ! ce sont de petites sœurs ? — Mes frères voudraient tous se faire Zouaves, mais il n'y a pas moyen Cela le fit rire. Ma grand'mère a eu quatorze enfants. — C'est une famille bénie de DIEU, » reprit-il. — Très Saint Père, j'ai bien besoin de votre bénédiction ; j'ai bien souvent mes petites misères : je suis jeune et si exposé ! — Quel âge avez-vous ? — Dix-huit ans et demi. — Pauvre enfant ! — Surtout pour la sainte vertu de *chasteté* j'ai de grands efforts à faire. — Avez-vous trouvé des occasions ? Les Zouaves ne font pas de mauvaises actions, n'est-ce pas ? dit-il avec un air de si touchante bonté. — Oh non ! Très Saint Père, il y a seulement quelquefois des conversations ; vous savez ce que sont les jeunes gens. — C'est cela, dit-il, et il montra la langue, puis il ajouta d'un ton paternel : Avez-vous pris... comment ? (et il cherchait le mot en touchant mon vêtement) votre manteau ? car il fait bien froid. Sur mon affirmation : Allons, je vais vous donner ma bénédiction.

« Il me présenta sa main, que je pris dans les miennes ; j'y attachai longtemps mes lèvres avec amour sans qu'il fît aucun effort pour la retirer. Maintenant, je puis dormir tranquille. Ce fut ma dernière parole. Pauvre enfant ! disait-il, et il me suivit des yeux tandis que je m'éloignais.

« Ceux qui me voyaient passer souriaient de mon bonheur ; moi-même je n'osais pas y croire. Tout le temps qu'a duré l'audience, je me suis tenu agenouillé tout contre le fauteuil de Pie IX, je touchais sa robe blanche, et sa main s'appuyait sur la mienne. Je n'ai rien vu autour de moi, car mes yeux ne pouvaient se détacher de son visage, et je suis sûr que mes regards lui disaient bien ce que mes lèvres ne pouvaient exprimer. Ce bon Pie IX n'a pas cessé de me regarder, il n'a pas cessé non plus de sourire ; il prit aussitôt avec moi l'attitude d'un père vis-à-vis d'un de ses Benjamins, car ses Zouaves le sont tous. Ce n'était plus le pontife, le roi que je voyais, c'était le père. Je me sentais à l'aise et mon cœur débordait ; j'aurais voulu tout dire, m'épancher longtemps, rester ainsi toute ma vie si cela eût été possible.

Pie IX

« Je n'ai pu vous traduire que d'une manière très imparfaite cet entretien. Ces choses ne peuvent se dire ; il faut voir le sourire, il faut voir la grande bonté, l'expression des traits, la sublime simplicité. Je gage que jamais souverain, si grand qu'il soit, n'a obtenu un pareil bonheur ; car Pie IX ne leur parle pas comme il m'a parlé, à moi, pauvre Zouave que je suis. Le plus grand des rois qui demande au plus petit de ses sujets s'il a pris son manteau ! que pensez-vous de cette sollicitude ? Le Saint-Père est trop bon, nous disait un de ses camériers tandis que nous sortions. Moi, je trouve que la bonté est encore l'arme la plus puissante.

« J'ai donc reçu la bénédiction de Pie IX, j'ai obtenu quelques paroles écrites de sa main ; tous mes vœux sont accomplis. Puisse cette bénédiction porter des fruits abondants ! Je veux que cette date du 3 janvier soit le point de départ d'une vie plus détachée et plus généreuse. DIEU a ses desseins ; les événements peuvent se compliquer d'un jour à l'autre. Si nous nous battons encore, je ne crois pas en réchapper. J'ai toujours senti en moi comme l'intime conviction que je ne mourrais pas avant d'avoir vu Pie IX ; maintenant me voici prêt. Si vous saviez, chers parents, combien je suis heureux du bonheur que vous causera cette nouvelle ! Ma pensée ne vous a pas quittés un seul instant près du saint Pontife. »

Grande fut en effet la joie de la famille. Sitôt qu'à Roubaix on eut pris connaissance de la bienheureuse lettre, Stéphane fut chargé de la porter aux parents de Tourcoing. « Bonne nouvelle ! » s'écria-t-il en voyant sa grand'mère. « Quoi ? une lettre de Théodore ?— Oui, une entrevue avec le Souverain-Pontife ! » Et la sainte femme se mit à pleurer de bonheur ! « Il a vu Pie IX ! *Deo gratias !* » Durant le dîner, Stéphane donna lecture des pages venues de Rome, après quoi M. Motte récita tout haut les litanies en actions de grâces.

Touchant détail : le Zouave qui avait fait parvenir soixante francs au Saint-Père par les mains de Théodore était un Français nommé Burel, celui-là même qui, au siège de Rome en 1878, eut la mâchoire fracassée et la langue déchirée par une balle. Un peu avant de mourir, comme il ne pouvait parler, il se fit apporter de quoi écrire et traça ces mots : « Je lègue à Pie IX tout ce que je possède ; » et quand le Pape reçut ce testament tout ensanglanté, il ne put se défendre de pleurer. Des larmes de Pie IX ! n'était-ce pas la plus belle récompense que pût souhaiter la générosité du Zouave ?

CHAPITRE DOUZIÈME. — 1868.

Au théâtre. — Le cœur remis en place. — Brouhaha et recrues. — L'apôtre des conscrits. — Dix-neuf ans. — Les lettres de Théodore. — « Je ne suis pas un saint. » — Willebaud et Henri à Rome. — Naples. — L'art et la réalité.

Quinze jours s'étaient écoulés depuis l'entrevue, quinze jours durant lesquels le caporal avait gardé un silence épistolaire complet. Jamais il n'était resté si longtemps sans donner un signe de vie à Roubaix une note d'amour à sa famille, un regard à sa mère. Que s'était-il donc passé ? Sa candeur ne lui permet pas de rien cacher, sa loyauté dira tout :

« Vous devez être dans un grand étonnement ; d'autant plus que j'ai reçu deux bons paquets de lettres qui méritent bien des réponses. Quand le cœur n'est pas à sa place, il n'y a rien qui marche : adieu affections et souvenirs ! J'ai passé par une bien mauvaise crise, j'ai essuyé de pénibles combats. Enfin le bon Dieu a permis que j'en sortisse victorieux, bien qu'un peu humilié. Pauvre cœur de jeune homme ! Si vous saviez ce qu'il y a en germe de mauvaises passions, de désirs, de vanité dans le mien ! Si vous pouviez comprendre ce que j'ai souffert ! Trois fois j'ai cédé à la tentation d'aller dans un pauvre petit théâtre, qui heureusement n'était pas bien mauvais. On y va pour rire un peu ; n'importe, c'était une lâcheté, car chaque fois j'avais fait à Dieu la ferme promesse de n'y pas remettre les pieds. C'eût été si généreux de résister ! Le théâtre est une de mes grandes envies. Je me suis trouvé assez puni par un malaise intérieur, un grand mécontentement que j'éprouvais de moi-même ; car, à moins d'être blasé ou d'avoir une vertu d'ange, je tiens qu'il est impossible de ne pas emporter de ces représentations un tas de pensées plus ou moins répréhensibles; je priais mal, je n'avais aucun goût à écrire, je m'abrutissais.

« Un brave sergent de mes amis me remonta le moral sans le savoir. Il me parla avec tant de franchise de ses luttes, il me témoigna une vertu si généreuse, un tel épanouissement de l'âme que j'en fus touché. En voyant cette grande tranquillité de conscience qui lui faisait désirer simplement de mourir, je fus honteux de ma mollesse. Je me suis confessé, et j'ai bien résolu d'être généreux dans toute la mesure de mes forces. »

On ne peut s'étonner qu'une franchise si absolue présidât aux rapports du Zouave avec les siens, lorsqu'on voit quels sages conseils elle provoquait de la part de ses parents. Ils savaient que leur enfant n'aurait pas consenti à mettre les pieds dans un théâtre réputé mauvais, ni à entendre une pièce immorale; aussi leur réponse, pleine de douceur, cherche uniquement à remonter Théodore et à le remettre dans la voie des âmes généreuses :

« Cher enfant, je compatis à tes petites misères sans en être étonné ; ces épreuves sont inévitables, elles sont même nécessaires.... Ce n'est pas un grand mal que d'aller au théâtre pour rire ; l'important c'est de ne pas y aller seul et de ne pas se frotter à des personnes suspectes......» Cette direction, qui n'a rien d'outré et qui dilate le cœur en l'excitant toujours au mieux, avait déjà peu auparavant tracé au jeune caporal sa ligne de conduite dans ses nouvelles fonctions au dépôt. Son père lui écrivait de Roubaix : « C'est quelque chose d'avoir tous les jours l'occasion de surmonter ses répugnances, d'acquérir les vertus qui nous manquent.... La nécessité de commander te donnera la fermeté, la vigueur de caractère, l'exactitude en toutes choses. Tu prouveras qu'il n'est pas nécessaire d'être brutal pour se faire obéir, et on distinguera en toi l'instructeur chrétien, ferme pour la discipline mais charitable envers ses subordonnés. »

Aussi, après pareils avis, Théodore s'écriait : « J'ai toujours dit que papa nous traitait comme le meilleur des amis ! Et toi, ma chère mère, quand même je serais Pape, je ne t'oublierais jamais ; ton souvenir exercera toujours sur mon cœur une influence bienfaisante. En pensant à toi, à papa, à la famille, j'éviterai bien des écarts ; mais ce que je déplore, ce que je regrette, c'est l'affection devenue moins vive. Il semble qu'il y ait devant le cœur comme une glace qui m'empêche d'aimer ;

l'âge et la théorie m'enlèvent toutes ces bonnes impressions ; mais rien, je l'espère, n'arrachera de mon cœur le besoin de la prière. »

« La théorie va m'abrutir, » disait-il en entrant au dépôt. Voici une page, écrite à l'occasion de la mort d'une de ses tantes, qui dément cette crainte. Le cœur du neveu y traduit son émotion en accents qui ne semblent guère ceux d'un caporal de semaine, absorbé par les achats de légumes et par le balayage de la caserne : « Mon Dieu ! quel coup dans une famille que la mort d'une mère ! Une mère chrétienne est un ange gardien dont la présence illumine toute une vie. C'est elle qui vous console le mieux, qui devine le plus facilement les besoins de votre âme, qui vous soutient et vous dirige dans la lutte. Je puis bien le savoir, moi qui me trouve si souvent tourmenté par les désirs mauvais. Si mon âme ne trouve plus de prière, elle puise sa force dans le souvenir. Aussi je plains ces pauvres petits enfants privés d'une si puissante impulsion ; et puis à cet âge on a besoin d'amour ! »

Durant les premières semaines de 1868, Rome eut lieu de se réjouir et d'espérer en voyant les centaines de volontaires qui accouraient se ranger sous l'étendard pontifical, attirés de tous pays par l'espérance d'un second Mentana. Pour les belles âmes, la perspective du sacrifice est irrésistible ; le sang des martyrs est un aimant auquel se laissent prendre les cœurs trempés en Dieu. La France, la Belgique, la Hollande surtout étaient inépuisables. « On se demande si tout ce que ce petit pays contient de catholiques n'est pas au service du Saint-Père. » Cent cinquante Canadiens, tous jeunes gens de choix, traversèrent l'Océan et furent reçus magnifiquement à Rome ; d'autres suivirent bientôt leur exemple. Au milieu du brouhaha causé par ces arrivées, les chefs du dépôt devaient équiper et caser les nouveaux venus, faire face à tout, rester calmes dans l'agitation commune ; bon gré mal gré, Théodore était contraint d'apprendre à pareille école l'art de s'expédier, art difficile pour une nature indépendante et idéaliste comme la sienne.

Mais aux ennuis de pareil métier il y avait une ample compensation ; parmi les recrues, en effet, les occasions de faire le bien étaient multiples, et le jeune caporal n'hésita pas à mettre ses galons au service de son zèle. Il indiquait à ses subordonnés le logement de l'aumônier, leur apprenait l'existence de la Conférence et de la Congrégation, et le dimanche, après les avoir conduits aux vêpres des Zouaves, il servait de guide aux camarades désireux de savourer les parfums de Rome chrétienne. C'était charmant, au son de l'*Angelus*, de voir le caporal donner l'exemple et se découvrir le premier pour saluer la Vierge ; le premier aussi, quand il s'agissait de gaies parties, il déposait sans vergogne son sabre et sa dignité pour jouer à cache-cache dans les recoins du vieux cirque de Romulus, bien étonné sans doute de voir ces paisibles gladiateurs s'amuser à si bon marché. Le soir, de retour dans la chambrée, il récitait à haute voix la prière au milieu d'une trentaine de conscrits : « A la bonne heure, caporal ! disaient les hommes en lui serrant la main, de cette façon nous ne l'oublierons plus. »

On comprit tous les services que pouvait rendre un pareil apôtre ; aussi le 2 février, fête solennelle pour la Congrégation, Théodore fut-il promu aux honneurs : on le nomma conseiller. « Je préfère ce titre à celui de caporal. On a pensé sans doute qu'étant au dépôt j'étais plus à même de rendre quelques services. »

Peu de jours après, il écrivait à l'occasion de l'anniversaire de sa naissance : « Dix-neuf ans ! Et dire qu'avec cela j'ai la figure et surtout le caractère d'un véritable enfant ! Je ne tiens du jeune homme que par les défauts ; j'en ai tous les caprices et toutes les passions ardentes. Comme je suis drôlement bâti, et qu'il serait difficile de trouver un caractère aussi étrange que le mien !... Je voudrais que vous me pussiez voir. Je porte glorieusement sur ma poitrine la croix de Mentana. C'est que j'en suis fier, et mon petit ruban bleu et blanc me rappelle mes victoires du collège. Je vous envoie celle qui m'a été donnée ; j'en fais hommage à mon cher père ; c'est le prix de bien des fatigues. Par le fait même, cette décoration me rend chevalier de l'Immaculée-Conception ; de plus le sénat, dans sa reconnaissance, nous donne le titre et les droits de citoyen romain : *Civis romanus sum !...* »

Un détail des plus instructifs trouve ici sa place au sujet des lettres du Zouave ; c'est en quelques lignes toute une étude de l'âme, c'est la révélation d'un monde connu seulement de ceux qui joignent la modestie à la loyauté, c'est la lutte entre le fils et l'écrivain, entre la franchise et l'humilité, ce sont enfin les craintes d'en avoir trop dit succédant brusquement à l'abandon qui ne déguise rien. Depuis 1868 les années se sont écoulées, et la correspondance de Théodore est restée jeune, alerte, vivante comme au premier jour ; pareil style ne vieillit pas plus que les sentiments auxquels il sert de parure. Qu'il raconte ou qu'il s'accuse, qu'il parle piété ou affection, bataille ou corvée, on aime, à travers la limpidité de sa phrase, à lire jusqu'au fond de son cœur. Et puis, quoi de plus beau que cette lutte intime entre DIEU et sa créature, qui se fait jour dans ces pages charmantes ? Prévenances tendres d'une part, générosité de l'autre ; travail de la grâce et combats incessants contre la nature, qui entretiennent l'humilité et sa sœur la prière au cœur du jeune homme désireux de rester pur. Si les fragments des lettres de Théodore ont encore aujourd'hui le don de nous captiver, malgré le temps et la distance qui en ont détruit l'actualité, on devine l'intérêt qu'elles faisaient naître aux premiers jours, lorsqu'elles étaient l'écho des faits de la veille. Leur arrivée à Roubaix était une sorte de petit événement ; on en prenait copie, on se les passait de mains en mains ; les parents, les amis ne voulaient perdre aucun de ces morceaux délicats, et le cercle des lecteurs allait s'élargissant.

L'auteur eut vent de la chose ; le voilà qui s'alarme et qui s'en ouvre aux siens avec une simplicité d'enfant, avec un ton de sincérité qui montre éloquemment combien il redoute de poser pour la galerie. « On ne perd jamais à parler franchement, et à vous je puis tout dire. J'ai certain soupçon : c'est que mes lettres courent un peu trop de côté et d'autre, et cette pensée est propre à me rendre moins expansif. Cela me ferait une grande peine d'apprendre qu'elles sortent de la famille. Mes lettres sont l'expression de mon cœur, et fort souvent des sentiments que je voudrais avoir. Parfois le désir de certaines impressions, de certaines pensées, me fait parler comme si je les avais. Je me fais dix mille fois meilleur que je ne suis pour m'exciter à le devenir davantage. J'émets une quantité d'appréciations tout à fait personnelles sur les choses et sur les individus qui peuvent être parfaitement fausses ; je ne me gêne pas en pensant que c'est à vous que je parle. Pardonnez ma franchise, et soyez sûrs qu'une correspondance est d'autant plus agréable qu'elle est plus intime. »

Cet aveu ne suffisait pas encore. Il revient sur le même sujet, voulant ouvrir son cœur tout entier à son frère et conseiller Willebaud. Les amis de la famille, les parents venus à Rome, les camarades du régiment qui étaient allés en congé dans le Nord, avaient eu connaissance de ses lettres. On n'avait pu s'empêcher d'en admirer le fond et la forme, et, soit politesse mal placée, soit malin plaisir de faire rougir l'auteur, on ne se faisait pas faute de lui parler de sa correspondance. Pour les Zouaves surtout, quelle bonne aubaine de le taquiner à ce sujet et de redire sans cesse en conversation : « Oh ! toi qui es un saint !... »

Pauvre Théodore ! percé à jour, désolé d'être coté à son avantage ! « J'accepte en riant, écrit-il à son aîné, une plaisanterie souvent répétée, mais au fond je dévore l'humiliation. Ceux qui me jugent sur mes écrits se trompent étrangement et m'attristent. Je m'adresse à toi parce que tu me comprendras, et si tu me trouves ridicule, tu seras indulgent. Tu sais le grand nombre de lettres que j'ai écrites, souvent par besoin, quelquefois par un sentiment de fidélité à ma promesse. Ai-je toujours été sincère ? Ces accents qui sortaient de ma plume, étaient-ils vraiment les accents de mon cœur ? N'étaient-ils pas plutôt fruit d'imagination et de jeunesse ? Mes lettres, paraît-il, exprimaient les plus beaux sentiments ; ceux qui les ont lues me le répètent à plaisir, abusant, sans trop de délicatesse, d'une indiscrétion malheureuse.

« Me voyant ainsi jugé et connaissant mon indignité, je me suis pris à douter de ma franchise, j'ai eu peur d'avoir faussé mes sentiments, et plus d'une fois j'ai confié à Dieu mes scrupules et mes tristesses. N'ai-je pas manqué de sincérité ? Je rejette loin de moi cette décourageante pensée. Je veux plutôt croire que cette ferveur exprimée dans mes écrits était une grâce pure et passagère de Dieu, grâce que je recevais en saisissant la plume et que je perdais trop vite en la déposant. Je parlais avec conviction un langage peu en rapport avec ma propre conduite ; j'exprimais des sentiments qui n'étaient que des désirs, mais désirs si sincères que je les prenais pour réalité. Non, jamais l'espoir de passer pour vertueux n'a inspiré aucune de mes lignes. Dieu se sert des plus faibles instruments pour faire le bien. Cette assurance me fortifie. »

Et comme il était question de demander un congé qui lui permît de revoir Roubaix et sa famille, il termine ses aveux intimes par ces mots : « Avant de paraître devant un monde qui me verra tel que je suis, non point un modèle de vertu, mais un jeune homme imbu de la faiblesse et des passions de la nature, j'ai voulu te confier ces pauvres scrupules. Je m'attends à toutes sortes d'humiliations intérieures, j'accepte tout d'avance. Cet aveu, je voulais le faire à quelqu'un qui me comprît ; maintenant je suis soulagé. Je mets une croix et une pierre sur ces pensées, qui ne sont peut-être qu'une tentation ; désormais je les repousse avec les saintes armes de la simplicité. Pour toi, mon cher frère, ne te souviens de mes confidences que dans tes prières. »

Willebaud, à qui Théodore confiait si fraternellement cette peine d'un nouveau genre, allait se diriger vers Rome avec leur cousin Henri, pour assister aux cérémonies de la Semaine Sainte et chanter en compagnie du Zouave l'*alleluia* de la Résurrection. La douce vie de famille, dont le parfum lointain réconfortait le cœur de Théodore, allait donc renaître pour lui, et cela au sein même de Rome. Il ne se possède plus de joie. Un mois de vraies vacances ! Durant un mois la théorie sera remplacée par les causeries intimes, la caserne par le grand air, l'exercice par les excursions et les voyages ! Dans ce trio joyeux, Théodore remplit l'office de guide et d'interprète. Willebaud est là pour recevoir les confidences de son jeune frère ; il lui donne conseil et lui apprend, par sa propre expérience, comment le jeune homme qui veut être à DIEU doit combattre sans trêve. Intelligence d'élite, esprit cultivé, chrétien fervent, il complète Théodore, qu'il domine par son âge, et par un sens plus pratique des hommes et des choses. Quant à Henri, c'est l'artiste insatiable, le fureteur de musées, l'admirateur passionné de la belle antiquité.

Le soir, afin de ne pas ravir un seul instant à l'intimité, ils couchent tous trois dans la même chambre. Les fameuses batailles à coups d'oreiller, si chères autrefois à Théodore, recommencent comme au vieux temps. « Nos habitudes sont immuables. Will (abréviatif de Willebaud) est pour moi une occasion de chute et me fait retomber dans mon vilain défaut, la taquinerie. Le matin au réveil, toujours le même charivari qui nous faisait hurler des protestations énergiques quand nous couchions à quatre dans le grand dortoir. Cric... crac !... Bien souvent, du sein des couvertures, on entendait la voix lamentable de Stéphane qui réclamait le silence et le sommeil ; puis un concert de trois voix sur des intonations différentes. Ordinairement cela finissait par une paire de mains bien appliquées sur Joseph ou Stéphane, ou par quelqu'un de nous jeté à bas du lit. Maintenant Will est très timide à mon égard. La vue de mon sabre lui fait quelque impression ; du reste il paraîtrait que mes poignets ont acquis de la force. »

Ensemble ils visitent Naples, « Naples au beau ciel bleu tant vanté, au climat qu'on est convenu d'appeler très doux. Nous trouvons en cela que les poètes ont rop écouté leur imagination ; positivement il fait un vent froid, qui ne rappelle pas les tièdes zéphyrs. Je n'ai pas à me plaindre : étant un peu cuirassé par tant de nuits passées à la belle étoile, je savoure tout à mon aise les délices d'un splendide panorama. La liberté est mon bien, et, oublieux de ma dignité ancienne, je n'ai plus qu'à jouir en compagnie de deux excellents amis. »

Malgré les visites aux ruines, aux sites enchanteurs et aux musées, malgré la fatigue physique et intellectuelle inhérente à ces va-et-vient, Théodore, fidèle à son passé, ne voulait pas jouir de son bonheur en égoïste. N'était-ce pas à ses parents qu'il devait la présence de son frère bien-aimé ? et comment les remercier plus pratiquement qu'en leur faisant part des joies et des impressions de chaque jour ? Les pages se succèdent nombreuses sous cette plume qui ne connaît pas la fatigue, car c'est le cœur qui dicte ; tout est raconté, tout est décrit : Pompéï, le Vésuve, Caprée, avec leurs accessoires de voitures boiteuses, de mendiants insolents, de disputes avec les guides et les aubergistes. Les souvenirs classiques sont évoqués et rajeunis ; on ne manque pas de saluer au passage le tombeau de Virgile, « ce vieil ami de l'enfance. Il est enterré à l'endroit même où il a composé les Géorgiques. Le malheur est que la poésie vient toujours se heurter à la vulgaire réalité d'un ou de plusieurs gardiens, qui vous scient avec leurs demandes importunes. »

De retour à Rome, les voyageurs continuent leurs explorations, toujours égayées par le contraste même que présentent les caractères de chacun : « Henri est d'un zèle désespérant ; lorsqu'il se trouve au milieu des chefs-d'œuvre, il est complètement détaché de ce monde. Will n'est pas aussi généreux. C'est très comique de le voir une fois passé certaine heure ; sa figure s'allonge, ses yeux se creusent, il n'est plus à son affaire. Nous devinons bien vite sa maladie : pauvre garçon, comme il a faim ! »

Et jusqu'où ne va pas l'amour de l'art ? Ils visitaient l'église d'un couvent où s'étale une fresque célèbre. Hélas ! un grand voile couvrait la peinture, car on était en Semaine Sainte. « Tandis que nous faisions un acte d'adoration, Will et moi nous entendons derrière nous un grand tapage. En nous retournant, nous apercevons mon Henri en contemplation devant la fresque. Emporté par son amour de l'art, il avait tiré la toile, qui s'était bruyamment détachée par le haut et était tombée tout entière. Un fou rire nous prend. Nous n'eûmes que le temps de déguerpir prestement, la main sur la bouche, et quand la Sœur portière eut refermé la porte derrière nous, il était temps, nous allions éclater devant elle ! »

CHAPITRE TREIZIÈME. — 1868.

Lorette et Castelfidardo. — Mois de mai à Rome. — Caporal et sergent. — Notre-Dame des Mères. — Caserne Saint-Augustin. — Nouveau gite. — Souvenirs de la première Communion. — Fête-Dieu.

Les plus beaux jours ont leur couchant ; déjà les voyageurs faisaient leurs paquets pour prendre le chemin du retour. Du moins une dernière joie est réservée à Théodore, car il doit les accompagner jusqu'à Lorette. « Je n'espérais nullement pareil bonheur ; je le dois à la Vierge. Voilà cent permissions successives que je réclame et qui me sont accordées avec une indulgence que je ne m'explique pas, cette dernière surtout. Je me suis hasardé difficilement à la demander, sans l'espérer le moins du monde ; aujourd'hui j'ai mon passeport en règle. Je veux faire ce voyage en pèlerin ; je prierai le bienheureux Labre de m'accompagner, lui qui faisait la route à pied, un peu moins commodément que nous.

« Henri et Will ronflent : c'est leur dernière nuit à Rome. Adieu petite chambrette, adieu douces soirées, chers amis, vie insouciante ! que la volonté de Dieu soit faite ! »

La première visite des voyageurs fut pour la patrie du Séraphique François. « Le ciel est tout parsemé d'étoiles ; nous gravissons la colline sur laquelle Assise répand ses parfums de sainteté... quelle fraîcheur délicieuse ! Le lendemain matin, les petits oiseaux chantaient : ce sont peut-être les descendants de ceux à qui s'adressait saint François...... Avec Will nous récitons le *Gloria Patri ;* je me souviens que, le dimanche, papa nous réveillait avec cette prière. »

Les touristes avaient hâte d'arriver à Lorette ; il faisait nuit lorsqu'ils descendirent dans la sainte cité. « Une dernière fois nous disons en commun cette bonne

Église de Lorette Santa Casa.

prière du soir de la maison où chacun avait sa part. Ici à Rome, avec Will, c'est toujours moi qui récitais le *Pater* pour la Propagation de la Foi, comme si je n'en avais jamais perdu l'habitude.....

« Le lendemain matin, nous nous acheminons vers la *Santa Casa*. Nous entrons, et sous la coupole nous apercevons, revêtue d'une blanche parure de marbre, la sainte maison de la Vierge. La vénération des siècles a tracé tout autour un large sillon, creusé dans le marbre par les genoux des pèlerins. Nous pénétrons dans l'intérieur de la *Santa Casa*, unis à la foule des pontifes et des saints qui, comme nous, y vinrent s'agenouiller. Nous nous prosternons, nous baisons ces murs vénérables. Oh ! s'ils pouvaient parler, quel langage suave ils nous tiendraient ! Ils ont entendu l'*Ave Maria* de l'Ange, ils ont vu le trouble de Marie et son humilité. Ici JÉSUS vécut trente ans dans l'obéissance, *erat subditus illis*, savourant par avance les amertumes de sa Passion. Que de merveilles ! que de souvenirs !

« Ah ! j'ai pensé à vous dans cette pieuse maison, à mes frères et sœurs, à mes amis, à ma famille. Confiant dans cette grande miséricorde de Marie qui éclate ici davantage, et fort des miracles passés, j'ai exposé à ma Mère mes besoins et mes désirs. En recevant la sainte Communion je songeais aux vaincus de Castelfidardo ; ils ont eu le bonheur, dans leurs souffrances, de pouvoir jeter des yeux d'amour sur cette maison de leur Mère qui fait penser au Ciel, et de mourir dans son temple en l'invoquant !

« Nous disons adieu à la *Santa Casa*, nous descendons la colline ; voici le champ de bataille de Castelfidardo. Le dôme de Lorette apparaît toujours resplendissant. Arrivés à la station, il nous reste une heure de temps. Will et moi nous nous promenons, bras dessus bras dessous, nous causons une dernière fois intimement. Je n'oublierai jamais cette conversation à travers les beaux sentiers de la vallée, en présence de Notre-Dame de Lorette qui nous écoutait. Puis j'ai embrassé mon cher Will pour la dernière fois, j'ai vu partir le wagon qui l'emportait vers la France. Tandis que le train s'éloignait, nous nous sommes lancé un dernier adieu. Je n'étais pas trop triste, parce que je le voyais encore ; mais c'est quand on regarde autour de soi sans apercevoir de visage ami qu'on a besoin de tout son courage. Je me suis dit : J'irai passer une journée de plus à Lorette ; là je trouverai la Madone à qui je raconterai mes peines ; elle me consolera. J'irai revoir la plaine de Castelfidardo et la sépulture de mes amis ; je puiserai du courage en m'agenouillant sur la terre qui les recouvre......

« Me voici ! J'ai entendu ce matin la messe dans la maison sainte où s'accomplit l'ineffable mystère de l'Incarnation. J'ai songé au *Fiat* de la Vierge, et je l'ai répété avec elle. Je me suis senti heureux d'offrir à Marie l'hommage de cette séparation. Maintenant je vais trouver mes chers martyrs ; j'ai tant de choses à leur dire. A ce soir !...

« J'ai visité avec amour le champ de bataille, j'ai prié, j'ai vu l'arbre tout criblé de balles sous lequel Pimodan reçut le coup mortel, la ferme des Crocettes, où une vingtaine des Zouaves tinrent en échec toute l'armée piémontaise. Le général Cialdini ne permit pas aux prisonniers de venir reconnaître les dépouilles de leurs camarades ; il fit creuser une fosse, et les morts y furent ensevelis pêle-mêle, sans aucune dis-

Champ de bataille de Castelfidardo.

tinction. Heureusement on sait où ils sont ; rien de plus simple et de plus touchant que leur tombe : un carré de terre, dans un champ cultivé, au bord d'une roche. Les paysans, par respect, n'y font point passer leur charrue. Au milieu de ce carré, un morceau de bois qui était autrefois une croix ; ceux qui viennent y prier ne manquent pas d'en emporter des parcelles comme des reliques. Vous devinez quels furent mes sentiments sur cette terre bénie. J'ignorais les noms de ceux qu'elle recouvrait, mais j'avais la douce certitude qu'ils pouvaient m'entendre.

« Combien est différente l'impression que l'on ressent près de la sépulture des soldats piémontais ! Comme pour les Zouaves un lambeau de terre, au milieu un reste de croix ; personne n'y vient prier ; il semble que ce soit une terre maudite. A côté, sur une petite éminence, quelques pierres taillées en pyramide avec des inscriptions funéraires, vain projet de monument ! L'argent manque, le temps a déjà détruit quelques pierres, c'est le châtiment de la Providence. J'ai prié aussi sur cette tombe, car dans la mort il n'y a plus d'inimitié.

« Mon cœur de chrétien et de Zouave trouve ici des jouissances incroyables. Ma chambre domine les collines et le champ de bataille. Hier soir, c'était une véritable tempête : de gros nuages sombres, un vent qui agitait ma fenêtre par de violentes secousses, une obscurité profonde. Je me mis à examiner cette plaine, et mon âme, dominée par la pensée des morts, était saisie d'une religieuse terreur ; mes yeux s'efforçaient de pénétrer à travers ces ténèbres ; il me semblait que j'allais voir s'échapper du sein des collines quelque apparition, ou entendre quelque grande voix au milieu du silence de la nuit. Aujourd'hui j'ai admiré le champ de bataille par un soleil resplendissant. Cette beauté tranquille et douce fait songer au ciel ; rien de si riant que cette campagne de Lorette ; c'est bien le pays de la Vierge. J'ai vu un admirable coucher de soleil sur l'Adriatique et la vallée du Musone ; la lumière s'est éteinte peu à peu derrière les Apennins. J'ai songé au soir de la bataille, j'ai dit ma prière à la fenêtre, les yeux tournés vers la sépulture des Français, comme on les appelle ici.

« En chemin de fer. — Le souvenir de mes amis me poursuit partout ; ne croyez pas que j'en sois attristé et que je maudisse cette vapeur qui m'emporte rapidement vers une réalité pleine de contraste avec le beau rêve de ce mois. Je me complais dans ces retours vers les plaisirs passés ; cette sorte de tristesse me fait bien, car elle me porte à la prière.

« Rome, 1er mai. Union de prières surtout à l'entrée de ce beau mois d'amour Retrouvons-nous tous aux pieds de la Vierge, épuisons toutes les richesses de sa miséricorde. J'ai l'intention de passer le plus saintement possible ces jours de grâces ; je sais que tout ce que je ferai au nom de Marie me sera largement rendu. Je ne retrouve pas les parfums dont mon cœur était autrefois embaumé. Est-ce un effet de l'âge ? En tous cas, je fais facilement le sacrifice des impressions pourvu que la ferveur y soit. Demain, les amis reverront la patrie et la famille. Après deux mois d'absence, on peut déjà apprécier le bonheur de la maison paternelle ; que serait-ce au bout de deux ans ? On causera beaucoup du Zouave et des plaisirs communs ; Will pourra dire que je n'ai pas encore perdu votre souvenir, qu'à l'aide de vos prières je me maintiens assez, malgré la faiblesse de ma volonté ; il vous dira que je suis loin d'être un vrai soldat du Pape, mais que je désire le devenir.

« O beaux jours trop rapidement écoulés ! Ce n'est plus pour moi qu'un rêve ! j'ai été jeté par une brusque transition d'une atmosphère d'heureuse liberté au milieu des fonctions de caporal de semaine, ce qui signifie une consigne de huit jours. Je n'ai qu'à me féliciter de la chose ; de cette manière, je suis entré de plein pied dans le service, rompant nettement avec le passé.

« Ici, j'ai vingt occasions par jour de penser à mes amis. Dans une rue, devant un monument je me dis : Voici une chose que j'ai vue pour la dernière fois en leur compagnie. J'ouvre mon agenda, je consulte la date, je lis le court exposé des faits. C'est ainsi que le souvenir entretient longtemps dans les cœurs les plaisirs qui ne sont plus.

« Nous faisons le mois de Marie régulièrement tous les soirs ; c'est un de mes grands bonheurs. Quand les occupations sont achevées, quand cessent les bruits du jour, nous nous retrouvons réunis aux pieds de la Vierge ; nous chantons des cantiques à pleine voix, et nous recevons la bénédiction du Saint-Sacrement. En présence d'un avenir incertain, quoi de plus consolant que ces hommages et ces prières ! L'an dernier, le lieutenant Guillemin touchait l'harmonium durant le mois de Marie ; il le célèbre maintenant au ciel. »

Théodore était caporal depuis cinq mois, lorsque, à sa grande stupéfaction, ses galons de laine furent remplacés par les galons d'or ; mais, pour payer cet honneur, le sergent fut envoyé à un quatrième dépôt qu'il s'agissait de créer : « Je tombe de Charybde en Scylla. Maintenant, c'en est fait pour le restant de mes jours, je suis destiné à faire un de ces vieux abrutis d'instructeurs qui ne parlent que par la théorie. Et pourtant, si l'on venait à se battre, quel malheur de se voir forcément enfermé entre les murs d'un dépôt ! Le plus beau, c'est que j'ai été demandé par le capitaine de cette nouvelle compagnie, à qui je n'ai jamais parlé. Quand il verra ma profonde incapacité, il s'en repentira bien. A la grâce de Dieu ! J'ai déjà fait hommage de cette dignité à N.-D. des Mères. Priez pour que je n'aie point de vanité et que j'accomplisse fidèlement mon devoir. Je me réjouis de cette promotion plutôt pour vous que pour moi. »

Comme toujours, le passé inspire à Théodore quelques regrets : on sait ce que l'on quitte, sait-on ce que l'on va trouver ? Caserne, chefs, camarades, autant de questions incertaines, autant d'épouvantails qui se dressent au loin comme de redoutables fantômes. Mais, par bonheur, tout s'arrange à souhait ; décidément Théodore est l'enfant gâté de la bonne Providence.

« Me voici dans une assez jolie chambrette du troisième étage, en compagnie de quatre confrères excellents camarades. L'un d'eux, vieille barbe et front chauve, est un ancien Zouave d'Afrique, qui porte glorieusement sur sa poitrine cinq ou six médailles. Un second a fait la campagne d'Italie ; les trois autres sont de jeunes imberbes qui n'ont essuyé que le combat de Mentana, et s'en rapportent volontiers à l'expérience des anciens. Nous faisons tous bon ménage ; point de conversations mauvaises, gaîté cordiale, je ne pouvais désirer mieux. J'ai donc franchi ce passage si terrible du caporalat, qui a été embelli pour moi par de bons amis ; je n'ai que des actions de grâces à rendre.

« Les galons vous transforment complètement un homme. Cette rangée de boutons au milieu du gilet, cet or sur les bras, cet or sur le képi, vous donnent un certain air coquet, fussiez-vous la veille le plus abruti des caporaux. Vous jouissez, étant sous-officier, d'une foule de privilèges qui vous rendent la vie heureuse. Aussi la transition est-elle brusque ; il n'existe point d'aussi triste métier que celui de caporal, véritable bête de somme dont le dos doit plier complaisamment à toutes les exigences ; car c'est toujours à lui qu'on s'en prend : responsable de sa chambrée, responsable de la tenue de ses hommes et de mille choses qui sont, pour le malheureux, un sujet de continuelles inquiétudes.

« Le sergent, plus renfermé dans sa dignité, n'a plus avec les hommes que des rapports assez indirects et agit par l'organe des caporaux ; si quelque chose cloche, c'est le caporal qu'il punit. Le sergent est aux soldats ce que le brigadier est aux gendarmes : *Brigadier, vous avez raison !* Quand il parle, on fait silence, on s'incline. Entouré de la vénération publique, il impose facilement son opinion aux pauvres mortels éblouis de son éclat. Quand paraît le sergent, les discussions cessent ; on lui soumet les questions litigieuses, son avis résume tous les autres, sa parole est sacrée, inviolable comme sa personne : Le sergent l'a dit ; c'est le *neç plus ultra* des bons motifs. »

Près de sa caserne, le nouveau gradé retrouve sa chère église St-Augustin. « A droite du grand portail, assise sur un trône de marbre, tenant dans les bras l'Enfant Jésus, une Vierge merveilleuse resplendit de l'éclat des pierreries. A la fois majestueuse et douce, elle semble une reine et une mère. Son front couronné est plein d'une souveraine beauté. A chaque heure du jour une foule recueillie assiège son trône d'amour : c'est la Madone des Mères. Les malheureux, les estropiés, les vieillards, les petits enfants, viennent baiser son pied. Plusieurs se signent le front de l'huile qui brûle en son honneur. La place manque pour les dons de la reconnaissance, tant sont nombreux les prodiges de sa grâce. C'est ma Vierge à moi, celle que j'invoque avec le plus de confiance et d'amour dans mes besoins. Je vais la trouver, je lui soumets mes désirs, mes agitations ; un attrait puissant m'attire vers elle.

« Et puis cette caserne n'est pas pour moi une maison étrangère ; ces murs, cette cour, cette fontaine ne me sont pas inconnus. Ici tout me rappelle les souvenirs les plus émouvants de ma vie militaire à notre retour d'Albano. Lorsque je monte ces larges escaliers, il me semble entendre encore les cris : *Aux armes !* lugubrement répétés. Combien de fois le signal d'alarme a-t-il retenti dans cette caserne ! Alors chacun prenait son sac à pain, ses cartouches, sa carabine ; c'était à qui descendrait le plus vite, tout cela au milieu des clameurs et du cliquetis des armes. Nous sortions peut-être pour ne plus revenir. Nous défilions fièrement dans les rues, la tête haute ; elle était bien belle alors la sixième ! Une grande partie de la noblesse s'y était groupée ; sans vanité, c'était la plus crâne compagnie du régiment. Le jour, je faisais une échappée bien courte aux pieds de la Madone ; il y avait défense de sortir : moi, je connaissais une petite porte qui menait à l'église par le couvent ; ce n'était point l'affaire des Pères, mais on ne demandait pas leur avis.

« Je n'étais pas entré à la caserne St-Augustin depuis ce temps mémorable. Je voulus revoir seul mon ancienne chambrée ; je retrouvai avec plaisir mon nom, inscrit de mes mains au-dessus de mon lit ; plus loin celui de mes camarades ; nous nous réunissions le soir dans ce coin pour causer. Le plus petit souvenir est toujours bien reçu dans mon cœur. Je voudrais vous écrire bien longuement, mais je ne suis pas en excellentes dispositions ; mon Zouave d'Afrique est à raconter ses campagnes : le moyen de ne pas l'écouter ! »

Mais à peine installé à St-Augustin, le sergent avec son dépôt dut chercher gîte ailleurs. Plus d'une fois encore il apprendra à ses dépens qu'il ne faut pas trop s'attacher à ce qui change ; une chose du moins ne varie pas chez lui, c'est la joie avec laquelle il répète son refrain : Que la volonté de Dieu se fasse !

« O inconstance de mon cœur ! je suis déjà fou de ma nouvelle caserne ; il faut dire que j'ai de la poésie jusqu'au-dessus de la tête. Figurez-vous une maison blanche, située sur la place du Janicule, au milieu de jardins étagés, enveloppée de tous les parfums. Chaque matin je vois se lever le soleil derrière les montagnes de la Sabine. Pour mettre le comble au bonheur, un de nos jardinets communique avec le potager des bons frères Hiéronymites du couvent de Saint-Onofrio, où se dresse le chêne du pauvre Tasse. Une ouverture a été pratiquée à la haie, et libre faculté est accordée aux sergents d'aller y rêver et méditer à leur aise. Je n'y manque pas un seul jour : le coup d'œil est si ravissant ! Et puis du jardin on va à l'église, et cela sans presque sortir de la caserne. »

Qu'importe le service intérieur qui parfois empêche les libres échappées ! la cage est si belle, accrochée aux flancs d'une montagne boisée ! L'oiseau peut y gazouiller à l'aise, la vue n'est point bornée entre quatre grands murs sombres, l'œil et le cœur prennent un libre essor à travers ces coupoles, au milieu de cette vaste campagne, vers cet horizon de montagnes. « Le soir, je me mets à la fenêtre et je fais ma prière. Rome est magnifique par un clair de lune ; ces teintes si douces lui donnent un air plus majestueux. Aucun bruit n'interrompt le sommeil de la Reine des cités ; elle s'endort paisible au pied de la croix, confiante dans son avenir par la mémoire du passé. Je vois planer sur le sommet du fort St-Ange la grande image de S. Michel, qui veille l'épée dans la main. On dit qu'il la remet dans le fourreau ; je crois bien plutôt qu'il la tire pour la défense de l'Église et qu'il s'apprête à des combats prochains. »

Et, pour conclure cette description enthousiaste de sa nouvelle résidence, pour faire contrepoids à ces élans de jeunesse, Théodore ajoute : « Priez pour moi, chers parents. Trop souvent mes yeux s'obscurcissent au milieu de cette vie matérielle. Je m'accoutume trop facilement à ne plus offrir mes actions à qui de droit, je perds de vue la sereine figure de Pie IX, j'ai peur de devenir trop soldat ; mes craintes sont sérieuses, je vous assure. Quant aux bonnes émotions de la jeunesse, j'ai déjà tout perdu : plus de poésie, plus d'imagination, la théorie a tout étouffé. »

Vrai, on ne s'en douterait guère à entendre les notes si gaies de l'oiseau qui chantait tout à l'heure les beautés de sa cage. Du reste, un peu moins de sensibilité et d'expansion n'entamait pas le fond de la piété ; l'amour pour Dieu, dégagé des consolations plus tendres, gagnait en force sans rien enlever aux pratiques qui sont l'expression de la vraie dévotion. C'est ainsi que l'anniversaire de sa première Communion ne fut pas oublié au milieu des préoccupations du dépôt :

« J'ai reporté mon cœur et mes pensées vers cette petite chapelle où je communiai pour la première fois. Je m'en souviens comme si c'était hier : cette nuit passée sans sommeil avec l'intime conviction que le petit Jésus m'apparaîtrait ; ces émotions qui précédèrent la messe, et ces scrupules d'une conscience trop délicate qui me poussèrent à prendre à part mon directeur pour lui faire l'aveu de fautes oubliées, et dont je ne songerais sans doute plus maintenant à m'accuser ; puis, cette fébrile impatience, ces larmes d'une joie sincère après la communion, cette douce entrevue dans le parloir ! J'ai songé que d'autres pères et mères, d'autres enfants, jouissaient du même bonheur ; j'ai voulu renouveler, ne fût-ce que faiblement, les joies suaves de ce beau jour, sûr d'associer mon cœur aux vôtres dans une même prière. »

Et peu après, la procession de la Fête-Dieu, avec ses splendeurs, provoque sous la plume de Théodore un rapprochement entre le grandiose du présent et les bienfaisants souvenirs d'un passé cher au cœur comme toutes les impressions de jeunesse. « On ne peut rien concevoir de plus imposant : un cortège composé des Ordres religieux, de leurs généraux, des sept basiliques représentées par leurs chantres et leurs chanoines, puis les évêques, les cardinaux, enfin Pie IX agenouillé sur la *Sedia*, tenant entre les mains le Saint-Sacrement. Quelle magnifique cérémonie !

« Cependant, s'il me fallait choisir, je préférerais encore les processions de nos bonnes villes et de nos campagnes. Ces chants, ces chœurs d'enfants et de jeunes filles, ces bannières flottantes, ces reposoirs élevés par la piété, ce concours de tous les gens de bien qui rendent hommage à leur Créateur, tout cela remue plus doucement l'âme. Je préfère le touchant au sublime.

« A Rome tout est grand, comme il convient à la capitale du monde catholique.

A cette source de la religion, les cérémonies empruntent quelque chose de plus divin et d'un caractère plus relevé. Pie IX était absorbé dans la contemplation, ses lèvres remuaient doucement ; il ne levait les yeux que pour les fixer sur le St-Sacrement. Ce jour-là ses mains ne bénissent pas le peuple qui l'entoure ; il cède l'honneur à J.-C. Le voyez-vous, ce vieillard, se rattacher avec énergie à cette Hostie sans apparence comme pour y trouver sa seule force ? Pasteur suprême, évêque des évêques, roi de la catholicité, humilié, anéanti, il me semblait alors la représentation la plus vraie, la plus vivante de la Divinité. »

CHAPITRE QUATORZIÈME. — 1868.

Lecture des modèles. — Manœuvres. — Camp d'Annibal. — Pie IX au camp. — La petite guerre. — Le dépôt à Mentana. — Lutrin et alertes. — Anniversaire de la bataille. — Congé. — Le fils et la mère.

Es fonctions de sergent laissaient à Théodore maints loisirs qui lui permettaient de reprendre et de poursuivre ses études littéraires, forcément mises de côté durant les premiers mois de vie militaire. On pourrait croire, vu sa tournure d'esprit, que les auteurs modernes avaient ses préférences ; il n'en est rien. A part Louis Veuillot, dont il aime la verve et l'originalité, dont il partage l'enthousiasme pour la ville des Papes, il fréquente peu les écrivains du jour.

« J'ai l'esprit tourné aux études sérieuses, j'ai faim et soif de Bossuet, de Bourdaloue, des grands maîtres. J'ai là, sous les yeux, cette petite mais bien précieuse bibliothèque que vous avez eu la bonté de m'envoyer. Bien chers livres, doux présents de l'amitié, soyez les bienvenus ! A peine les ai-je reçus que je les ai déjà contemplés et retournés avec cet amour de l'avare pour son trésor. Mon intelligence n'est pas seulement satisfaite par la prévision d'une nourriture forte et abondante, mais mon cœur se dilate tout entier. Vous savez comme il aime à remonter vers un joyeux passé, et combien il accueille avec joie toute brise émanée de la patrie. Je cherche dans ces pages mes bons souvenirs d'étude et de jeunesse ; chaque ligne apporte son tribut.

« Ici tout marche bien : union plus cimentée que jamais entre MM. les sous-officiers du quatrième dépôt, bonne gaîté ; toujours mêmes inconvénients du service : réveil matinal, fatigue, assoupissement. Ajoutez à cela un véritable fléau qui pèse sur notre caserne : invasion terrible de puces. Nous sommes littéralement dévorés. Une seule consolation nous soutient...... c'est de penser que nous sommes tous dans le même état. Pardon de ces détails. »

Malgré le soleil de juillet, la petite armée pontificale manœuvrait sans relâche. Elle arpentait les routes brûlantes, multipliait les marches, et faisait la guerre en miniature pour se façonner à la guerre en grand. « Je me rappelle, écrit Théodore, cette fameuse objection que papa nous opposait toujours lorsque nous faisions les difficiles : Si vous étiez en Afrique ou en Cochinchine, vous seriez bien contents d'avoir ceci ou cela. A quoi nous répondions invariablement : Mais nous n'y sommes pas. C'est à peu près le raisonnement qu'on nous tient, avec cette différence qu'il ne souffre pas de réplique. Mes chers amis, nous dit-on, d'un jour à l'autre vous pouvez avoir les Garibaldiens sur les flancs ; il ne s'agira plus de vous dorloter entre deux draps. Vous irez à leur rencontre, vous vous battrez, vous ferez de longues étapes, vous dormirez comme vous pourrez ; il est bon, dès maintenant, de savoir un peu comment cela se pratique.

« Pour nous rompre à la fatigue, notre grand lieutenant s'abandonne à tous les caprices de son imagination. Hier, il lui prend fantaisie de nous faire lever à deux heures du matin pour ne rentrer à la caserne qu'à onze heures moins le quart, au moment des chaleurs tropicales. Songez que les hommes portaient leur maison sur le dos avec toutes leurs richesses : cartouches, brosses, sac à pain, etc... Pauvres recrues ! c'était pitié de les voir tirer la langue. Ce matin, même manège ; nous, sergents, qui sommes dispensés du sac, nous mettons nos voix à contribution à défaut de nos épaules, et nous débitons à tue-tête tout notre répertoire de chansons. Rien qui soutienne autant la marche. Un des refrains favoris, c'est la chanson des *Deux gendarmes* ; celle-là, je la chante à pleins poumons, j'en ai la voix à moitié cassée. »

Mais on fit mieux que des manœuvres partielles ; on établit, non loin de Rome un camp où le soldat pût vivre, jour et nuit, de la vie de campagne. L'emplacement choisi avait vu jadis les tentes du général carthaginois, vainqueur de Rome, et en avait gardé le nom de *Camp d'Annibal*, « vaste plateau, vieux cratère éteint, de deux lieues de circonférence, encaissé entre de verdoyantes collines et dominé par le village Rocca di Papa.

« Les tentes se dressent ; les pauvres arbres de la forêt tombent dans la fleur de leur jeunesse ; leurs branches servent d'appuis, leur écorce d'enjolivement. Les Canadiens surtout, en véritable hommes de forêts, se distinguent. Les officiers manient eux-mêmes la hache, et se construisent des gourbis qui rivalisent d'élégance. »

Là, les journées se ressemblent sans engendrer l'ennui ; comment trouver la vie monotone au sein de la belle nature toute baignée de soleil, toute retentissante des échos de la franche camaraderie ? « Que cette vie de famille me plaît ! Le matin, à quatre heures et demie, lorsque les trompettes de toutes les compagnies répètent le joyeux réveil, d'ordinaire si mal accueilli, le cœur s'épanouit avec les premiers rayons du soleil. L'exercice même, — qui le croirait ? — a des

Camp d'Annibal, d'après un dessin à la plume du capitaine de Gouttepagnon.

reflets poétiques. Rien de si beau que de voir nos grands bataillons arpenter la plaine aux divers commandements ; les fusils brillent, la cavalerie galope, la pesante artillerie traîne bruyamment ses canons. Notre régiment déploie avec orgueil ses vingt-neuf compagnies. Notre colonel commande en chef, le lieutenant-colonel de Charette porte sa verve de tous côtés, au grand galop de son cheval. Le soir, la lune vient écouter nos refrains ; quand le jour a disparu, on allume de grands feux et l'on chante par groupes, en diverses langues, les chants de la patrie. La nuit est bien un peu fraîche, il faut l'avouer ; impossible de prendre l'aisance de coudes, et comme je suis d'humeur assez remuante, je distribue dans mon sommeil pas mal de coups de pied à mes pauvres voisins ; c'est toujours très risible.

« Une chose me manque ici : ma messe de chaque matin ; j'en sens vivement la privation. Le dimanche, nous avons messe militaire à laquelle assistent tous les corps d'armée ; cette impression surpasse toutes les autres ; mais cela ne suffit pas ; il me faut un autel et un tabernacle.... Je termine ma lettre, non plus sous les frais ombrages où je m'étais installé : changement complet de tableau ; de gros nuages se sont amoncelés sur le camp, le vent souffle avec violence, nous sommes littéralement dans les nuages. J'ai cherché un abri sous ma tente ; mais quelques gouttes indiscrètes trouvent passage à travers nos toiles pour me rafraîchir. Ce clapotement de la pluie me fait songer à la douceur de l'abri paternel Dans la pleine gaîté, je pense moins à ce que j'ai quitté. »

« Camp d'Annibal, 12 août. — Pourrais-je jamais, bien chers parents, vous raconter notre belle journée du 10 août ? Vers huit heures, nous étions tous sous les armes. Bientôt le canon gronde ; ses roulements, prolongés d'échos en échos redisaient à toutes les montagnes l'arrivée du Saint-Père. Au milieu du camp était dressé un autel tout couvert de tentures rouges. Pie IX commença la sainte messe. Quelle scène majestueuse ! Dieu qui s'immole entre les mains de son Pontife suprême ; les clairons et les tambours qui battent aux champs ; la nature qui participe à la fête en se parant de toute sa magnificence ; au loin, la vaste campagne, Rome et la mer étincelante, ce vieux Mont Albain avec son Olympe, témoin d'une si sublime régénération ; enfin, prosterné sous une double bénédiction, notre régiment avec son drapeau et sa forêt de baïonnettes ! Le Saint-Père prit une légère collation dans une baraque en bois très bien décorée. Pendant ce temps, les chasseurs italiens chantaient un hymne en son honneur ; puis il nous bénit encore une fois, et admit tous les officiers au baisement du pied. Grand nombre de familles romaines étaient accourues pour jouir de la fête. Pie IX commença ensuite la visite du camp, escorté de l'état-major. Il y avait des arcs de triomphe en feuillage avec des inscriptions de circonstance ; entre autres, un vaisseau entre deux gueules de requins, le tout surmonté de l'arc-en-ciel et de la statue de la Vierge, avec son titre d'Immaculée-Conception.

« Rien de si paternel que cette visite ; c'était le vénérable patriarche qui se promenait au milieu de sa nombreuse famille, oublieux pour un moment de ses propres soucis. L'hôpital fut l'objet de sa sollicitude ; les sœurs de Saint-Vincent de Paul et les aumôniers lui en firent les honneurs ; que n'étais-je malade ce jour-là ! Enfin, chose surprenante pour un vieillard de cet âge, il descendit à pied tout le village de Rocca di Papa, et Dieu sait si la côte est raide et les rues rocailleuses et glissantes! Dans l'excès de notre enthousiasme, nous poussions des cris capables d'étourdir les sourds. Il se contentait de mettre le doigt sur l'oreille en riant. D'autres fois il nous faisait taire, et il apostrophait de vieilles femmes en plaisantant, recevait des suppliques, distribuait des aumônes. En vain, par raison ou par force, les bons gendarmes essayaient de nous maintenir ; nous le serrions de près, et quand on nous montrait les nuages de poussière que nos pieds soulevaient, Pie IX disait : Laissez-les, ce n'est rien. Où trouver pareil amour de la part du monarque et de la part de ses sujets ?

« Hier, 20 août, nous avons joué aux soldats comme de véritables enfants. C'est une chose intéressante que la petite guerre : nous avons fait le siège d'Albano, au milieu des curieux accourus pour jouir du spectacle. De grand matin nous levions le camp, et les divers bataillons se dirigeaient par toutes les routes contre la malheureuse cité. Castelgandolfo, Ariccia et plusieurs positions élevées sont d'abord emportées d'assaut. Le canon gronde avec furie au-dessus du lac. Une première fois vainqueurs, nous traversons le front haut les rues de Castelgandolfo, puis nous nous déployons en tirailleurs. La fusillade fut vive : c'était un vacarme infernal. Heureusement, au milieu de tout ce tapage on n'avait pas à entendre les cris déchirants des blessés. Bref, après une demi-heure d'opiniâtre résistance, la ville se rendit, ou plutôt nous entrâmes à l'heure fixée. Il serait à souhaiter que toutes les victoires coûtassent aussi peu de larmes et de sang. En hôtes galants, les Albanais avaient rempli leurs *trattorie* de vivres pour les vainqueurs, et après le coup de feu ce fut le coup de fourchette.

« Je ne vous écris pas longuement, car je suis de semaine. Les tracas sont ici beaucoup plus nombreux ; il s'agit d'être attentif ; on reçoit des jours de salle de police aussi facilement que des bonjours, sans savoir d'où cela vient. Nous ne tarderons pas à quitter le camp ; les nuits deviennent tellement froides qu'elles font songer à la campagne de Russie. Mercredi nous guerroyons de nouveau ; s'éreinter sans gloire, il n'y a pas de plaisir !...... »

« Mentana, 17 septembre. — Je suis à Mentana, au milieu de charmants coteaux couverts de vignes et de petits bois ; viennent les vendanges, je vivrai au milieu des raisins. De ma chambre, une jolie chambre, ma foi ! on entend chanter les coqs et l'on voit le coucher du soleil. J'assiste à ces fêtes de la nature, je visite le champ de bataille et je recueille mes souvenirs : ils ne sont point gais, mais ils font toujours bien à l'âme. Hier nous nous sommes assis à l'endroit des meules : on ne voit plus que les perches ; rien n'a été changé, le sol est encore imprégné de sang.

« Notre caserne est d'un aspect pittoresque, flanquée de tours rondes avec un portique de mine assez orgueilleuse ; l'église est voisine, simple comme les plus simples églises de village, mais ouverte de la première heure du jour jusqu'à la dernière. Que faut-il de plus ? Nous vivons en famille, sans cérémonie ; l'union se cimentera, je l'espère, avec l'intimité. Nos officiers sont très complaisants et les hommes pleins de bonne volonté, presque tous Français et Canadiens. Notre dépôt a déjà une bonne réputation solidement établie ; pendant toute la durée du camp il n'a reçu que des félicitations. Ne craignez pas que nous perdions ici notre temps dans une maudite oisiveté : nos chefs prennent le soin de nous éviter cet écueil en multipliant les théories et les manœuvres. »

Après l'exercice, il restait encore à notre sergent bien des heures libres. Que faire à Mentana ? On ne pouvait toujours arpenter les chemins, et devenir un pilier de café n'était nullement du goût de Théodore ; sans doute il n'était pas homme à dédaigner un bon morceau, et à l'occasion il savait comme un autre prendre sa part d'un joyeux repas ; mais une fois son appétit satisfait, il restait inébranlable devant toute sollicitation d'accepter ce qu'il regardait comme superflu, ne fût-ce qu'un verre de vin. Ses livres du moins étaient là pour occuper ses loisirs. « Une fièvre d'étude s'est emparée de ma jeune tête et ne la quitte pas ; c'est une réaction puissante. Parfois je me dis bien : A quoi bon lire et étudier ? » Mais n'est-ce pas déjà un gain réel d'avoir combattu l'oisiveté et d'avoir empêché l'intelligence de s'étioler au milieu d'une vie matérielle ? Le contact des auteurs sérieux donnera encore plus de souplesse et de variété à son style déjà si français, en même temps qu'il préservera son âme du terre-à-terre, fruit trop hâtif, hélas ! de la vie de garnison. Au milieu de sa chambrée, il a une grande table où sont ses livres, où il s'installe et où il étudie, tandis que les camarades font vacarme, « car de quel droit imposer silence, et comment s'y frotter sans être accablé d'une foule d'invocations à la liberté de parole et d'action ? »

Plusieurs Zouaves, Théodore en tête, imaginent d'instituer une société chorale ; durant la grand'messe du dimanche, ils se massent autour du lutrin et chantent de tout cœur, et à plein gosier, la *Royale* de Dumont, « au grand ébahissement des paroissiens et au contentement manifeste du curé. » Ceux qui avaient été infirmiers ou soldats, suivant les circonstances, pouvaient-ils s'effrayer du rôle de chantres de paroisse ?

Pour rompre l'uniformité des nuits, on avait parfois de fausses alertes, durant lesquelles on s'en allait, à pas de loup, à la rencontre d'ennemis invisibles, marchant indéfiniment à travers les ténèbres et les inquiétudes. « Mes hommes sont des recrues qui n'ont jamais entendu siffler les balles, mais pleins de cœur et de bonne volonté. Je puis m'adresser à leur intelligence. En qualité de vieux soldat, je leur donne des conseils basés sur l'expérience : Ne jetez pas votre plomb aux moineaux, tirez peu mais à coup sûr. Bref j'ajoute les paroles de La Rochejaquelein. Cela devient de plus en plus tragique, mais, hélas ! quelle fin prosaïque ! » Jamais ils n'eurent la chance de rencontrer l'ombre d'un Garibaldien, et ils s'en revenaient comme ils étaient partis, avec la fatigue en plus et quelques illusions en moins.

« Mentana 3 novembre, anniversaire de la bataille. Ce matin, le soleil s'est levé sur Mentana, dans toute sa splendeur, plus radieux sans doute que n'était le soleil d'Austerlitz. Nous avons entendu la sainte messe sous les armes, puis nous avons entonné le magnifique chant du *Te Deum* sur les lieux mêmes de la victoire. Nous étions là, dans cette humble église où plus d'un blessé avait souffert, où plus d'un mourant avait rendu le dernier soupir. Lorsque nous proférions ces sublimes paroles : *Te martyrum candidatus laudat exercitus !* il semblait que cette foule de blessés et d'agonisants s'associait à nous pour célébrer les louanges du Dieu des armées.

« Jour de joie ! anniversaire d'un triomphe obtenu par la seule puissance de Dieu ! car lui seul a agi dans ces circonstances. Nous ne pouvons nous glorifier d'autre chose que d'avoir été des instruments. Il est midi; c'est l'heure environ où partait le premier coup de feu qui fut si chaleureusement accueilli. Je ne sais ce qui se passe à Rome ; on avait de sérieuses inquiétudes pour aujourd'hui. Il fait un temps magnifique pour se battre, mais je ne crois pas qu'ils se vengent en plein jour; ce serait plutôt de nuit sous l'inspiration diabolique. Je vous quitte un instant pour faire mon pèlerinage ; je vais parcourir le champ de bataille et recueillir mes souvenirs; j'irai ensuite déposer ma prière sur la tombe des défunts, au cimetière de Monte-Rotondo. Il ne faut pas que la joie du vainqueur nous fasse oublier le devoir de la charité.

« J'ai fêté le beau jour de la Toussaint comme je le désirais, avec un peu plus de calme que l'an dernier. Fête du cœur, où l'âme goûte tour à tour la joie et la douleur, puisque telle est la sublime intention de l'Église d'avoir voulu associer ces deux sentiments, le matin l'*Alleluia*, le soir le *Miserere*. Cette fête m'a toujours été particulièrement chère ; j'aimais ce grand vent qui sifflait comme le gémissement des âmes, les sermons de l'après-dîner, la pieuse visite au cimetière, l'appel incessant des cloches à la piété. Je n'ai pas oublié mon petit François, mon intercesseur; je me suis rappelé qu'il était mort au chant du *Gloria :* son souvenir m'est toujours précieux. »

L'engagement signé par Théodore allait expirer. N'ayant d'autre ambition que de consacrer sa vie entière à la cause du Pape, il n'admettait ni hésitation ni inquiétude au sujet d'un avenir tout tracé d'avance : combattre pour l'Église, et mourir pour elle s'il le fallait. En ce moment, aucun péril imminent, aucune menace prochaine ne grondait autour de Rome ; sans doute c'était toujours le volcan prêt à éclater, mais à quand l'éruption ? Pie IX, avec ce calme que donne la confiance au ciel et qui reflète la paix d'en haut, avait annoncé l'ouverture du concile œcuménique pour le 8 décembre 1869. On pouvait donc compter sur un apaisement passager, qui permettrait à l'Église de faire son œuvre. N'était-ce pas le moment, pour notre sergent, d'aller réchauffer son cœur au foyer de la famille, et retremper son âme à cette source toute chrétienne, toute généreuse ? Les circonstances elles-mêmes s'y prêtaient, car on venait de verser dans les différentes compagnies les hommes du quatrième dépôt, et les instructeurs ayant terminé leur rôle, avaient quitté Mentana pour revenir à Rome.

Théodore demanda un congé de trois mois, et tandis que sa permission « passait au laminoir, du major au capitaine, de celui-ci au commandant, et ainsi de suite par progression », il respirait à pleins poumons l'atmosphère de Rome chrétienne et visitait une dernière fois chacune de ses « bonnes églises », afin d'apporter aux siens des impressions plus fraîches. L'impatience, le bonheur, la fièvre lui enlèvent presque le sommeil : « Ce cher pays, il n'est point de nuit que je n'en rêve ; je hâte dans mes songes la joie de le revoir. Quelquefois le rêve est presque un cauchemar ; c'est lorsque je rentre à la maison tellement blasé par un service de deux ans, que la vue de ce que j'aimais autrefois me laisse froid comme glace. Mais quittons les songes et parlons raisonnablement. Est-il bien vrai que je vais revoir notre chère maison ? Jamais je n'avais osé y penser. Je suis peut-être un homme à pressentiments, mais je croyais sincèrement mourir ici. Que la sainte volonté de Dieu soit faite ! Il faut acccepter gaîment les joies qu'il nous envoie. Je m'efforce de me préparer par la prière ; je veux envisager cette permission au point de vue tout à fait chrétien. Que ce séjour me soit profitable, que le bon exemple affermisse ma foi. »

Et, en attendant sa feuille de route, le cœur du Zouave prend les devants, et se loge tout entier dans cette lettre adressée à sa mère, à celle dont le souvenir est devenu comme une respiration pour son âme, et dont les pages réconfortantes lui apportaient chaque semaine un écho de la maison paternelle.

« Bien chère maman, tu m'as toujours écrit de si bonnes lettres et avec une si aimable régularité, que les autres ne seront point jaloux si je m'adresse à toi particulièrement. Tu m'as prodigué tant d'assurances d'amour, que j'aurais peur de paraître ingrat si je n'y répondais moi-même par des paroles d'affection. Les petits efforts que m'inspire ton souvenir, soit pour la conduite, soit pour la régularité de la correspondance, suffiraient à te prouver ma reconnaissance, mais le cœur d'une mère veut plus ; aussi je viens te répéter cette bonne parole : Je t'aime

Théodore Wibaux. 11

toujours. De même que je ne t'ai jamais aussi fortement chérie que dans les premiers jours de notre séparation, ainsi il semble que la pensée prochaine de te revoir soit un aliment pour mon amour ; d'un côté c'était le regret qui agissait, maintenant c'est l'espérance.

« Ce n'est pas que j'aie jamais cessé de t'aimer ; mais l'habitude de l'absence, les nécessités d'un métier tout à fait prosaïque, ce je ne sais quoi de militaire que l'on prend malgré soi, avaient enlevé à mon âme une grande partie de sa sensibilité. Combien de fois me suis-je plaint de ne plus ressentir ces tendresses d'autrefois, de ne trouver qu'à grand'peine un petit mot bien senti ! Cette sécheresse fut très souvent une de mes plus pénibles mortifications. Il en est de cela comme de la ferveur : ne la possède point qui veut. On peut aimer Dieu sincèrement sans pouvoir rien formuler devant lui : l'âme reste muette comme la pierre. Au milieu de telles épreuves il n'y a qu'un remède : fermeté dans la conduite et constance dans la prière. Aussi je n'ai point cessé de vous écrire, quoique bien souvent je ne m'y sentisse nullement porté ; au contraire, la vue du papier à lettre ne m'inspirait que dégoût. Je me battais les flancs sans rien trouver, et pourtant j'agissais en homme qui aime véritablement, semblable à celui qui communie sans ardeur et qui ne cesse point de crier : Mon Dieu, je vous aime ! Tu me comprends bien, n'est-ce pas, chère mère ? Si j'explique mal ma pensée, ton cœur devine le reste. »

CHAPITRE QUINZIÈME. — 1868-1869.

Trois mois à Roubaix. — Retraite de huit jours. — Noces d'or de Pie IX. — Le dépôt à Monte-Rotondo. — Touriste. — Monte-Libretti. — La douane piémontaise. — Le Soracte. — Loulou.

'AUTRES Zouaves profitaient de leur présence en Italie pour prendre le chemin des écoliers lorsqu'ils s'en revenaient en congé ; pareil chemin est si séduisant à travers des cités qui s'appellent Venise, Milan, Florence ! Théodore, lui, ne voit que Roubaix comme but de son voyage ; « la vapeur, dit-il, sera encore assez lente à satisfaire mon impatience. » Il arrive d'une traite à sa chère maison, et dès qu'il en a franchi le seuil, il est conduit par sa mère devant la *Vierge de l'escalier ;* la famille s'agenouille : à Marie de bénir les jours heureux qui se préparent.

Rien de changé chez le Zouave sinon la taille, dont il dit plaisamment : « Figurez-vous deux gigantesques béquilles qui supportent un malheureux petit buste surmonté d'une tête d'épingle. » Ses désirs et ses goûts sont plus simples, plus naïfs que jamais ; il ne rêve d'autre idéal que de vivre près de ses parents, de prier avec eux, de déguster à petites doses la tranquille vie de famille, de jouer avec ses petites sœurs. Avec elles encore, deux ans plus tard, après la campagne de France, on le verra passer des demi-journées accroupi et obéissant, se laissant affubler de mille colifichets, se prêtant à tous les caprices de celles qu'il appelle *maman*, variant ses plaisirs entre les rôles de poupée, d'enfant ou d'élève.

Une seule chose lui fait peur : les visites et les représentations qui le mettent en évidence, et durant lesquelles tout ce qui est allusion ou louange le fait rougir jusqu'au bout des oreilles. En compagnie de son frère aîné il aime à rappeler les souvenirs d'Italie, et ces deux esprits, si bien faits pour se comprendre, y trouvent occasion d'aborder des questions de littérature, de politique, d'art et de morale.

Le cercle Ozanam, fondé par Willebaud trois ans auparavant, réunissait chaque semaine plusieurs jeunes gens désireux de compléter leur formation littéraire ; Théodore prit une part active à leurs travaux, et les archives conservent de lui plus d'une pièce de poésie pleine d'humour.

A Tourcoing, M. et Mme Motte continuaient à présider ces réunions patriarcales dont le souvenir avait si souvent charmé le Zouave. Depuis deux ans qu'il connaissait le monde, il était plus à même d'apprécier ses grands-parents, d'étudier en eux ces vertus si belles qui aiment l'ombre, et surtout leur inépuisable charité. Faire le bien était l'unique occupation de leurs journées, le résumé de leur vie. Parfois on venait encore, durant le souper, avertir Mme Motte qu'une femme réclamait des secours. Alors son mari se fâchait : « On ne te laissera donc pas manger tranquille ? Je te défends de bouger, » et il se levait. — « Elle n'y perdra rien, la bonne femme, disait Mme Motte ; je lui aurais donné deux francs, elle en aura cinq. » Leur charité ne regardait pas ; elle se prodiguait les yeux fermés, et les pauvres le savaient bien, témoin ce vieux de l'hospice, sorte d'infirmier, encore assez ingambe pour aider quelque peu les Sœurs. Ayant remarqué que, chaque semaine, M. Motte faisait le tour des lits et disait un mot aux malades en accompagnant les bonnes paroles d'une petite pièce, notre vieux plantait là balai et tisanes sitôt que le visiteur apparaissait ; il s'enfilait dans le premier lit venu, s'affublait d'un bonnet de nuit, et se mettait à tousser bien fort. La petite pièce reçue et la visite finie, il reprenait son service, et recommençait son manège huit jours après.

A pareille école, Théodore put renouveler sa provision de générosité. L'occasion de la mettre en œuvre se présenta bientôt, car une lettre du P. de Gerlache, aumônier des Zouaves à Rome, le rappela avant l'expiration des trois mois. Théodore partit sans tergiverser, et cependant la perspective n'offrait rien qui pût attirer et séduire. Il s'agissait d'employer les derniers jours de son congé à une retraite sérieuse, faite dans le silence d'une cellule. Ce nouveau départ de Roubaix fut peut-être plus dur que le premier, et le Zouave que ni le choléra ni les balles n'avaient ému, ne put retenir des larmes brûlantes. Il fit halte à Fontainebleau pour embrasser son frère Joseph, qui depuis un an s'était consacré à Dieu dans la famille de Saint-Alphonse de Liguori : « Heureux Joseph, disait-il, qui est sur le chemin du ciel ! » Cette visite mit du baume au cœur du soldat, car le dévouement est contagieux, et la joie du novice rejaillit en paix bienfaisante sur son frère. Bientôt, devant Rome et Saint-Pierre, près de Pie IX et des bons amis, la douleur de la séparation s'apaisa.

Son premier soin fut d'aller mettre son âme à la disposition de son directeur, le P. de Gerlache. Ce n'est guère par goût qu'on se met en face de vérités austères, et qu'on se regarde dans le miroir toujours peu flatteur de sa conscience ; heureusement pour lui, Théodore n'avait pas consulté le sentiment, mais la raison et la foi. « Allons ! un coup de tête en arrière pour secouer les misères du passé, et marchons bravement dans la voie de l'abnégation, le regard fixé au ciel. Je vais à cette retraite avec une confiance d'enfant, sans la moindre préparation, avec une horreur instinctive de la méditation, parce qu'elle dégénère chez moi en rêves et en chimères. »

Il s'installe donc au couvent Saint-Eusèbe dans une cellule de jésuite, seul avec sa bonne volonté ; mais c'est assez pour avoir le droit de compter sur Dieu. Entre les joyeux amis de la veille et les murs blancs et muets de sa chambrette, la transition était brusque. « Je restai passablement effrayé en présence de mon règlement de vie..... quatre heures de méditation par jour, sans compter les revues et les préparations... Lectures en chambre, silence au réfectoire, silence en récréation, silence partout... et cela pendant huit jours !... Par bonheur un bon Père vient vous entretenir de temps en temps. » Comme le but de Théodore n'était pas le plaisir ou le délassement, il tint bon, malgré « les pensées égarées loin du but et les battements du cœur étrangers à la méditation. »

Dès l'abord, le voilà suant sang et eau pour préparer sa confession générale, fouillant son passé jusque dans les derniers détails, se mettant l'esprit à la torture, quand par bonheur le P. de Gerlache vint frapper à sa porte. « Je l'ai accueilli comme un messager du ciel. Il a coupé court à mon pénible travail en me disant de me mettre à genoux et de commencer mon histoire sans autres préambules. En bon fils spirituel j'ai obéi, et certes je ne demandais pas mieux que d'en finir : c'est une pilule qu'on aime à avaler militairement ; le médecin est responsable des prescriptions. » La claire vue du passé l'aide à prévoir l'avenir, à disposer ses batteries pour défendre son côté faible ; l'imagination et la sensibilité ont trop d'empire sur lui ; il prétend bien mettre au pas ces facultés remuantes et folles, et, sans attendre au lendemain, il brûle séance tenante certains objets pour lesquels il découvre en lui une affection trop naturelle. On reconnaît l'homme courageux qui s'exécute sans lâches concessions.

Au moment de finir sa retraite, il en résume à sa famille les impressions écrites dans la paix et le calme du cœur : « Je ne viens pas vous faire ma demande d'entrer au noviciat, comme cela semblerait naturel à beaucoup de gens, qui ne croient pas possible de passer quelques jours dans un Ordre religieux sans rester pris à la souricière. Ces terribles Jésuites, avec leurs exercices de saint Ignace, ne m'ont point encore tourné la tête. Vous allez croire que je me suis ennuyé ici : ce n'est pas cela ; j'ai été tout simplement éprouvé et je m'en félicite. En retraite c'est très bon signe ; au moins le démon s'est donné la peine de faire attention à moi. Voulant formellement être tout à Dieu, j'accepte très formellement le combat ; combat de chaque jour et de chaque instant, mais dont je puis sortir vainqueur avec le secours de la prière. De plus, bien que je me sois donné une certaine indigestion de méditation, je reconnais qu'elle est presque indispensable, et je veux en faire un de mes principaux moyens de défense.

« Dans une demi-heure je fais une seconde fois la sainte Communion, puis je dirai adieu à la solitude de Saint-Eusèbe pour rentrer dans un monde tout nouveau. C'est maintenant qu'il faut s'armer de courage, et se mettre du plomb dans la tête afin qu'elle ne tourne pas à tous les vents comme une girouette. Le vent qui souffle ici est frais et pur, on peut le respirer tout à l'aise ; il n'en est pas de même de l'autre. Je suis sûr que je regretterai ma cellule et ces grands jardins où la vue des ruines et des montagnes me parlait si bien de la majesté divine. »

Comme il a fait de son côté ce qui était en son pouvoir, il a le droit de compter sur la grâce, qui continuera à le couvrir de ses ailes et à écarter les pierres de sa route.

Désormais sa compagnie sera presque toujours en détachement hors de Rome Pour le sergent, plus de ces souffrances ni de ces corvées que le métier militaire lui a prodiguées en 1867 alors qu'il était simple soldat ; respect aux galons auxquels sont réservés des labeurs moins matériels ! Mais comme volontiers il échangerait ce plus de liberté et ce commencement d'honneurs dont jouit un gradé, avec le bon temps où il n'avait qu'a obéir et où la privation de tout bien-être humain faisait jaillir de ses lèvres cette courte prière qui résume la vie de l'âme : Pour vous, mon DIEU !

Désormais aussi, pour garder intacte sa pureté, les luttes seront incessantes, parfois terribles, les sacrifices quotidiens. Jour et nuit il sera sur le qui-vive, comme jadis nous l'avons vu à Albano. D'autres à sa place auraient ouvert les portes de leur âme au découragement ; lui se réfugie dans la prière, et la prière le console en même temps qu'elle le fortifie.

Le 11 avril 1869, Rome et le monde chrétien célébraient les noces d'or de Pie IX, cinquantième anniversaire de la première messe du Roi-Pontife. « Depuis huit jours ce n'est qu'un immense cri d'amour parti du sein de la campagne romaine et redit par toutes les montagnes ; il n'est point de petit village, si misérable soit-il, qui n'ait voulu prendre part à cette fête des cœurs. L'affection a triomphé de la pauvreté et défié les distances pour s'épanouir aux pieds de Pie IX sous les formes les plus touchantes. Ce fut comme un élan spontané ; trois jours durant on voyait déboucher par les différentes portes de Rome des chariots couverts de tentures et attelés à six chevaux bariolés. Les uns apportaient un grand tonneau de vin entouré de cercles dorés ; d'autres des chèvres choisies; un bœuf de la meilleure race, auquel on avait attaché autour du cou un cercle de pièces d'or en guise de collier ; des sacs de farine, des produits territoriaux, le tout chargé d'inscriptions latines appropriées à la circonstance. Sur un baril d'huile on lisait : *Oleum effusum nomen tuum*. Toutes ces charrettes étaient escortées des municipalités du pays donateur et aboutissaient à la cour du Vatican, qui fut bientôt remplie. Il paraît que Pie IX, étonné de ce mouvement, demanda ce que cela signifiait. Lorsqu'on lui eut donné l'explication, il se sentit tellement ému qu'il se prit à sangloter et ne put rien manger de la journée. Ne trouvez-vous pas dans ce mode tout à fait primitif d'exprimer son affection par des dons en nature, quelque chose de sincère qui saisit l'âme ? »

Les souverains étrangers, les fidèles de tous pays, envoyèrent eux aussi leurs cadeaux, qui furent disposés dans les salles du Vatican, et, en visitant ce musée d'un nouveau genre, où chaque objet parlait d'amour et de fidélité, le bon Pape put s'écrier : « Moi aussi j'ai mon exposition universelle ! » Pour encadrer tant de belles choses, pour égayer tant de belles fêtes, le printemps se chargeait des frais du décor : « Que n'ai-je entre les mains la baguette magique ! j'en ferais le meilleur usage : je souhaiterais pour ma chère mère quelque petit coin de cette immense villa Borghèse, un ou deux de ces grands pins ou de ces vieux chênes verts dont l'ombrage suffirait à abriter toute une génération, une seule de ces fontaines aux eaux limpides comme le cristal, cinq ou six de ces oiseaux qui chantent à cœur-joie, quelques marguerites blanches sur un coin de pelouse, des violettes au milieu d'un petit bois touffu, enfin une légère teinte d'azur dans notre ciel gris du Nord. »

Mais Théodore ne devait pas goûter plus longtemps Rome et ses fêtes ; Monte-Rotondo le réclamait, et il devait aller reprendre au dépôt son « orgue de barbarie. Quelle serinette de jouer tous les jours les mêmes airs de commandement ! En somme, rien de mieux que de me laisser conduire par la bonne Providence. »

« Monto-Rotondo, 27 avril 1869. — J'ai de nouveau revêtu l'uniforme, très heureux du change, croyez-le bien ; car ces habits de péquin me pesaient sur les épaules, et c'était pour moi une sorte de dénégation de mon titre. Me voici bien fier de mes galons, de mon sabre, de ma tête rasée comme une assiette. J'ai voulu me mettre à la stricte ordonnance, (quels instincts militaires !) et j'ai livré sans pitié ma chevelure aux fantaisies du coiffeur. J'ai vu s'accomplir l'œuvre de destruction avec une certaine jouissance ; chaque mèche, en tombant, détachait de mon crâne une pensée de vanité ; un souffle de sacrifice passait sur mon front dégarni ! Je suis à cette heure dans l'impossibilité d'exciter aucun caprice. Si vous pouviez voir ma tête ! à faire rire !... On l'a justement comparée à un fromage de Hollande. »

Le sergent retrouve au dépôt ses anciens collègues, ses livres avec les promenades et les visites à l'église ; il ne souhaite rien de plus. « Je suis aussi heureux qu'un homme peut l'être dans l'exil. C'est tout un horizon de sérénité que mon cœur découvre, une vie de poésie, de prière, d'étude, de souvenir, éclairée par un beau soleil, rafraîchie par la brise des montagnes, ombragée par la verdure des bois. Nous faisons chaque matin l'école de tirailleurs, nous marchons gaîment au son d'une cadence qui soulève nos pas, puis, lorsqu'on a quitté la ville, c'est le laisser-aller de la campagne. On met sa carabine en bandoulière, et les mains dans les poches, les yeux sur les grandes montagnes illuminées des premiers feux, on entonne quelque joyeuse chanson. Les chemins sont pierreux et les pieds souffrent, mais le cœur jouit du coup d'œil et l'on respire à pleins poumons un air qui n'est point corrompu.

« Que vous dire de nos clairs de lune ? Nous avons de ces soirées qui ne peuvent se décrire, une lueur qui éclaire nos souvenirs partout où ils se reposent, sur les pics neigeux de la Sabine, sur le sommet du Soracte et sur l'immense plaine de Rome. Ajoutez à cela les rossignols qui ne se font point faute de chanter ! Vous pensez bien qu'il est agréable de dire sa prière du soir sous de telles inspirations. Je me fais une fête de célébrer le mois de Marie au milieu de ces grâces de la nature ; le culte de la Vierge n'en sera que plus poétique et plus touchant. »

L'anniversaire de la naissance de sa mère inspire au Zouave cette page charmante :

« 3 mai 1869. — Je suis heureux de la coïncidence, ma chère maman. J'associe volontiers ton nom à celui de la Très-Sainte Vierge. Ce sont deux sentiments d'affection filiale qui se rencontrent dans mon cœur et se fortifient l'un par l'autre : ma Mère du ciel et ma mère de la terre. Je voudrais aimer autant la première que j'aime la seconde, mais je ne suis pas encore assez spirituel ; du moins la confiance ne me fait point défaut. Je deviendrais volontiers italien sous ce rapport : me confier à la Madone à corps perdu. Notre beau ciel fait penser à la robe bleue de la Vierge, les neiges éclatantes rappellent la blancheur de son innocence ! Si j'étais poète, je ferais un hymne en son honneur. La veille du 1er mai je m'étais retiré dans un petit bois, au couvent des Capucins ; c'est ma promenade de chaque jour. J'y vais lire à la fraîcheur et à l'ombre des grands arbres, méditer, quelquefois causer avec un Père. Ce jour-là, il me semblait qu'il suffisait de toucher la corde sensible du cœur pour en faire sortir des accents ; mais non, impossible ! rien de rien !... ou plutôt, trop de sons à la fois. Au fait, la prière est encore le plus bel hymne que l'on puisse chanter ; l'offrande d'un cœur pur et mortifié vaut mieux que tous les encens. »

Les conscrits de Monte-Rotondo, après avoir achevé leur éducation militaire, passèrent au régiment, « portant au front le cachet du quatrième dépôt, avec des allures de vieux soldats et le souvenir d'une discipline tempérée par la raison. »

Pour les instructeurs, c'étaient quelques jours de bon temps, c'était une éclaircie, un coin d'azur dans ce ciel tout chargé de théorie. Rien de mieux que de se mettre en campagne, non plus seulement aux environs, comme ils avaient coutume de faire, « un fusil de chasse sur les bras, le nez aux alouettes, les poumons ouverts à l'air bienfaisant de la liberté, » mais au loin, à l'aventure, après avoir chaussé « les bottes de sept lieues ».

Dans une première excursion, Théodore part en compagnie de deux camarades, dont « l'un est muni d'un compas qui pourrait presque tracer la circonférence des États Pontificaux. »

La première étape du trio chercheur d'aventures est Monte-Libretti, illustré à jamais par le lieutenant Guillemin. « Je ne connaissais pas Monte-Libretti ; vous comprenez quel intérêt me présentaient ces lieux, et avec quelle attention je suivais les traces du combat, véritable combat de géants. Je ne sais comment les Zouaves ne sont point tous restés sur le carreau ! C'est

Monte-Libretti.

une vraie citadelle qui domine la route. Guillemin était donc forcé de gravir la montagne sous un feu qui partait de toutes les fenêtres ; on aurait pu l'assommer à coups de pierres. J'ai vu l'endroit où il a succombé en vrai martyr du CHRIST, où de Quélen est tombé blessé à mort, la maison où se sont retirés quelques braves pendant une nuit entière, la porte de la ville toute criblée. Ils étaient quatre-vingt-dix, attaquant douze cents Garibaldiens. On a répété bien souvent que c'était une folie ; du moins c'était une sainte folie, cette folie des chrétiens du Colisée qui se jetaient à bras ouverts au-devant des bêtes féroces ! On ne peut discuter cet acte. Nos officiers sont à peu près unanimes à le désapprouver ; j'estime qu'ils sont tous inconséquents avec eux-mêmes.

« Mettez le plus petit sous-lieutenant dans la même situation : il n'en est pas un qui n'électrise ses hommes à le suivre. Marcher pendant huit jours à la poursuite d'un ennemi qui fuit à mesure qu'on avance, et se trouver tout à coup en face de cet ennemi, n'est-il pas tout naturel de crier *En avant!* sans même compter le nombre ? Léonidas aux Thermopyles s'inquiétait peu combien étaient les Perses. Et puis, *sursum corda !* Lorsqu'on se trouve en présence d'un pareil héroïsme, il est bien mesquin de le discuter. DIEU voulait une victime pure ; qu'importent les moyens dont il s'est servi, et si pour arriver à sa fin il a fallu qu'une compagnie fût mutilée, cela ne nous regarde pas.

« Du reste, la défaite de Monte-Libretti a eu un résultat plus heureux qu'une victoire : elle a montré ce que pouvait une poignée d'hommes guidés par l'amour ; les Garibaldiens en ont été épouvantés. C'est là surtout qu'ils ont appris à connaître l'uniforme. Et si l'on songe que le sacrifice du sang est la plus belle prière, on ne peut plus s'étonner de la protection divine, qui s'est manifestée si clairement pendant tout le reste de la campagne. C'est peut-être à la défaite de Monte-Libretti que nous devons la victoire de Mentana. »

Les voyageurs gagnent ensuite Montorio-Romano. A l'entrée du village se dresse une petite chapelle blanche. « Agréable surprise ! elle est dédiée à Notre-Dame de la Salette. Elle est là sur le sommet, dominant d'un côté la plaine de Rome, de l'autre l'amphithéâtre magnifique des montagnes. Douce apparition, véritable rayon de soleil dans l'âme de l'exilé ! Il semble qu'avec elle on revoit la patrie tout entière.

« Inutile de vous dire que nous trouvons parmi ces populations l'accueil le plus sympathique ; du moins nous interprétons favorablement ces démonstrations de curiosité qu'excite notre passage, ces visages demi-souriants qui paraissent aux fenêtres ; à moins que ce soit de l'hilarité, car, soit dit en passant, nous avions des mises plus ou moins honnêtes : un teint basané, un revolver à la ceinture, de gros bâtons à la main, des souliers poudreux, des guêtres déchirées, quelque chose qui sentait le touriste en petite tenue. »

Après avoir visité Nérola et Corrèze, nos intrépides marcheurs sont contraints d'aller chez les Piémontais chercher un passage sur le Tibre, et ils se demandent, non sans inquiétude, si les voisins sont disposés à leur faire le même bienveillant accueil. Pour sortir d'un mauvais pas, le mieux fut toujours de payer d'audace ;

nos Zouaves en avaient à revendre, aussi comme ils s'en tirent ! « Nous invitons la douane piémontaise à venir trinquer avec nous, comme de bons gardes nationaux, puis nous louons une carriole ; un major de la douane monte derrière, comme un laquais de bonne famille, et fouette, cocher ! voici des Zouaves pontificaux en grande tenue sur le territoire piémontais, escortés d'un douanier du grand royaume ! Sur le trajet on nous salue, et militairement s'il vous plaît. Après trois quarts d'heure de désertion nous arrivons à la barquette, passons le Tibre, et rentrons dans le territoire pontifical assez fiers de notre escapade.

« Nous commençons l'ascension du vieux Soracte, qui se dresse bien loin devant nous comme un fantôme provocateur ; c'est le but principal du voyage. Au lieu de sa blanche chevelure de neige dont parle Horace, et de ses forêts gémissantes, il lui reste le printemps perpétuel du souvenir. Quatorze pontifes ont trouvé dans ses flancs un abri contre les persécutions. Plusieurs couvents se sont succédé sur sa crête ; les Trinitaires l'habitent maintenant. Nous frappons à leur porte, et nous trouvons l'hospitalité la plus cordiale. Un Père, grand ami des Zouaves, nous accompagne au milieu de débris et de ruines. C'est samedi soir, veille de la fête de la Trinité, et nous sommes chez des Trinitaires, quelle bonne fortune ! Les cloches du village sonnent à toutes volées. »

Au retour de cette expédition, l'humeur voyageuse de Théodore trouva encore à faire jouer ses jambes infatigables, car il fut invité à partager les aventures d'une nouvelle caravane. « Nous étions six : le Père Doussot, dominicain, notre aumônier ; M. de la Tocquenaye, mon excellent capitaine ; de la Celle, mon sergent-major ; Carlos, mon ami ; Henri de Villers, de Belgique, et votre serviteur. Je fis l'examen de ma pauvre bourse, je vis que mes ressources y passeraient tout entières ; mais je n'hésitai point... quitte à vivre de poésie et d'eau claire. M. de la Tocquenaye, *le Père la Toc*, comme on l'appelle, est un des officiers les plus accomplis que je connaisse. Dans le service, une fermeté qui approche de la raideur, beaucoup de sang-froid et d'impartialité ; en dehors de là, transformation complète : il semble qu'il laisse toute sa gravité derrière lui à la caserne ; c'est la gaîté, la verve et l'entrain. Il est adoré des soldats, qui dernièrement lui ont fait une ovation ; c'étaient des hourras, des *Vive le capitaine !* à crever ses tympans paternels. L'un d'eux a prononcé une allocution sentie.... en hollandais ; il n'y a rien compris, mais n'importe, c'était touchant ! »

A ces six voyageurs il fallait ajouter un personnage d'importance, *Loulou*, le chien du capitaine, chien savant, qui saluait et faisait mille gentillesses sur un signe de son maître, et qui bientôt sauvera la vie, ou à peu près, à la bande entière. La première visite en arrivant dans un village était pour l'archiprêtre. « La politique, plutôt que la politesse, le veut ainsi. Avec des mines de circonstance, le mouchoir sur le front, la langue tirée hors de la bouche d'au moins cinquante centimètres, nous nous présentions ; cela voulait dire : Nous crevons de soif, donnez-nous à boire. » Volontiers on logeait dans les couvents, et les Zouaves payaient l'hospitalité des bons religieux en faisant retentir les cloîtres des échos de leur belle humeur. Or, un jour, ils sonnent comme d'habitude à la porte d'un monastère et sont introduits chez le P. Prieur ; réception polie, mais extérieur froid ; on voulait se faire inviter, et l'entretien n'aboutissait pas. On s'épongeait. « Vous accepterez bien à boire, leur dit tout à coup le Prieur, je vais vous faire préparer du café. » Du café ! c'était bien clair pour des gens affamés ; aussi un air de consternation allongea tous les visages lorsque le Père fut sorti. Pour faire comprendre la situation, il fut décidé que Loulou se ferait l'interprète de tous. Le Prieur rentre, et aussitôt le chien reçoit ordre d'exprimer la reconnaissance générale ; il fait le beau, il donne la patte, il saute tant et si bien que le P. Prieur se déride et s'écrie : « Mais peut-être, Messieurs, n'avez-vous pas dîné ? » Enfin, on s'était fait comprendre ! on respira plus à l'aise. Une demi-heure après, tous étaient assis devant une table abondamment fournie, et si Loulou n'eut pas la place d'honneur, on peut croire qu'il reçut un morceau de choix.

Ils visitent ainsi Subiaco, Alatri, Anagni, Palestrine, « mais à quel prix ! des coups de soleil, des teints bronzés comme un vieux cuir, des figures tirées, suantes, ruisselantes ! Mes bottes, mes chères bottes de Roubaix ont presque succombé à la peine, j'ai cru que mes grandes jambes se seraient usées un *tantino*, car nous ne les avons point ménagées. »

On revint à Mentana, et Théodore fut nommé à l'unanimité historiographe du voyage ; mais où trouver le temps d'écrire les impressions de cette charmante tournée ? Le dépôt était reformé, les recrues affluaient, et notre sergent était désigné pour les fonctions de vaguemestre de la colonie.

CHAPITRE SEIZIÈME. — 1869-1870.

Vaguemestre. — Ma tour ! — Voyage autour de ma chambre. — Adieux. — « Niet verstaan ! » — Fête antique. — Encore Mentana. — Noces d'argent de père et de mère. — Sergent-Major. — Vie de bureau. — Le parrain missionnaire. — Stéphane. — Bonté d'âme.

« Monte-Rotondo, 12 juin.

« JE vais chaque matin chercher les lettres à la poste pour les remettre aux diverses compagnies. C'est un vrai plaisir, je vous assure, surtout lorsque je reconnais votre écriture sur une des nombreuses enveloppes.

« Il est vrai que j'ai la responsabilité des lettres chargées ; mais comme elles n'ont point l'habitude de venir en colonnes serrées, ma responsabilité se réduit à un tant soit peu d'attention.

« Avec cela, ma fonction me donne droit à une chambre particulière ; vous pensez si j'en profite ! Il restait juste une place disponible dans ce grand palais Piombino, tout en haut de la tour ; on m'a permis d'y fixer mon bureau, un vrai nid battu par tous les vents, et d'où l'œil plonge sur l'immense campagne. J'ai à moi la plate-forme du haut ; j'y puis philosopher, rêver, poétiser, fumer un tranquille cigare, jouir des fraîcheurs matinales et de la paisible mélancolie du soir, méditer près du ciel, et regarder avec pitié le monde s'agiter à mes pieds ; tout cela sans craindre d'être beaucoup dérangé, car la clef m'appartient, et puis tout le monde n'est pas disposé à faire gravir aux jambes quelques centaines de marches pour le plaisir des yeux. »

Suivons Théodore dans sa *Chartreuse*, dont il va nous faire les honneurs en hôte galant, avec sa plume d'artiste et son exquise délicatesse de sentiments.

« 22 juin 1869, de ma tour.

« Après avoir donné à mes modestes fonctions le temps nécessaire, j'ai gravi les escaliers de ma tour ; j'ai soigneusement fermé derrière moi la porte de ma chambre et j'ai lu, ou plutôt j'ai causé ; car notre correspondance n'est qu'un doux échange de paroles, une conversation de nos cœurs. Ce ne fut point sans émotion que je vous écoutai parler : depuis plus de vingt jours je ne vous entendais plus. J'éprouvai le plaisir d'un ami qui revoit un ami, et mon cœur recueillit une à une ces assurances réitérées d'affection dont la privation lui pesait d'une manière insupportable.

« Quel trésor que la solitude, lorsqu'à l'aide du cœur on y peut renfermer ses affections ! Je jouis de ma chambre, parce que je puis être plus souvent avec vous, sans crainte d'être importuné, et pourtant c'est une vraie chambre d'anachorète : quatre murs parfaitement nus, de la terre en guise de plancher, pas la moindre décoration. A moins de compter deux chaises légèrement boiteuses, et une table dont ma couverture déguise obligeamment la honteuse pauvreté.

« Je ne pourrais seulement point, comme Xavier de Maistre, faire un voyage autour de ma chambre, car je n'ai point de bon fauteuil à roulettes qui me serve de moyen de transport, ni de peintures sur mes murailles comme sujet de réflexions. Et pourtant, sans bouger de ma place, sans m'éloigner de cette table, que je décore du nom pompeux de bureau, je pourrais faire un voyage de quelques jours et composer plusieurs chapitres : voyage de cœur, cela s'entend, sur l'aile du souvenir.

« Voyez plutôt mes richesses : ceci est une boîte dont mes chères sœurs me firent présent, et qui contient plusieurs trésors sur lesquels je pourrais m'entretenir longuement. Voici mes agendas ; voici les lettres que maman écrivait à papa lorsque j'étais encore à Paris, sur le point du départ ; devant moi, vos chères images, celles de mes frères, de mes sœurs, et celles de mes meilleurs amis ; c'est toute une pensée d'amour, de reconnaissance ; c'est l'histoire de mes belles années ! Ici un recueil de chansons, quelques livres de Joseph de Maistre. Voici (j'ai failli pleurer en les relisant tout à l'heure) quelques lignes écrites par mon frère Joseph ; c'est le testament du Rédemptoriste où il me lègue ses livres ; le mot sacrifice n'y est pas entièrement écrit, mais certes il l'est, et en lettres d'or, sur le livre de vie. Je cherche encore sur le papier la trace des larmes de maman.... N'est-il pas vrai, bien chère mère, que ce fut un nouveau coup pour ton cœur ? Mais ces larmes tu les as offertes à DIEU.

« Enfin voici mon crucifix, depuis plus de huit ans compagnon inséparable de mon existence, témoin de toutes mes peines, de toutes mes joies, de toutes mes luttes ; il s'est usé sur mon cœur et sur mes lèvres. Que de fois, dans l'ardeur de la passion, l'ai-je serré convulsivement entre mes mains, comme l'on fait d'une planche de sauvetage ! Je le portais à Albano et à Mentana ; j'espère le porter encore lorsque la mort viendra me trouver. Dites-moi, ne suis-je pas bien riche ? Et encore je n'énumère point le quart de ma fortune ! Si vous pouviez ouvrir mon cœur, vous y verriez un flot de sentiments, vous pourriez y entendre certaine musique qui chante toujours sur la note de l'affection. Malheureusement je ne le puis ouvrir entièrement, et, en désespoir de cause, je me contente de vous ouvrir ma fenêtre à deux battants.

« Admirez ce panorama que j'ai cent fois décrit, et cent fois d'une manière imparfaite ; le temps est clair, vous pouvez saluer Saint-Pierre d'un côté, et de l'autre le vieux Soracte. La campagne est toute jaune comme l'or. Respirez ce bon vent qui souffle sur ma tour à bride abattue ; cela fait vacarme comme dans nos clochers ; mais ne craignez rien, mes murs sont solides. Que dites-vous de ce beau soleil, et que de pensées il fait éclore, ainsi que des fleurs, fraîches et joyeuses le matin, plus tristes et plus douces à son coucher ! Encore une fois, ne suis-je pas richement logé ? »

Il y a bien là-haut la contre-partie à tant de belles choses, mais en Italie ce revers-là existe partout. « Qu'il fait chaud, et que de mouches ! C'est une *balançoire* insupportable ; tout en vous écrivant, je suis occupé à guerroyer d'une manière tout à fait désavantageuse contre ces vilains animaux ailés qui veulent à tout prix me donner l'accolade. Je me passerais volontiers de leurs caresses, tout aussi bien que des baisers à pincettes des puces, qui s'amusent à jouer des parties de barres entre mes guêtres et mes molletières. En sorte que je suis toujours en mouvement : mon gros bras voyage de la tête aux pieds, je fais tourner mon képi avec humeur ; tout à l'heure je vais jeter mon encrier et ma

plume à travers la fenêtre. Avouez que cela gêne un peu la correspondance....
J'entends un camarade qui hurle mon nom au bas de la tour; il paraît que c'est
l'heure du manger ; les boas vont commencer leur grand repas. Allons-y ! Adieu,
cher père, chère mère ; ma lettre est courte, mes idées sont incohérentes, mais
aussi qu'ai-je fait à ces puces et à ces mouches pour qu'elles s'acharnent à me
taquiner ? Sans doute elles me font expier mon vieux péché de jeunesse. Ainsi
soit-il ! Je vous embrasse comme je vous aime. »

En dehors de sa tour, son bon cœur et son zèle purent rayonner dans la petite
cité ; car, malgré le peu de sympathie des habitants pour les Zouaves, ceux-ci
avaient établi une conférence de Saint-Vincent de Paul dont Théodore était
trésorier, payant ainsi l'hostilité, ou tout au moins l'indifférence, par la charité
qui console et qui pardonne.

Au mois d'août, ordre fut donné aux habitants du dépôt de faire leurs sacs et
de revenir à Rome. « DIEU sait si nous allons cuire dans la Ville Éternelle !... Je
viens de gravir une dernière fois les escaliers de ma tour ; une dernière fois je me
suis enfermé dans cette chambrette si dépouillée de tout ornement, mais toujours
si pleine de votre image. J'y ai laissé sur le mur la figure du CHRIST dessinée au
crayon. Adieu donc aimable simplicité de la campagne, charmante vie de famille !
adieu pantalon blanc et gilet blanc ! adieu ma canne ! O ma canne, que je vous
quitte avec regret ! que de rudes étapes nous avons franchies ensemble, que de
bains de sueur vous avez pris dans mes mains trempées ! Au lieu d'un bâton, c'est
le sabre qu'il faut prendre, et un sabre bien astiqué... moi qui n'ai jamais été fort
pour brosser! Ici on pouvait encore, sans trop se faire remarquer, laisser ses pieds
chargés d'une honorable poussière ; mais à Rome, vivent les brosses et le cirage !
Adieu bois ombragé des Capucins où j'ai plus d'une fois conversé avec certain
Père Bonaventure d'agréable société ! adieu rapide à tout cela, car déjà les charrettes s'ébranlent ; on va charger les bagages, mettre sur le dos sa maison et ses
dieux lares, et partir au son du clairon. »

A Rome, la caserne et le terrain de manœuvres se partagent les journées ; on
reçoit toujours de nouveaux conscrits, et toujours il faut les dégrossir à coups de
théorie, les transformer à force de patience : rien de plus prosaïque ni de moins
varié. « Dans les chambrées, on entend un galimatias capable de crever le tympan

le moins délicat ; nous appelons cela *mâcher de la paille*, c'est-à-dire parler hollandais. Un ou deux individus qui causent raisonnablement, c'est encore supportable ; mais trente, mais quarante qui hurlent à tue-tête dans un même appartement, c'est à faire fuir des créanciers ! Pour se faire comprendre, c'est une bénédiction, vous ne recevez comme réponse que des *Niet verstaan !* très accentués. Pour donner une explication, il faut être continuellement accompagné d'un interprète, chic d'ambassadeur ! Menez ces mêmes individus hors de la caserne, autre charme ! Les rôles sont changés ; à notre tour de crier, et que l'on est exposé à faire des péchés d'impatience ! Après mes deux heures et demie je n'en puis plus ; j'ai la poitrine fatiguée, la voix cassée, brisée, les pieds éreintés par les pavés ; oh ! le beau métier ! Ma voix, ma pauvre voix ! que faire pourtant sans chanter ? Je n'ambitionne point le prix du Conservatoire, mais ne pouvoir plus accorder au cœur une seule note de souvenir, d'espérance, de tristesse, de joie, je m'y résoudrai difficilement. »

Heureusement, pour faire éclore quelques fleurs dans ce champ de manœuvres il y a les fêtes religieuses, dont Théodore ne se lasse jamais ; parfois aussi une réjouissance profane apporte son contingent de joie et de bonne humeur. « Aujourd'hui le prince Borghèse, rappelant la munificence des princes du temps de Télémaque, prête libéralement sa magnifique villa pour des jeux également renouvelés des Grecs. On y verra, comme chez les anciens, des courses de quadriges, de biges... que sais-je ? Une représentation de goût antique, dans un antique amphithéâtre, sous un ciel que l'on dit vieux, mais dont la sérénité fait penser à la jeunesse et au printemps. Par exemple, il y a contradiction dans le programme, quelque chose de tout à fait prosaïque et qui sent le mauvais goût du siècle : l'ascension d'un ballon. Que cela est moderne ! adieu l'illusion ! Non, vous n'êtes plus au bon temps des Grecs ; un seul mot vous ramène au temps du progrès. C'est pourtant bien beau l'ascension d'un ballon sous le ciel romain ! Avec quelle majesté il prend possession du royaume des airs, et pour ceux qui sont dans la nacelle, quel paysage ! »

Grâce aux nombreux arrivants, les cadres du dépôt furent bientôt complets, et l'on partit pour Mentana. Théodore n'en était pas fâché : « L'atmosphère de Rome me pèse : je trouve trop de sujets de dissipation dans la grande ville. » En revoyant la petite cité où il était en garnison un an auparavant, notre sergent retrouve ses impressions passées encore si fraîches qu'il semble avoir perdu toute notion de la distance et du temps. « Suis-je vieilli, suis-je rajeuni d'une année, bien chers parents ? Je crois être l'un et l'autre sans me tromper : vieilli, si je jette un regard en arrière sur les jours qui se sont écoulés ; rajeuni, si je me contemple moi-même. J'ai retrouvé mon cœur de l'an dernier, j'ai retrouvé Mentana ; j'y suis établi depuis deux jours comme un homme qui reprend possession de ses foyers. Je suis encore occupé à satisfaire de la meilleure volonté du monde toutes les exigences du cœur, ce qui n'est point petite affaire.

« Je me suis presque chamaillé pour obtenir la même chambre que nous occupions l'an dernier, et dans cette chambre le même coin où j'avais posé mon nid ; un nid ! c'est une expression bien poétique lorsque l'on songe à toutes les misères d'insectes que l'on y trouve. Mais j'ai passé de si bonnes nuits dans ce petit coin, j'ai eu là de si doux rêves, rêves d'espérance alors, puisque c'était quelques semaines avant de vous revoir, maintenant rêves de souvenir sans amertume. Parfois je me demande si tout ce qui s'est passé depuis un an n'a pas été le songe de quelques heures de sommeil. Point d'illusion ! tu es vieilli d'un an ; mais que font les années du moment que le cœur maintient sa jeunesse ? »

Non, son cœur ne vieillit pas ; écoutons plutôt ces fraîches notes d'amour filial qui s'en échappent : « Maman, tu es ma meilleure amie, tu le sais ; oui, ma meilleure amie. Pourquoi m'est-il arrivé si souvent, entre l'appel du devoir et le cri de la passion, d'interposer la douce et irrésistible autorité de ta voix ? C'est parce que je prétends pouvoir toujours présenter à tes lèvres un front pur à baiser, sur lequel il n'y ait aucune flétrissure ; parce que je veux avoir le droit de te regarder sans rougir ; enfin parce que je serais au désespoir de t'arracher une seule larme de douleur. Voilà pourquoi souvent je lutte, je résiste, je souffre, alors que la prière même est impuissante, et qu'il ne me reste d'autre refuge que d'évoquer ton souvenir. »

Et avec quelle reconnaissance pour DIEU il célèbre les noces d'argent de ses bien-aimés parents ! « Aujourd'hui, au milieu de mes frères et sœurs, vos deux figures m'apparaissent en relief, jetant autour d'elles l'éclat d'une douce paix qui fait rêver au paradis. C'est la mère de famille plus fière de sa couronne d'enfants qu'une reine de son diadème ; c'est la chrétienne dont chaque regard est pour le ciel, chaque parole une prière. Puis le père, le maître, l'ami ; celui dont on sent l'impulsion douce mais irrésistible, qui commande plus par l'affection que par l'autorité. Si j'écoute mes différents cris du cœur, je m'aperçois que celui de la reconnaissance sonne bien haut ; car sur ces vingt-cinq ans d'union si parfaite et chrétienne, en voici bientôt vingt-et-un que vous me conduisez véritablement par la main, cherchant à écarter les pierres de ma route.

« Je ne puis penser à l'avenir sans tristesse ; je me dis qu'un jour viendra où le temps apportera ses couleurs de deuil sur ce tableau, et, rapprochant le bonheur présent des douleurs inévitables de l'avenir, je prie DIEU qu'il ne me laisse point le temps d'en voir la réalité. Mais il sied mal d'avoir de tristes pensées en un jour de pure allégresse. *Sursum corda !* N'avons-nous pas devant nous les joies éternelles du paradis ? »

Tandis que « le bonhomme hiver prend une robe de printemps et vient se chauffer aux rayons d'un soleil bienfaisant », on hâte la formation des recrues, car il fallait ouvrir les yeux et se tenir prêt. Les méchants veillaient, et peut-être profiteraient-ils de l'ouverture du concile pour se montrer. « Deux jours de suite j'ai joué le rôle de Garibaldi à la tête de vingt hommes ; je me suis laissé prendre, parce qu'il est bien convenu que Garibaldi ne peut être vainqueur, mais ça n'a pas été sans éreinter ces bons Zouaves, en leur faisant arpenter, trois heures de suite, les collines boisées qui avoisinent Mentana. J'ai enfin succombé en brave avec mes hommes, hachés jusqu'au dernier morceau dans un champ de roseaux. »

Le 8 décembre, sept cent soixante-sept évêques se trouvaient réunis autour de leur Chef suprême, et, sous la bénédiction maternelle de la Vierge Immaculée, la sainte assemblée du Vatican inaugurait ses travaux. Près d'elle les Zouaves étaient au poste d'honneur et de confiance, heureux de payer de leurs fatigues la tranquillité dont jouissait l'Église. Théodore venait d'être nommé sergent-major ; ses nouvelles fonctions le ramènent à Rome, mais, hélas ! elles réclament un apprentissage qui du matin au soir le tient au bureau, et ne lui permet ni de jouir des fêtes ni de goûter à l'aise la présence de son père venu pour y assister. « Un sergent-major doit être dans la compagnie le pivot sur lequel tout se meut. Franchement, si je me tâte le pouls, je ne me sens pas bien solide ; aucune idée de la comptabilité, pas assez d'énergie, enfin... enfin... je me suis laissé mener. J'échange une position très commode contre une certitude de nombreux soucis. Ma feuille de punitions, encore immaculée, va se couvrir de taches d'encre ; j'aurai de la misère, de la souffrance même. »

Rien de plus antipathique au nouveau major que le travail auquel il est condamné ; lui qui a toujours traité les chiffres en ennemis, ou tout au moins en inconnus, lui qui laisse aux camarades le soin de vérifier l'addition, même quand sa générosité paie le régal, se voit plongé soudain dans la plus vulgaire arithmétique, dans les feuilles de prêt et de journées, et cela durant le concile, à côté de son père ! « Sans doute je n'ai pas le droit de me plaindre, puisque je vois papa soir et matin et que je le sais heureux de son voyage ; mais combien un galon de plus sur les bras semble lourd en pareilles circonstances ! »

Il put cependant faire quelques excursions en compagnie de M. Wibaux. Un jour qu'ils visitaient Albano, voici qu'une famille entière, parents et enfants, se jette au cou du sergent avec force mercis, démonstrations de joie et baisements de main ; c'étaient d'anciens cholériques de 1867 qui venaient de reconnaître leur infirmier. Quand ces braves gens surent qui était M. Wibaux, les embrassements avec le père de leur sauveur recommencèrent de plus belle ; chacun entama le chapitre des louanges du Zouave, et Théodore, confus, dut entendre sans sourciller plus d'une révélation que son humilité avait tenue cachée jusqu'alors.

Un fait montre la lutte incessante que la grâce livrait à son cœur. Son père désirait connaître le couvent Saint-Eusèbe et voir la cellule où Théodore avait passé huit jours à prier et à se vaincre ; or, comme ils allaient, bras dessus bras dessous, par les rues de Rome, le major entraînait toujours M. Wibaux dans une direction opposée : « Mais, disait le père, allons à Saint-Eusèbe, » et le fils alléguait quelque curiosité à voir à droite et à gauche, redoutant sans doute de se trouver en face des pensées sérieuses que les souvenirs feraient revivre en lui : il y a de ces moments où l'âme a peur du surnaturel. Peut-être avait-il déjà entrevu au loin la croix qu'il devait joyeusement porter plus tard, et la nature, redoutant le fardeau, regimbait contre l'appel de la grâce.

Si les journées du sergent-major offraient peu de distractions avec leur monotone perspective de regístres et leur horizon borné par les quatre murs d'un bureau, il avait du moins le bon esprit de prendre la situation du beau côté. A quoi aurait servi de regretter ce qui n'était plus ? Mieux valait savourer les minces avantages du présent, et glaner çà et là ce que le métier lui accordait de bon temps.

« 8 février 1870. — Il est neuf heures du soir ; une lampe à pétrole nous éclaire, assez coquette par ma foi ; c'est le fruit des libéralités de mon cher père ; je ne puis l'allumer sans penser à lui. Un bon feu nous réchauffe à très bon marché ; nous avons enlevé trois ou quatre briques qui bouchaient la cheminée ; quant au bois, rien de plus simple à se procurer ; on est justement occupé à faire des réparations à la caserne : nous empoignons discrètement le vieux bois pour en faire des feux de gaîté. Au dehors, pluie, temps sombre. Qu'il fait bon être installé à son aise, et penser à ceux qui montent la garde sur les murs du fort Saint-Ange ! J'ai connu ces plaisirs lorsqu'un vent froid soufflait et que la pluie vous perçait jusqu'aux os, lorsque le sommeil vous fermait presque forcément les yeux et que, pour ne point vous endormir debout, vous étiez obligé de vous pincer jusqu'au sang ; ou bien encore lorsque vos oreilles cherchaient à analyser le moindre bruit, que vos regards s'efforçaient d'épier le moindre mouvement à travers l'obscurité ; lorsque vous aviez toujours un doigt sur la détente et que vous reteniez votre souffle, prêt à faire feu ; lorsque vous étiez là dans la position d'un homme qui a la tête sous le couteau, et qu'une balle venue de je ne sais où pouvait vous coucher sur le carreau, sans que vous eussiez même le temps de pousser un cri. Il faut avoir connu les monotonies d'une faction de deux heures et d'un tête-à-tête avec sa carabine, les mystérieuses horreurs des ténèbres, les émotions d'un temps d'orage, le qui-vive d'une sentinelle en présence de dangers réels et inconnus ; il faut avoir connu tout cela pour apprécier les douceurs d'une tranquille soirée au coin d'un bon feu, en compagnie d'excellents amis. Le passé n'est plus qu'un songe, et le présent ressemble fort à ces réveils de nuits de cauchemar, réveils aussi agréables que les nuits ont été pénibles. »

Tout en devisant de la sorte, en faisant ses comptes et ses écritures, le major se réveille un beau matin tout surpris de sentir sur ses épaules le poids de vingt et un ans, et, parvenu à cet endroit du chemin de la vie qui s'appelle la majorité, il ne peut s'empêcher de tourner la tête pour mesurer la distance parcourue. « Il est des souvenirs que le cœur arrête au passage, avec lesquels il s'entretient longuement : souvenirs d'heureuse enfance, de première Communion, de luttes ardentes, de généreux sacrifices. Il en est d'autres qu'il laisse passer rapidement : souvenirs de deuil, souvenirs de faiblesse, de découragement ; puis, se repliant sur lui-même, il constate les ruines du temps, il s'attriste de ne plus être aussi généreux qu'autrefois, de croire moins facilement à la loyauté des autres ; c'est un germe de scepticisme qui grandit, au lieu de cette foi naïve qui admettait tout. Pauvre cœur, que de ravages, que de fleurs fanées !... Allons, mettons la raison et surtout la foi entre l'âge qui s'avance et la jeunesse qui s'est écoulée, et puisqu'il faut décidément devenir homme, soyons du moins homme de cœur et de volonté. »

Le carnaval vient jeter dans le bureau un coup d'œil rieur, et Théodore se sent rajeunir en présence d'un de ces tours innocents comme on se permet d'en jouer entre camarades. Une ancienne connaissance, *un pays*, était fraîchement débarqué pour entrer aux Zouaves. « Nous l'avons emmené méchamment au Corso avec son grand chapeau montant ; c'était conduire un agneau à la boucherie. Les gibus jouent tristement le rôle de paratonnerres, qui attirent sur eux toute la foudre. Lui est tombé simplement dans le panneau, et, durant trois quarts d'heure, tout le parcours de cette grande rue a vu se consommer la lente immolation de son tuyau de poêle. C'était une véritable grêle de *confetti* qui tombait de tous les étages drue et serrée. Je suis sûr qu'il s'en est abattu plus de trois cents livres sur sa misérable tête, sans compter tout ce qui venait de terre, car notre méchanceté allait jusqu'à exciter contre lui toutes les connaissances que nous rencontrions, déguisées en pierrots ou en mariniers. Ce fut le triomphe du jour, mais de ces triomphes d'autrefois qui entrevoyaient les Gémonies derrière le Capitole. Bref, il s'est retiré de cette lutte par trop inégale, et a réfugié sa dignité sur les hauteurs du Pincio, blanchi des pieds jusqu'à la tête comme un vrai meunier, nous accusant de trahison et les Romains d'enfantillage. »

Une bonne fortune pour Théodore, dont l'âme ne cessait d'être tourmentée par la tentation, fut l'arrivée à Rome de son oncle et parrain, M. l'abbé Wibaux, qui depuis onze ans fécondait pour le ciel les régions païennes de la Cochinchine. La conversation de l'apôtre, son esprit de foi, rendirent force et courage à son neveu, qui s'écriait tout ravi : « Comme il sait vous défricher un cœur ! » L'oncle, en homme qui pense à tout, avait rapporté une ample provision d'excellents cigares ; aussi le filleul ne se faisait pas faute de multiplier ses visites, ni les camarades d'accompagner le filleul ; même en l'absence de l'abbé on s'installait, on puisait dans la boîte aux manilles, sauf, au retour du propriétaire, à se répandre en excuses. Mais on était vite rassuré : « Ces bons messieurs ! disait le missionnaire... et je n'étais pas là pour les recevoir ! Mais prenez donc quelques cigares... ils sont bons, croyez-moi... » et l'on puisait de nouveau comme si ce n'était pas déjà chose faite.

Pour comble de joie, Théodore reçut alors la visite de Stéphane, le frère si gai, le compagnon, l'ami du vieux temps, je veux dire du jeune âge. « Depuis huit jours nous n'avons pas cessé de rire. Quand nous avons la bonne fortune de nous trouver ensemble, il nous prend souvent de ces fous rires que nous ne parvenons pas à arrêter; il faut avouer que nous avons de bien joyeuses choses à nous raconter. » Dans leurs fraternelles excursions à travers Rome Théodore répétait sans cesse : « Entrons dans cette église, et faisons une prière pour maman. » A l'heure des repas, son excellent cœur se trahissait d'une autre façon : « Stéphane, disait-il, fais-moi un plaisir : invite X. à dîner ; le pauvre garçon ne sort jamais, il n'a pas de quoi. » Et les deux frères offraient à leur table une place au camarade privé de pareille douceur depuis longtemps peut-être. Combien cette charité discrète devait rendre le repas meilleur !

Il faut bien dire cependant que cette bonté, dont nous venons de voir un exemple entre mille, était parfois presque excessive; ainsi, on imaginerait difficilement l'étrange perplexité de Théodore lorsqu'il devait punir. Après avoir employé les avertissements, il ne s'exécutait qu'en prévision d'une punition plus forte que le lieutenant ou le capitaine n'auraient pas manquer d'infliger au coupable. Cet argument-là était décisif pour son bon cœur. Les subordonnés connaissaient le faible de leur chef, et plus d'un sans doute dut mettre à contribution une longanimité toujours prête à fermer les yeux ; du moins est-il certain que la plupart se laissaient prendre au miel du bon major, et obéissaient uniquement pour ne pas lui déplaire. De fait son capitaine put dire : « Jamais ma compagnie n'a mieux marché qu'avec le sergent-major Wibaux. » Il aimait ses hommes, et ceux-ci le payaient franchement de retour par l'échange des bons procédés qui sont les liens de la camaraderie. Durant les marches, quand les visages ruisselaient aux rayons du soleil, quand les gosiers étaient altérés par les chants et la poussière, Théodore faisait son geste favori : il allongeait le bras jusqu'au fond de la vaste poche de son pantalon : « Voyons, disait-il, s'il y a encore quelque chose là-dedans, » et il trouvait toujours une pièce pour payer un verre aux camarades.

Nous connaîtrions mieux encore ses délicatesses si *Brindamour* avait pu parler ou écrire ses mémoires ; c'était un petit chien tout mignon, le chien de la compagnie. Or, à cette époque de notre récit, avril 1870, la compagnie fut détachée de Rome à Acquapendente. Brindamour ne pouvait se mettre au pas des Zouaves, c'eût été pour ses petites pattes un galop perpétuel. Le major donna des ordres en conséquence, et Brinda-

Acquapendente.

mour fit le voyage tantôt couché dans la marmite, tantôt blotti dans le capuchon de quelque Zouave. Malheur à qui lui eût fait quelque mal ! Ce jour-là le pacifique sergent aurait pris sa grosse voix.

CHAPITRE SEIZIÈME.

Durant cette marche vers Acquapendente, Stéphane avait pris rang à côté de son frère pour prolonger les dernières heures d'entretien et retarder la séparation. « Arrivés près d'un grand aqueduc romain, le capitaine fit sonner la halte, et j'en profitai pour me détacher de la colonne. Ce fut alors comme une vue subite du passé et de l'avenir; tout est venu en même temps affluer au cœur. Nous nous sommes quittés en pleurant; la tromba a donné l'ordre de reprendre la marche, nous avons échangé encore quelques adieux, puis j'ai suivi tristement la compagnie, me retournant presque à chaque pas pour agiter mon mouchoir. Cette sorte de grand désert si bien en rapport avec la solitude qui s'était faite en moi, ce vieil aqueduc dont les arcades laissaient entrevoir un ciel sans nuage, et plus loin ce cordon bleu de la mer, ce chemin de la France et de mes affections entrevu à travers deux grosses larmes au milieu de tout cela mon cher Stéphane dont les traits devenaient à chaque pas moins distincts, non, je n'oublierai jamais cela! »... Les deux frères étaient faits pour marcher côte à côte, aussi bien dans le sentier fleuri de la gaîté que dans le chemin abrupt du sacrifice; Stéphane le prouva bientôt. Théodore était d'âge à servir en France, et la perspective de se voir peut-être contraint de quitter les Zouaves au moment décisif le faisait cruellement souffrir. On décida en famille que Stéphane, qui n'avait pas l'âge de la conscription, s'engagerait pour libérer momentanément son frère. « C'est pour le bon Dieu, dirent les parents; c'est donc comme si Stéphane était Zouave lui aussi. » Jamais Théodore n'oublia ce service, qui devint plus tard comme un nouveau lien entre leurs âmes : *Frater qui adjuvatur a fratre quasi civitas firma;* deux frères qui s'entr'aident sont forts comme une citadelle !

CHAPITRE DIX-SEPTIÈME. — 1870.

Acquapendente. — Vie de rose. — Le général inspecteur. — Regrets. — Lac de Bolsena. — Guerre franco-allemande. — Rage au cœur. — Retraite sur Civita-Vecchia. — Préparatifs de défense. — Testament. — Capitulation et désespoir. — Le Prétoire. — Prise de Rome. — A bord de l'« Orénoque ».

La vie s'écoulait charmante à Acquapendente sous le capitaine de Kermoal ; jamais le chef n'eut à se repentir d'avoir choisi Théodore pour sergent-major, toujours celui-ci n'eut qu'à se féliciter de vivre sous pareil chef. « La ville est de coquette apparence, le pays pittoresque, le grand lac de Bolsena si plein de majesté n'est pas loin, les visages sont sympathiques. Nous logeons dans un couvent, et les cellules des Pères communiquent avec les chambrées des soldats ; nous pouvons même sans sortir aller à la tribune de l'orgue. Les Hollandais chantent leurs cantiques et nous chantons les nôtres. Je ne connais rien de plus suave que ces réunions intimes du mois de Marie, rien qui porte mieux l'âme aux souvenirs et aux saintes aspirations de ses beaux jours.

« Le peuple est bon, plein de piété et d'insouciance. Le maître de chapelle de l'endroit joue des opéras dansants, et semble jeter en valses et en polkas tous ses souvenirs de jeunesse ; les fidèles jasent après avoir chanté et cessent tout à coup de pleurer pour sourire, car, à travers leurs larmes, ils ont vu un pauvre lézard courant dans l'église... »

Sous ses ordres Théodore voyait s'échelonner la triple hiérarchie qui constitue le bureau d'un sergent-major ; c'était d'abord le sergent-fourrier Adolphe Florin, son compatriote et ami, puis le caporal-fourrier Amoury, avec lequel il se retrouvera plus tard dans la Compagnie de Jésus, enfin un élève-fourrier. Si l'autorité du chef de bureau péchait par excès de paternité, il faut dire que ses subalternes lui pardonnaient volontiers ce défaut. Le major et le fourrier couchaient dans la même chambre, et le soir, tout en fumant leurs pipes, tout en parlant de Roubaix, leur thème favori, ils poussaient une pointe dans la nuit jusqu'à la venue du sommeil.

Pendant le jour, le bureau se transformait en un véritable parterre de roses, de lis, d'œillets, dus à la gracieuseté de quelques habitants. « C'est plaisir d'écrire le nez sur les fleurs. Tout est charmant depuis le réveil des rossignols jusqu'à cette lutte de lumière entre le soleil qui disparaît et la lune qui se lève...

« Au moment où j'écris ces lignes, Adolphe vient de raccrocher un frère du couvent qui tenait un bidon de vin à la main, et sans aucune façon il l'a amené à notre bureau. Mon caporal, mon élève-fourrier Hermann, Adolphe et votre cher major, sont en train d'user des générosités peut-être un peu forcées du pauvre frère, et cela sans aucun scrupule de conscience. Les militaires ne connaissent pas le mot de vergogne, pas plus en français qu'en italien. »

Pour empêcher que tout ne fût fleurs et chants dans cet Éden, il y avait comme partout ailleurs les alertes et les marches, et surtout les inspections et les règlements de compte.

« 16 mai 1870. — Il s'agit bien aujourd'hui de poésie. Au lieu de ce souffle si tranquille de nos bois, c'est un vent belliqueux qui passe, ni plus ni moins. Ce matin, le lieutenant de gendarmerie a reçu une dépêche, que son maréchal m'a transmise d'une voix tout essoufflée par l'émotion. Une bande de quatre-vingts chemises rouges a saccagé un petit village de Toscane ; pourchassée par l'armée régulière, elle est prête à s'abattre sur nos frontières. A demain, s'il plaît à DIEU, des détails plus précis ; je vous demande la bénédiction, et vais dormir comme Condé à la veille de Rocroy. » C'était assurément le meilleur parti à prendre, car il n'en était plus à son apprentissage en fait d'expéditions de ce genre, plus fécondes en sueurs qu'en lauriers ; le lendemain, en effet, la bande redoutable s'était évanouie.

La guerre aux brigands, passe encore, mais une inspection en perspective, est-il rien de plus sombre sur l'horizon ? « Le général de Courten va venir, amenant avec lui le cortège de tous les ennuis du métier : inspection dans les chambres, inspection au grand air, revue de comptabilité; qui sait toutes les fantaisies que peut enfanter une tête de général? Quelle curieuse idée de vouloir absolument faire des visites à des gens qui n'en veulent point! C'est un abus du pouvoir que de forcer une solitude. Que ne nous laisse-t-il à nos illusions, au lieu de nous rappeler si brusquement à la réalité des choses par la vue de son chapeau à claque!

« Il faut dire que moins on a de besogne, moins on a de courage pour la faire. Je ne me suis jamais senti une si vive répulsion pour tout ce qui est comptabilité ou service. On est toujours tenté de prendre le temps de détachement pour un temps de vacances, et d'enfouir théorie et main-courante dans le fond de la caisse, comme les écoliers font alors de leurs auteurs grecs et latins. En somme, c'est toujours le même principe dans des applications secondaires : un grand sacrifice séduit d'une manière irrésistible, la plus petite misère vous abat; une besogne ardue, difficile, met l'amour-propre en jeu et appelle le courage, des exigences moins sérieuses vous deviennent insupportables, et font l'effet de mouches qui vous tracassent au milieu d'une jolie promenade.

« Notre bureau est transformé en ruche d'abeilles; il faut de force maintenir sur chaise ces jambes par trop aventureuses, contenir au-dessus du papier ces têtes toujours avides de voir l'espace. C'est un coup d'épaule à donner terrible et tout d'une pièce. Mon fourrier s'est levé comme un lion que l'on éveille mal à propos ; tout pestant, faisant même des vœux pour que le général se donnât une entorse en route, il n'en a pas moins secoué la besogne. Je le vois tout épouvanté de son grand courage. »

Et Théodore donc, qui passe sur ses registres dix fois plus de temps qu'un autre, et qui cependant par amour du devoir, voulant faire lui-même sa besogne, repousse les offres de service de son fourrier! Enfin, à force d'écritures et de veilles on est prêt, le général peut paraître, le voici! « M. de Courten a bonne figure, de ces figures que l'on aime sans s'en rendre compte; il a exprimé son contentement d'une manière si catégorique, que cette visite, dont nous nous faisions un cauchemar, n'est plus qu'un heureux souvenir. Contentement sur toute la ligne, tant pour les hommes que pour le bureau. » A son retour à Rome, le général, peu content des félicitations déjà données, rendit au colonel Allet un compte très élogieux sur la compagnie d'Acquapendente. « C'était plaisir de voir *l'allegria* de notre capitaine. Il méritait certainement qu'on se mît en quatre pour lui faire honneur, car il a pour nous des prévenances d'une délicatesse toute paternelle. Voici donc notre tranquillité affermie sur des bases encore plus solides ; et maintenant, chantez, oiseaux ! resplendissez, beau ciel ! soufflez, vent de la montagne ! nous n'avons qu'à mettre nos voix à l'unisson des vôtres ! » Est-il besoin d'ajouter qu'il y eut grande liesse au bureau en l'honneur de l'inspection ? Celui-là fut condamné à payer les frais qui serait le moins leste à vider son verre... Comme de juste, Théodore fut la victime.

Il pouvait donc maintenant continuer ses visites quotidiennes au gonfalonier de l'endroit, poète aimable en compagnie duquel les heures passaient rapides à travers les beautés de Dante ; il pouvait jouir et de la campagne et des habitants dont les mœurs simples offraient mainte étude curieuse à un esprit observateur. Les cérémonies du culte, les processions surtout avaient quelque chose de typique. « Cela se fait si bien en famille. Après chaque psaume, une mauvaise musique joue un air de valse ; puis les chanteurs reprennent. DIEU ! quels chanteurs ! on croirait entendre des individus assis sur un gril chauffé et refroidi tour à tour, pour élever ou baisser le diapason des hurlements. S'il n'y avait pas tant de foi au milieu de ce grotesque, on serait bien tenté de rire. »

Le général Kanzler, ministre des armes de Pie IX.

Et cependant, parmi les joies de cette vie tranquille le major regrette le passé, comme tout cœur généreux regrette le sacrifice. « Chrétiennement parlant, j'échangerais volontiers les deux années de souffrances que j'ai menées étant simple soldat, contre ma dignité et mes loisirs. Si l'on me permettait de revenir sur mes pas et de choisir ma place, je me planterais bel et bien au milieu du champ de bataille de Mentana, et gare à ma pauvre peau ! vive ma chère âme ! Épurée qu'elle était par de longs mois de sacrifice, je crois qu'elle se serait envolée assez légère. Mais on ne m'a pas voulu là-haut ; la Providence a ses desseins ! »

Un jour, le major et le fourrier dirigèrent leur course vers le délicieux lac de Bolsena, lieu enchanteur « avec sa ceinture de vieilles murailles et sa couronne de châteaux-forts, et cette blanche fumée des maisons qui se confond avec les brouillards, et dans les airs ces sons de cloches, ces carillons qui semblent fous de joie, répétés de montagne en montagne. » Tandis que le fourrier, étendu sur le gazon, fumait tranquillement sa pipe, Théodore prenait ses ébats dans les eaux du lac. Excellent nageur, il se trouva bientôt à quelque trois cents mètres du rivage, quand soudain ses jambes s'embarrassèrent dans son caleçon d'ordonnance ; impossible de s'en tirer, impossible de prendre pied au milieu de ces eaux profondes. Épuisé par ses efforts mais sans rien perdre de sa présence d'esprit, il baise son scapulaire en invoquant sa Mère du ciel, et se trouve tout à coup debout sur une roche. Sans ce point d'appui il était perdu. Toute sa vie il regarda cette intervention comme miraculeuse, d'autant plus qu'on ne connut jamais de rochers en ces parages. Celle qui avait si souvent écarté de lui les périls de l'âme, pouvait-elle faire moins pour lui sauver la vie du corps ?

Lac de Bolsena,
d'après un dessin du capitaine de Gouttepagon.

Les bruits de guerre qui remplissaient alors la France et l'Allemagne envoyaient leurs échos attardés jusqu'à l'heureuse petite ville d'Acquapendente ; désormais tout prend un air sombre et morne autour des soldats pontificaux. Même avant la nouvelle des désastres de la France, que de déchirements intimes au cœur des Zouaves français !

« 22 juillet 1870. — Je vis depuis quelques jours dans une agitation facile à comprendre ; il y a possibilité de guerre, la guerre est déclarée ! Quel coup de canon, ô mon Dieu ! Les deux nouvelles se sont succédé avec la rapidité de la foudre après l'éclair. On voudrait se trouver mêlé aux événements et apporter sa part d'action et de générosité. Telle est la position dans laquelle je me trouve, ou plutôt nous nous trouvons ; car nous formons ici un assez bon noyau de Français, qui avons tous salué avec acclamation cette guerre nationale. »

Un peu plus tard il ajoute : « Je sens que je me battrais bien pour ma chère patrie. Rester ainsi au loin, c'est à désespérer celui qui se sent un peu de sang français dans les veines ; je n'en vis plus. Que faire en pareilles circonstances ? Se ronger les poings d'impatience ! Mieux vaut mourir... Du calme, ma pauvre tête ! ne vous échauffez pas outre mesure. Je me tais, dans la crainte de dire des bêtises ; vous comprendrez et vous excuserez les écarts d'une ardeur toute patriotique. »

Le contre-coup de la guerre se fit aussitôt sentir en Italie. « Quelque chose se trame contre nous, la trahison prépare son œuvre ; il n'est pas impossible que nous soyons sacrifiés pour quelque alliance et que nous nous acheminions vers un second Castelfidardo. Malheur à la France si elle abandonnait l'Église au moment où elle a le plus besoin de ses prières ! D'un moment à l'autre, et en même temps que le départ définitif des troupes françaises, une dépêche peut nous apprendre l'arrivée des Piémontais. Les deux choses se suivront de près ; Dieu sait comme de nos jours on agit prestement et à brûle-pourpoint, sans crier gare ! Nous serons les premiers exposés, sacrifiés, hachés. La danse va commencer avec accompagnement de Remingtons ; ce seront de bien jolies vacances. Si nous avons toute l'Italie à dos, nous pouvons préparer notre paquet pour l'autre monde ; si nous n'avons affaire qu'à nos amateurs de Mentana, le mal n'est point grand. Venez, mes agneaux, venez, mes brebis, nous avons des *confetti* à votre disposition.

Nos sacs sont faits ; nous sommes depuis une heure sur le pied de campagne, destinés à être manipulés comme les machines, et à marcher où le vent de la guerre nous portera. »

La trahison se consomme ; les dernières troupes françaises retirées à Civita-Vecchia, après la bataille de Mentana, quittent définitivement l'Italie. Oui, « malheur à la France ! » elle refusait son secours à Dieu et Dieu préparait la verge du châtiment.

En cas d'invasion des Piémontais, la petite troupe d'Acquapendente ne pouvait songer à défendre cette place, dominée de tous côtés par des hauteurs. La compagnie de Kermoal se retire donc à Valentano, village planté au sommet d'un pic et que le sous-lieutenant Burdo, avec cinquante hommes, avait défendu naguère contre douze cents Garibaldiens. C'est là qu'on apprend la nouvelle des premières batailles livrées près du Rhin.

Valentano,
d'après un dessin du capitaine de Gouttepagnon.

« Ces deux défaites successives de Wissembourg et de Woerth ont produit l'effet d'un soufflet qui remue tout le sang et ramène à la réalité. Pauvre France ! j'avais le pressentiment de ses revers sans vouloir y croire ; d'un côté, c'était la crainte d'un châtiment divin, de l'autre, cette confiance absolue dans nos armes. C'est bien dur ! j'en connais plus d'un qui a perdu la joie et l'appétit. Ce que nous souffrons est inexprimable. »

« 10 sept. 1870. — La réalité se confirme chaque jour pour nous, et cela d'une manière lente, par des dépêches d'un laconisme désespérant et cru, sans presque de détails ; c'est comme un poison que l'on est forcé de boire à petites gouttes.

Théodore Wibaux.

L'empereur prisonnier, Mac-Mahon blessé grièvement, son corps d'armée rendu à l'ennemi ! Décidément devant la Providence il faut baisser pavillon : la bravoure et les mitrailleuses n'y font rien. Chez nous, c'était un désespoir sombre, une envie de pleurer à chaudes larmes. Il faut que nous ayons bien mérité d'être châtiés pour que l'humiliation dépasse tout ce que raconte l'histoire.

« Mon Dieu ! votre main est bien terrible. Ne nous faites pas boire le calice jusqu'au bout : *Parce, Domine, parce populo tuo !* Cette plainte touchante me revient à la mémoire du cœur comme un des purs souvenirs de jeunesse. Je n'ai pas chanté ni entendu chanter cette supplication depuis que j'assistais aux saluts de la paroisse près de ma chère mère, dont l'image alors si sereine, si confiante, m'apparaît aujourd'hui toute pleine de mélancolie et d'inquiétude.

« Non, les Prussiens n'ont pas fini de danser ! je le sais fort bien et je me sens une rage, une envie démesurée de les voir en face. Oh ! qu'il est dur de vivre comme nous vivons, d'imposer silence au cœur par la raison ! Nous aurons aussi notre jour, cela ne peut pas être autrement. Dieu nous tiendra compte de notre douloureuse patience, de ces élans patriotiques contenus à grand'peine pour lui, et pour lui seul, car il n'y aurait point de motif humain capable de nous arrêter une heure de plus. »

Au moment où la France ne comptait plus que défaites, blessures et capitulations, l'Italie avait beau jeu pour aller de l'avant et mettre enfin la main sur Rome. De divers côtés à la fois soixante mille hommes envahirent le territoire pontifical ; ils étaient six contre un, ils pouvaient donc marcher sans peur ! La petite armée du Pape fut aussitôt concentrée à Rome, au cœur de l'action ; mais comme Civita-Vecchia était une place importante à garder, une partie des détachements du nord prit cette direction. De son côté, le fougueux général Bixio avait jeté son dévolu sur cette ville, vers laquelle il s'avançait à la tête de treize mille Piémontais, marchant à grandes journées pour devancer les Pontificaux et leur couper le chemin. Tout cela fut si prompt, que les Zouaves destinés à Civita apprirent du même coup et l'invasion, et l'impossibilité pour eux d'opérer leur retraite par les grand' routes. La compagnie de Valentano fut contrainte de doubler les étapes nuit et jour, à travers les bois, les champs et les chemins de traverse.

« Nous marchions sans repos et sans rien dans le ventre. La nuit, c'était une lutte désespérée contre le sommeil, un tâtonnement continuel à travers les pierres, et le jour, cet accablement de la chaleur qui réduit à rien la volonté la plus énergique. Dieu ! que j'ai bien éprouvé les tortures de la faim et de la soif ! Pour vous donner une idée du danger couru, je vous dirai qu'une heure après que nous avions quitté Toscanella, plusieurs milliers de Piémontais y faisaient leur entrée ; si nous avions perdu le temps à faire la soupe, nous y étions pincés ; nous aurions certainement fait résistance, mais une compagnie contre plusieurs régiments ne peut que se faire hacher.

« Justice soit rendue à M. de Kermoal ; il a *crânement* opéré son mouvement, avec une fermeté qu'en d'autres temps on aurait pu taxer de cruauté, mais que les circonstances rendaient indispensable ; et cependant, pour qui connaît son caractère, on devine bien tout ce qu'il a dû souffrir en voyant les souffrances des autres. Pour mon compte, je puis me vanter d'être dur à la fatigue et excellent marcheur, et cependant j'avais des moments de découragement et je me mordais les doigts de désespoir. En somme, après avoir laissé en arrière pas mal de traînards qui tombaient comme des mouches, nous nous retrouvons tous au complet à Civita. »

Les soldats pontificaux destinés à la défense de la place n'étaient qu'une poignée, la plupart conscrits ; seule la compagnie de Théodore comptait des hommes exercés au métier, aguerris à la fatigue, bons à tout oser ; mais tous indistinctement, recrues et vétérans, se disposaient à faire bravement leur devoir. « Jamais je n'ai vu si grand désir de se battre ni pareille insouciance de la mort. Il vaut mieux en être réduit à ne plus compter que sur le secours divin : on se sent plus fort.

« De la chambre où je vous écris j'aperçois la mer. Quatre ou cinq grosses frégates italiennes s'amusent à croiser à très petite distance ; une d'elles a tantôt passé en face du port à une demi-portée de Remington. Voudraient-ils que nous ouvrions le feu pour se couvrir du prétexte de légitime défense ? Ces allées et venues provocantes sont assez ridicules ; ce n'est pas ordinairement l'agneau qui va chercher querelle au loup, et si d'une part nous sommes décidés à nous faire démolir jusqu'à la dernière cartouche, nous comprenons qu'il ne nous appartient pas de commencer l'attaque : les forces sont par trop inégales. Les choses iront bon train ; demain, aujourd'hui, dans une heure peut-être, le bombardement de mer et le siège de terre peuvent commencer simultanément. »

Et dans cette attente Théodore se recueille pour faire à Dieu, une fois encore et en pleine connaissance, l'offrande de lui-même, toujours joyeuse, toujours sans réserve ; il jette un regard vers Roubaix, puis, levant les yeux en haut, il trace d'une main ferme ces lignes dictées par la foi, testament du soldat chrétien : « Et maintenant, bien cher père, bien chère mère, chers frères et sœurs, une dernière et bonne pensée pour vous que j'aime plus que jamais. Si je viens à succomber, ce sera avec la douce espérance que tous vos mérites, toutes vos saintes prières atténueront mes faiblesses et mon indignité. Si j'ai eu des moments de grande tiédeur et de relâchement, je crois que le sacrifice spontané de ma vie offert à Dieu m'obtiendra le pardon complet. Je veux me rappeler une dernière fois le mobile qui m'a conduit ici : le simple et pur désir du martyre. Depuis, ma légèreté me l'a fait souvent perdre des yeux, mais j'espère que ni Dieu ni mes intercesseurs ne l'auront oublié. *Pro Petri sede !* »

Durant la nuit du 15 septembre, on fit lever précipitamment les Zouaves. Enfin ! pensèrent-ils avec joie, le moment du combat est venu ! « Au lieu de cela, M. d'Albiousse nous annonce en sanglotant que tout était consommé ! Quel moment douloureux ! quelle fureur ! Vainement le capitaine le supplia de le laisser partir avec sa compagnie : nous aurions traversé les lignes ennemies, quelques-uns auraient eu la chance de parvenir jusqu'à Rome, et ceux qui auraient succombé n'auraient pas été les plus malheureux ! Mais c'eût été une violation du traité ; comment attaquer des soldats qui se reposaient sur la foi de la capitulation ? Mon cher Kermoal, je m'adresse à votre honneur ; telle fut la seule réponse. »

Alors de grosses larmes pleines de rage coulèrent en silence de tous les yeux et les sanglots soulevèrent les cœurs. Que s'était-il donc passé pour amener pareil résultat, et cela sans coup férir ? Le colonel Serra, commandant de place, sommé par Bixio de rendre la ville, avait rassemblé en hâte son conseil de guerre. Il parla le premier, et déclara que le seul parti à prendre était de capituler. Le commandant d'Albiousse se leva alors pour protester et réclamer au nom des Zouaves l'honneur de tomber du moins en soldats ; il fut seul de son avis. L'acte de reddition fut signé, séance tenante, par les dix-neuf officiers italiens qui composaient le conseil; seul l'officier français refusa d'y mettre son nom.

Le lendemain les Piémontais faisaient leur entrée aux cris répétés par la populace de « Mort aux étrangers ! » et, pour prouver que ces menaces n'étaient pas seulement une sorte de bienvenue à l'adresse des plus forts, on en vint aux voies de fait. « Insultes, crachats, lâchetés de cinq à six mille canailles déchaînées et payées pour nous jeter de la boue au visage, ennuis, humiliations de la captivité, c'est à croire à un songe, ou plutôt à un cauchemar. » Théodore ne dit rien de plus ; un de ses amis ajoute ce trait : la haute taille du major avait attiré l'attention d'une bande de soldats piémontais qui, mis en fureur à la vue de sa décoration de Mentana, se précipitent sur lui, le bousculent, le pressent contre un mur. Comme il restait impassible au milieu des coups, aussi droit qu'une colonne, couvrant de ses bras sa chère médaille, les Italiens, animés par l'exemple d'un de leurs sergents, dirigent leurs baïonnettes contre sa poitrine...... Par bonheur un officier vint à passer qui dispersa ces forcenés.

Désormais rien ne manquait à la gloire des soldats du Pape. Ils avaient eu l'honneur d'être calomniés dès longtemps par une presse impie; mais la calomnie les avait grandis dans l'estime des bons en même temps qu'elle leur avait valu les plus douces bénédictions de Pie IX. Ils avaient connu les poignards des assassins, les bombes Orsini, les complots ténébreux, les casernes minées, comme aussi les triomphes de Mentana, les gloires du martyre, les applaudissements du monde catholique ; aujourd'hui c'étaient les ignominies du Prétoire, la couronne d'épines, le manteau de pourpre. Soldats, ils avaient la mort dans l'âme ; chrétiens, ils tressaillaient sous l'injure : *Quoniam digni habiti sunt pro nomine Jesu contumeliam pati.*

Le 20 septembre, Rome assistait au bombardement de ses murailles, et quelques heures après à l'entrée des Italiens. Le *Consummatum est* avait sonné pour les Zouaves ; mais avant de quitter cette ville devenue leur patrie, leur famille, leur espérance et leur vie, ils voulurent recevoir une dernière bénédiction de leur père Pie IX. Quand sa douce figure apparut pleine de tristesse à une fenêtre du Vatican, le colonel Allet brandit son épée et les cris de « Vive Pie IX ! » montèrent une dernière fois jusqu'au ciel dans cette Rome désormais froide et muette ce fut comme un concert d'acclamations, de sanglots, de salves de mousqueterie ; une dernière fois la bénédiction descendit des lèvres du père au cœur des fils, après quoi les Pontificaux défilèrent le front haut devant les troupes italiennes ; ces prisonniers-là avaient un air de vainqueurs.

On les dirigea sur Civita-Vecchia, d'où ils devaient rejoindre leurs différentes patries. Ils se retrouvaient côte à côte, ces braves qui avaient oublié leurs nationalités pour ne se souvenir que de leur titre de chrétiens ; il leur fallait se dire adieu après avoir vu sombrer la cause qui était l'âme de leur existence. Les Français furent embarqués à bord de l'*Orénoque*, et là, le dimanche 27 septembre, à l'issue de la messe célébrée sur le pont, le drapeau du régiment fut déployé, étalant fièrement les souvenirs de Mentana qu'il portait écrits avec le sang et les balles. On le partagea ensuite, et chacun reçut un morceau de ce qui avait été le cœur du régiment.

Théodore garda toujours cette parcelle comme on garde la relique d'un martyr, et sur l'enveloppe qui la renfermait il écrivit ces vers d'un Zouave :

Nous aimions, saint et cher drapeau,
A voir tes larges déchirures,
Et comme un vieux guerrier tu nous semblais plus beau,
Plus tu nous montrais de blessures ! (1)

---

1. « *Le Drapeau,* » par le marquis de Beaufort.

CHAPITRE DIX-HUITIÈME. — 1870.

Toulon. — Tarascon et Beaucaire. — Tours. — Tristesses. — Le collège Sainte-Croix au Mans. — Organisation. — En campagne. — Marches sans fin. — Patay. — Le colonel de Charette. — Retraite sur Poitiers. — Pauvre France !

« Toulon, 28 septembre 1870.

« A bord de l'*Intrépide*.

Toujours prisonnier ! voici neuf jours que je n'ai pas mis pied à terre ; je ne me connaissais point une vocation maritime. Cette vie entre ciel et eau commence à devenir insupportable ; le pont d'une frégate, toujours le pont d'une frégate pour y promener l'amertume de ses réflexions et de ses souvenirs ! Il nous tarde tous d'utiliser nos forces pour la défense de la patrie. »

Tel était l'unique vœu, l'unique désir de tous les Zouaves français. Déliés par Pie IX de leurs serments envers le Saint-Siège, ils ne demandaient qu'à offrir à la France l'amour et le dévouement qu'ils avaient voués à Rome ; la patrie adoptive, cette patrie des âmes catholiques, n'avait pas fait oublier la vraie patrie, qui reste toujours celle des cœurs. Mais en venant mettre au service du pays leurs bras et leur sang, ils réclamaient le privilège de continuer à combattre ensemble sous les ordres de leur chef aimé, M. de Charette ; ils aimaient trop le régiment pour consentir à briser ces liens si tendres et si forts qui les avaient réunis autour du Pape. Le lieutenant-colonel alla donc jusqu'à Tours faire aux ministres ses offres de service, et, en attendant la solution des pourparlers, les Zouaves furent dirigés sur Tarascon et Beaucaire.

« 30 septembre. Quel sort étrange ! se trouver à Beaucaire en costume de

Zouave pontifical, libre, respecté, choyé même, comme on a coutume de choyer les défenseurs du pays dans une nation où vibre la corde patriotique !... Population sympathique, cœurs francs et ouverts ; non point de ces lèvres qui sourient à la force et crachent sur le faible. Il semble que le souffle contagieux de la révolution n'ait point passé sur cette contrée ; ici la République ne fait point ses frais. Les femmes et les enfants nous demandent des médailles du Pape, tout en nous recommandant d'enfourcher les Prussiens à la baïonnette....

« Je m'inquiète peu de la forme d'organisation que l'on nous donnera, pourvu que nous restions unis. Ce qui m'importe, c'est que nous maintenions ce bon esprit du bataillon ; j'arrache des deux mains mes galons de sergent-major pour obtenir un tel résultat. On sait parfaitement que nous ne calerons pas devant l'ennemi, et c'est pour cela qu'on oublie notre titre de Zouaves du Pape pour ne plus voir que les défenseurs du pays. La mauvaise presse nous pardonne volontiers nos égarements du passé en raison des espérances de l'avenir. Tout ce qui arrive est pour le bien ; il suffit, pour dominer les circonstances, d'avoir la conscience du devoir accompli et la foi en la Providence. Je me sens philosophe parce que je suis chrétien ; au lieu de me laisser abattre j'aime mieux être joyeux malgré tout et vivre d'espérance. »

Après huit jours d'attente employés à se morfondre au milieu du plus complet dénûment, ordre fut enfin donné aux Zouaves de rejoindre à Tours leur lieutenant-colonel. Les vœux de tous étaient réalisés : le régiment subsistait avec ses cadres et ses chefs, avec son uniforme que tous aimaient comme on aime un grand souvenir ; leur nom seul était modifié : ils s'appelleraient : *Volontaires de l'Ouest*. Ils partirent joyeux autant qu'ils pouvaient l'être dans un pays en deuil. Hélas ! sur leur route quel spectacle navrant ! « Des milliers d'hommes qui braillent du matin au soir qu'il faut mourir pour la patrie et que l'on n'utilise pas faute d'armes ou faute d'entente. Nous avons vu à Nîmes et à Avignon des dépôts considérables de volontaires engagés depuis deux mois, traînant par les rues presque déguenillés, manquant de tout, n'ayant pas encore fait l'exercice. La discipline est à l'état de souvenir par manque de chefs, et les désordres commis sont considérables. J'entendais des habitants souhaiter presque les Prussiens ; il souffriraient moins. »

A Tours le spectacle est plus triste encore, car il montre au grand jour les plaies morales du pays. « C'est une chose curieuse de se croiser journellement avec Glais-Bizoin, d'assister à la gare à une ovation faite à Gambetta ou de se casser le nez contre la voiture de Garibaldi, qui est arrivé hier soir ; il ne manquait plus vraiment à la fête révolutionnaire que le héros de Caprera ! Amère dérision pour un pays qui se respecte ! On devrait pourtant se souvenir de Mentana et ne pas oublier que douze mille de ces *feroci* ont bravement tourné casaque devant trois mille Pontificaux, trois mille soldats de carton ! »

Mais à côté de ces amers chagrins il y avait cependant place au cœur des Zouaves pour la joie et l'espoir, puisque leur fier régiment, qu'ils avaient pu croire frappé d'un coup mortel, renaissait en France aussi plein de sève chrétienne, de jeunesse et de dévouement qu'à ses plus beaux jours. « Véritablement nous ne pouvions nous attendre à une issue si favorable. J'avais souvent rêvé que nous nous battrions tous ensemble pour la patrie après avoir accompli notre devoir de catholiques, mais cela me semblait une utopie. »

Cette troupe de braves était alors réduite à trois cents hommes environ ; mais telle était leur réputation de valeur que dès le jour de leur arrivée à Tours ils étaient réclamés de trois côtés à la fois. On forma donc en toute hâte un semblant de bataillon dont le commandement fut confié au capitaine Le Gonidec de Traissan.

« Ce que nous avions de simples soldats a constitué trois compagnies que l'on a expédiées ce matin pour Fontainebleau.... Drôle de destination !... Débrouillez-vous, les amis ! arrivez comme vous pourrez. Le fait est qu'ils sont partis et que, dans deux ou trois jours, ils auront tâté du Prussien. Vous voyez que les choses marchent vite, que l'on ne nous prend point pour des poltrons ; ils ont tous le feu sacré. Wyart est du nombre ; nous avons fait les adieux à la gare ; tout ce qui subsistait de ma vieille compagnie s'est envolé. »

Il restait un noyau de gradés suffisant pour former le cadre d'un régiment auquel « il ne manquait que des hommes ». Tels étaient les débuts de ce vaillant corps de volontaires qui à Cercottes, à Brou, à Patay, au Mans, dans les longues marches comme dans les combats, à la fatigue ou à l'assaut, fut toujours au premier rang, donnant l'exemple à tous, estimé des chefs, respecté des braves. Mais, on le voit, tout était à faire : au manque d'hommes il fallait ajouter le manque d'argent et d'équipements. C'était comme une âme sans corps, ou plutôt le cœur seul restait intact dans ce qui avait été le régiment des Zouaves ; mais ce cœur battait avec tant de force qu'il aura bientôt rendu la vie au corps mutilé. Le Mans fut assigné au régiment comme centre de formation, et l'on fit sans regrets ses adieux à Tours et à Garibaldi.

« Le Mans, 19 octobre. Nous sommes arrivés à bon port après une assez joyeuse traversée. Celui qui marche droit son chemin vers l'accomplissement d'un devoir tout indiqué, se sent dans le cœur une dose de bonne humeur qui lui vient du repos de la conscience. Sur la route aucune émotion, aucune silhouette de hulan. Nous sommes dans une maison de Jésuites, où l'hospitalité est généreusement et chrétiennement exercée. Il y a des Pères de toutes les maisons ; beaucoup retrouvent leurs anciens élèves ; on y connaît le nom des Motte et des Wibaux. Quelques camarades se décident à faire le grand lavage des consciences. Nos conscrits ont tout à fait bonne tournure ; en cas de besoin ils feraient le coup de feu comme de vieux soldats. »

Au collège Sainte-Croix transformé en caserne on trouvait la vie de famille avec ses douceurs ; les anciens élèves des Jésuites disaient : « C'est une de nos bonnes maisons, » et ils agissaient en conséquence ; quant aux camarades, ils avaient bientôt fait de mettre à ce diapason leurs voix et leurs cœurs. Plus d'un se souvient des prévenances dont il fut alors l'objet, et tel petit zouave qui avait une vilaine toux, pourrait parler des pastilles et des tisanes que lui distribuait le R. P. du Lac, recteur du collège.

Théodore profita de son arrivée au Mans pour aller passer quelques heures en famille, juste le temps de demander à ses parents leur bénédiction, de raffermir son courage, de renouveler son sacrifice. Il revint en toute hâte à son poste de sergent-major, poste plus important que jamais ; de tous côtés en effet les volontaires répondaient nombreux à l'appel de M. de Charette, attirés par ce beau nom de Zouaves Pontificaux qui, aboli officiellement, subsistait de fait dans toutes les bouches. L'organisation de tout ce monde n'était pas une sinécure. « Nous sommes dans une vraie pétaudière ; il faut équiper et instruire. M. de Charette se démène au milieu de tout cela, criant de droite et de gauche, passant de la colère à l'aimable plaisanterie. C'est un homme qui vaut son pesant d'or. »

Malgré ce tohu-bohu incessant, le major continue ses longues lettres à sa famille, qui permettent de le suivre étape par étape à travers toute la campagne de la Loire ; il fallait que cette habitude, dictée par l'affection, fût bien avant enracinée dans son cœur pour subsister malgré tout. « De grâce ayez un peu pitié de ma pauvre tête. Je ne suis plus à Acquapendente, dans mon petit bien-être de campagnard ; c'est maintenant chose différente : un branle-bas, des secousses physiques et morales, un remue-ménage dans toute ma personne. Songez que les sergents-majors, cette engeance de far-niente accoutumés à tout un personnel d'entourage, vivant des sueurs de leurs fourrier, caporal-fourrier et élève-fourrier, n'ont plus même la ressource d'un gratte-papier. »

Le 17 octobre, grande joie pour le régiment. M. Le Gonidec rentrait au Mans après avoir protégé la retraite de l'armée française près d'Orléans. Par leur sang-froid, leur ténacité, leur discipline, ces cent soixante-dix hommes avaient décuplé leurs forces. « Nous voici maintenant posés dans l'opinion : on ne pouvait mieux entrer en matière. M. Le Gonidec a été nommé commandant pour sa belle conduite. »

Hélas ! le temps n'était guère aux joies durables ; la nouvelle de la capitulation de Metz vint jeter la stupeur parmi les Zouaves. « Nous n'avons plus le courage de déplorer tout ce qui se passe ; à peine avons-nous celui d'espérer encore. Il semble que la main de DIEU se complaise à remuer la plaie pour la rendre plus saignante. *Sursum corda !* Humainement parlant, il n'y a plus d'espoir possible et les proclamations de Gambetta ne sont que d'injurieuses fanfaronnades. Notre régiment est en bonne voie ; son organisation est lente et pénible, comme toute chose faite pour se maintenir efficacement ; nous avons atteint aujourd'hui le chiffre de mille. »

Enfin, après les ennuis des premiers jours, le moment était venu d'aller aux ennemis, de mener la vie de campagne, non plus sous le beau ciel d'Italie où l'on pouvait dormir impunément à la belle étoile, mais sur la neige, par un froid intense, avec un équipement défectueux, au milieu de recrues qui comptaient à peine trois semaines d'exercice. Mais au cœur de ces soldats improvisés quelque chose avait passé qui pouvait tenir lieu d'une formation plus complète : c'était le désir de faire honneur à leur uniforme, c'était la foi et la piété, le vrai dévouement à la patrie, qui veut des actes et du sang et non des refrains menteurs et de sots manifestes. Les anciens Zouaves pouvaient être fiers de leurs conscrits, en qui ils se sentaient revivre, et si le drapeau de Mentana n'était plus, l'étendard du Sacré-Cœur allait le remplacer. DIEU préparait des victimes pures dont le sang devait bientôt se mêler, sur la moire blanche, aux gouttes de sang du Cœur divin.

Théodore faisait partie du second bataillon, commandant Le Gonidec, capitaine de Kermoal. Les lettres du sergent-major, brèves mais fréquentes, peignent au vif la vie du soldat en campagne ; on le fait aller en avant, revenir sur ses pas, veiller nuit et jour, marcher à jeun ; il ne sait rien des grands mouvements auxquels il prend part. Hélas ! combien de chefs alors n'en savaient pas davantage ! Du fond de leur cabinet « quelques avocats, corbeaux de mauvais augure, prenaient sur eux avec un aplomb incompréhensible la lourde responsabilité de sauver la France. Ils envoyaient des proclamations ampoulées et des dépêches mensongères ; on les voyait faire et défaire les généraux d'un trait de plume, descendre les idoles du jour du piédestal où ils les avaient placées pour les livrer au mépris public ; tout cela avec la même facilité que l'on met à prendre une tasse de café ; élucubrations de cervaux avinés !... »

« Châteaudun, 11 novembre 1870. — Nous voici au milieu des ruines ; la plaie est encore toute saignante ; c'est une désolation de voir ces grands pans de murs debout au milieu des décombres. Rien à manger ; le pain est passé à l'état de chose introuvable. Nous ne pouvons nous plaindre de notre sort en voyant cette douleur plus grande, mais je vous certifie que depuis le jour où nous avons quitté Le Mans nous n'avons pas envie de chanter : Ah ! quel plaisir d'être soldat !

« Je suis encore un des moins mal partagés, puisque j'ai assez l'habitude de la marche ; cependant vous vous imaginerez facilement que je ne dors point sur un lit de roses. Avant-hier, vingt-huit kilomètres dans les jambes, de Nogent-le-Rotrou à Bazoches, par une pluie continuelle ; nuit délicieuse sous la tente, les reins dans la boue, la tête à l'eau. Hier, de Bazoches à Châteaudun, trente-deux kilomètres, toujours avec ce petit agrément sur le dos qu'on nomme le sac. Entre parenthèses le mien est de consistance : *Omnia mecum fero*. Nuit dans une église tous pêle-mêle, avec des couvertures et des manteaux trempés ; je crois que l'un de ces jours il nous poussera des champignons sur le dos. Je suis un meuble excessivement humide. Ce matin au réveil, lourdeur des membres ; grande stupéfaction en constatant un gonflement considérable de mes pieds et un rapetissement non moins considérable de mes bottes ; ce n'est qu'à force de volonté que j'ai pu venir à bout d'introduire le grand dans le petit. Pour le moment il semble que je marche sur des éclats de vitre, et si, comme on le prétend, nous devons nous rendre à Chartres ou à Orléans, ce qui fait de part et d'autre une distance de dix lieues, je n'ose envisager pour ce soir l'état de mes pauvres jambes.

« Ces misères ne m'abattent point ; en sentant la neige froide me fouetter le visage, en interrogeant du regard ces distances qui ne finissent pas, je songe parfois avec une certaine envie à la tranquillité de la vie de famille, mais le moral a raison du physique, et nous trouvons malgré tout le moyen de chanter et de rire. C'est le cas de dire : Douleur, tu n'es qu'un mot ! tout en nous appuyant sur des bases plus solides que la simple philosophie. Je suis sale, noir, malpropre, couvert de boue, mais c'est un détail. J'appelle sur moi toutes vos bénédictions et vos prières. Si nous succombons, ce sera avec le costume de soldat du Pape ; j'aime à croire que cela servira de passeport pour le paradis. Excusez ma manière d'écrire : j'ai froid et je suis longuement abruti par la fatigue. Votre souvenir me revient fréquemment ; c'est dans les heures de souffrance physique et morale que le cœur se sent invinciblement attiré vers tout ce qu'il aime. DIEU et patrie ! telle doit être notre devise ! »

On aime à entendre ce langage si franc, si chrétien ! Pas de phrases, pas de doléances ; on souffre en riant, on chante pour se réchauffer le cœur, sinon le corps, et puis de temps en temps un regard au ciel, une prière à DIEU, et l'on se console. Pourquoi les soldats de cette trempe furent-ils alors trop peu nombreux en France ?

Trois jours après, c'est une autre face de la vie de campagne. Après un long jeûne et des marches sans fin, on a trouvé de quoi réparer les forces épuisées, et l'on fait provision pour les jours de disette.

« Ferme de la Chalendrière, le 14 novembre.— Une seule pensée d'affection du sein de ma grande solitude ; j'espère qu'elle vous parviendra. Je voudrais la revêtir de tout le pittoresque qui m'entoure. Il y a quelque chose de contradictoire dans l'existence que nous menons : le sauvage se heurte contre le luxe, le sentiment du péril contre la tranquillité, la souffrance contre l'abondance des biens. Figurez-vous des voyageurs mangeant un plat d'huîtres dans une forêt d'Amérique. Nous sommes occupés à cuisiner, et les volailles de la basse-cour vont passer dans nos estomacs avides à toutes les sauces imaginables ; il n'y a rien de tel qu'un troupier en campagne ; ses moindres instincts culinaires deviennent un véritable talent ; les pommes de terre, les oignons prennent sous sa main les formes les plus succulentes. La nuit nous gelons, nous veillons, nous écoutons, nous craignons les surprises, jusqu'à ce que le soleil nous apporte la chaleur et l'espérance. Je me plais ici mille fois mieux qu'en aucune garnison ; et n'était le vif désir que j'éprouve de rencontrer les Prussiens et le grand froid qui vous pique, je consentirais volontiers à quelques jours de villégiature. Nous sommes à quatre lieues de Châteaudun dans la direction de Chartres. Toutes les compagnies sont ainsi échelonnées sur un grand espace de terrain, mais assez rapprochées pour se rallier à l'occasion. On dit que nous coopérons à un grand mouvement ; je veux bien le croire, mais cela n'empêche pas que je ne comprends rien à la chose ; le soldat n'est-il pas une machine ? J'aime à me laisser conduire de la sorte. »

Dans ce mouvement offensif des troupes françaises, le deuxième bataillon eut un poste de choix, car le 24 novembre il fut désigné pour déloger les Prussiens du village de Brou. Arrivé au sommet d'une côte, en face des maisons, il fut accueilli par une décharge de l'artillerie prussienne, qui fit voler la terre à cinquante mètres en avant de la colonne ; une seconde décharge passa au-dessus des Zouaves ; la troisième prouva l'habileté des ennemis à rectifier leur tir, et vint s'abattre dans leur rangs, faisant plusieurs victimes, entre autres le brave capitaine de Kermoal, qui fut blessé d'un éclat d'obus. Au feu des Prussiens l'artillerie française riposta vigoureusement durant une heure environ, après quoi ordre fut donné de pénétrer dans le village. Les Zouaves s'élancèrent en tête de la colonne, mais l'ennemi, prévenant le choc, abandonna la place aux vainqueurs. Ceux-ci durent se remettre en marche, de ferme en ferme, de village en village, à travers les bois et les grand'routes, fortifiés contre les fatigues et les déceptions par ce contentement intime qu'entretient au cœur la conscience du devoir aveuglément accompli.

« Coulmiers, 1er décembre. Nous sommes campés sur le terrain de notre première et tardive victoire, à quatre ou cinq lieues d'Orléans. Ce matin, j'ai eu le bonheur de servir la messe et de communier dans la modeste église du pays ; je l'ai fait en m'inspirant de votre souvenir ; me voici prêt maintenant à braver toute canonnade, malgré la douloureuse impression que j'éprouverais à être broyé sans pouvoir répondre ; mais heureusement l'obus peut mettre mon corps en morceaux sans détruire l'espérance immortelle de l'âme. »

Le lendemain, 2 décembre, le régiment ajoutait à ses lettres de noblesse les noms de Patay et de Loigny, et à côté de ses braves soldats tombés martyrs en Italie, il inscrivait les vaillants qui défendirent jusqu'à la mort le drapeau du Sacré-Cœur. Théodore envoie aux siens ses impressions encore toutes fraîches :

« A trois heures de l'après-midi, M. de Sonis se présenta devant le front du 1er bataillon et leur adressa ces mots : Mes amis, deux régiments viennent de lâcher pied ; montrez à ces lâches comment les hommes de cœur savent se battre : et vivent les Zouaves ! Le cri de : Vive le général ! fut la réponse. On déploya immédiatement les compagnies en tirailleurs vers un bois fortement occupé par l'artillerie et l'infanterie prussiennes ; le feu étant trop meurtrier, le général ordonna d'enlever la position à la baïonnette.

« Ce fut un moment magnifique lorsque M. de Sonis, le colonel de Charette, M. de Troussures, M. de Ferron, s'avancèrent au petit trot de leur cheval à travers une grêle de balles, suivis au pas de course par tout le bataillon. Le bois fut littéralement enlevé d'assaut ; vous dire la boucherie serait chose impossible ; les Zouaves frappaient comme dans du beurre, sans compter les coups de fusil qu'ils distribuaient libéralement. Le bois était pris ; on avait déjà fait des centaines de prisonniers, une mitrailleuse était en notre pouvoir, et l'on allait emporter d'assaut le village. C'est alors que les Prussiens, s'apercevant de notre petit nombre, lancèrent sur nous plusieurs régiments de renfort. L'infanterie, qui nous voyait engagés, refusa de nous soutenir ; l'artillerie, qui devait nous appuyer, n'avait plus de munitions ; il fallut battre en retraite. Ce fut un désastre épouvantable ; on eût dit une faux qui tranchait des épis ; les mitrailleuses, les balles, les obus, tout cela venait de tous côtés. Que de victimes ! il serait trop long de les énumérer ; on ne marchait que sur des corps. Sur quatorze officiers trois seulement revinrent au camp le soir : jugez de la proportion !

« Si seulement le mouvement avait été appuyé, c'était une splendide victoire, et sans doute l'armée de la Loire ne serait pas aujourd'hui en pleine déroute. Le

Le général baron de Charette.

deuxième bataillon peut-être aurait suffi. Malheureusement, tandis que nos camarades se faisaient bravement tuer, nous étions dans une position qui nous avait été assignée comme étant des plus périlleuses, mais notre rôle se borna à soutenir l'artillerie sans tirer un coup de fusil. Que l'on ne s'étonne point de nos défaites : il n'y a plus pour un sou de patriotisme ni pour un centime de religion. »

Trois cents hommes composaient le 1er bataillon ; le soir, quatre-vingt-dix à peine répondirent à l'appel. On se serait encore consolé, car ces vides, loin d'entamer l'honneur, étaient autant de glorieuses blessures, et les blessures peuvent se guérir comme les hommes peuvent se remplacer ; mais où trouver un autre colonel de Charette, qui était resté sur le champ de bataille atteint d'une balle, prisonnier peut-être ? En sa personne le régiment était mortellement blessé à la tête. « Charette ne sera jamais remplacé. C'était l'âme du régiment, le souffle qui animait tous les cœurs. Ah ! comme cette voix vibrante, tantôt furibonde comme une tempête, tantôt rieuse et enjouée, mais toujours respectée et obéie, nous manque en ce moment ! Nous aimions à sentir sur nos têtes sa main parfois un peu rude, mais toujours sûre ; nous aimions à voir ce fier visage si bien accentué, fidèle reflet de son âme loyale et énergique. Son ascendant était irrésistible, nous l'aurions suivi dans les flammes. Je n'ai jamais vu pareil découragement lorsqu'on apprit la triste nouvelle. C'était donc là le résultat de tant de souffrances ! Chacun se sentit oppressé comme si le souffle venait à manquer à l'âme ! Il n'y a plus qu'à invoquer la religion à son secours et à se jeter à corps perdu dans les bras de la Providence. C'est ainsi que la foi console et fortifie ; c'est elle qui fait de la douleur un sujet d'invincible espérance. »

Et, pour surcroît de malheur, le général de Sonis, commandant le 17e corps, était lui aussi blessé, lui le chef sous les ordres duquel les Zouaves étaient fiers de marcher, car ils le savaient homme de foi et de devoir, aussi vaillant soldat que franc chrétien. Au point de vue humain tout était perdu, mais Théodore regarde les choses sous une autre face : « Le régiment est mort, écrit-il ; vive le régiment ! »

Oh ! qu'il fait bon au milieu de la défaite et des ruines, au sein d'une atmosphère où l'on ne respire que honte, découragement et tristesse, qu'il fait bon entendre notre Zouave espérer quand même, sans autre souci que de marcher en avant sous l'œil de DIEU !

Après Patay on dut songer à la retraite. Ce fut une débandade, « un spectacle impossible à décrire. Les Zouaves regagnèrent Poitiers, où se trouvait le dépôt, Dieu sait au prix de quelles fatigues ! Nos jeunes soldats ont été héroïques ; ils ont marché jusqu'au bout ; quelques-uns sont restés çà et là sur la route, mais ce n'est qu'après avoir épuisé toute leur vigueur. Nous savons ce qu'ils ont dû souffrir, nous qui avons déjà tant souffert et que l'expérience de plusieurs années a dû aguerrir. Je suis exténué, abruti, je n'en puis plus, il fait un froid de loup. Bon courage ! Dieu et patrie ! C'était la devise de notre saint général. »

Quant au reste de l'armée, à part quelques exceptions sur lesquelles le regard attristé aime à se reposer, elle offrait le plus triste exemple des ravages produits par l'absence de religion jointe à l'absence de discipline et de patriotisme. « Enlevez ce mobile, autrefois si puissant, du patriotisme à des gens qui n'ont point de religion, que leur reste-t-il autre chose, en face du spectacle si peu gai d'une bataille, qu'un profond sentiment d'horreur et la crainte de la mort ? L'armée en général ne croit ni à Dieu ni à diable ; on n'y parle que pour blasphémer ; celui qui n'a point fréquenté les soldats ne peut s'en faire une idée. Nous avons caractérisé les régiments de marche par ces trois mots : « Nom de D. ! — Ous' qu'est mon régiment ? — Nous sommes trahis ! » C'est bien cela. Quelle pitié de voir des bandes de soldats traîner leur *flemme* par les campagnes ou dans les granges, le dos toujours tourné à la direction du canon ! On s'étonne moins, après cela, de trouver chez les populations un accueil si peu sympathique. Ces gens-là vont toujours en avant-coureurs dans les villages ; une mauvaise réputation précède le gros de l'armée, et ceux qui font leur devoir pâtissent pour les fainéants. »

Pour comble, il arriva plus d'une fois aux Zouaves d'être insultés par des soldats français, qui voulaient sans doute faire oublier leur lâcheté devant l'ennemi en se montrant hardis à jeter l'injure à des braves. Du moins les Volontaires de l'Ouest trouvèrent une consolation dans l'estime que leur avait vouée ce qui restait encore de vrais soldats, estime conquise, on peut le dire, à la pointe des baïonnettes, à force de vaillance et de discipline.

« Le costume de Zouave Pontifical a pris sa place d'honneur dans l'armée ; les marins ont protesté quand on les a séparés de notre régiment, et lorsqu'il était question de notre départ pour Poitiers, les artilleurs déclaraient qu'ils ne marcheraient pas sans nous. Ceci vous montre où nous en sommes arrivés, puisque l'on fait si grand honneur à des gens qui ont fait simplement leur devoir. Nous rapportons toute cette gloire à son auteur ; nous aimons à penser que c'est un acheminement lointain vers le but de nos espérances et que, tout en travaillant pour la patrie, nous travaillons plus efficacement encore pour la cause de la sainte Eglise. »

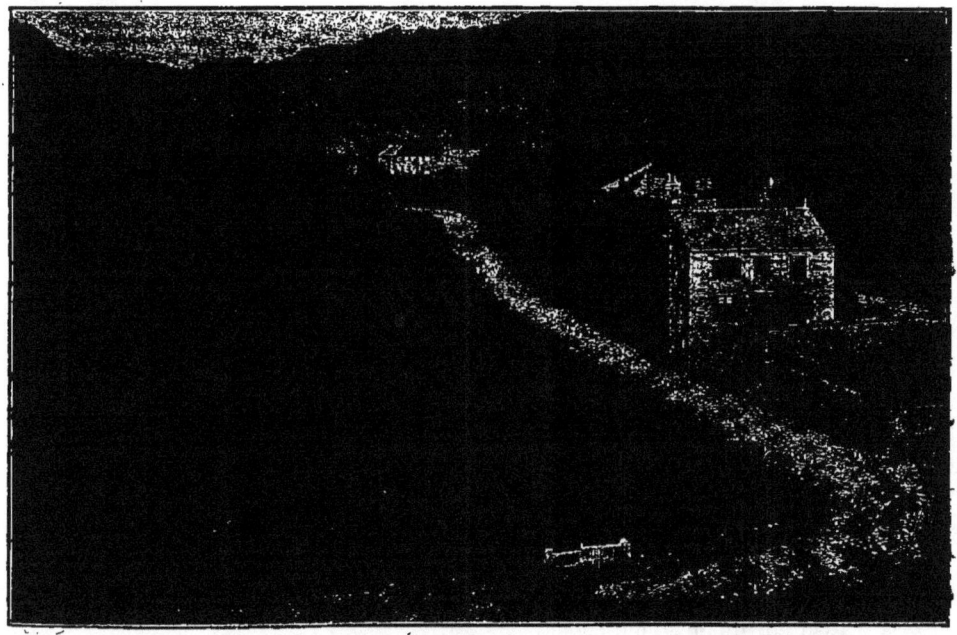

Jersey. — Vallée de Saint-Pierre. (Chap. XXIV.)

CHAPITRE DIX-NEUVIÈME. — 1870-1871.

Rome et Pie IX. — Les trois bataillons. — Association Wibaux-Frères. — Le sous-lieutenant et sa Durandal. — Willebaud malade. — Souffrances physiques et souffrances morales. — Tout pour Dieu. — Théodore infirmier. — Mort de Willebaud.

OITIERS reçut les Volontaires de l'Ouest avec cette charité chrétienne qui trouve sa récompense dans le bonheur de donner ; par un changement de rôle habituel aux cœurs généreux, les bienfaiteurs semblaient être les obligés. Monseigneur Pie donnait l'exemple de toutes les délicatesses de l'hospitalité, et les habitants luttaient de prévenances pour faire oublier aux Zouaves les fatigues de la campagne.

« 8 décembre 1870. — Aujourd'hui, fête de l'Immaculée-Conception, la bonne Vierge m'accorde le bonheur inespéré de me retrouver au milieu de vous. Me voici seul en présence de vos chères images, oppressé sous le poids de mille souvenirs, de mille douleurs, de mille espérances. Après un mois d'incroyables privations, je me vois en possession d'une tranquillité passagère à laquelle je ne puis croire. Ai-je donc rêvé tout ce que j'ai souffert ? Ces marches forcées, ce froid de l'hiver, ces pénibles impressions d'un combat, cette mort glorieuse du premier bataillon, tout cela n'a-t-il été qu'un songe ? »

Et lorsque le Zouave reporte son souvenir plus avant, vers ces jours où il combattait pour l'Église, il trouve encore dans ce passé un autre sujet de souffrance par la comparaison entre ces pures joies qu'il goûtait jadis et les amertumes du présent : « Non, ce n'est plus la même chose qu'à Rome, ce n'est plus avec la même gaîté de cœur que je vais au combat, et j'aurais autant de répugnance à recevoir une balle prussienne sous le regard de la République, que je me serais senti honoré d'en recevoir plusieurs sous l'œil paternel de Pie IX. Autre ciel, autres mœurs, autre genre de vie ; le prosaïque des idées remplace le rêve, le jargon succède au chant. Nous éprouvons tous le même sentiment, le même serrement de cœur ; là-bas, c'était la vraie cause de DIEU, et la mort était saluée comme une libératrice ; ici l'on ne voit plus clairement pour qui l'on tombe, pour qui l'on souffre. Dans le principe, le mot de patrie était capable de susciter l'héroïsme et l'abnégation ; maintenant ce n'est plus qu'une parole vide, indignement profanée dans la bouche des plus lâches. On rougit presque de dire que l'on se bat par patriotisme, car ceux-là qui abusent le plus de ce terme et qui chantent sur tous les tons leur amour sacré de la patrie, laissent massacrer les autres et refusent de se battre. »

Le Cardinal Pie.

Tristes temps où les âmes les mieux trempées se prennent à douter des sentiments qui sont l'âme de leur vie, tant était profonde alors la contradiction que ces saints et nobles sentiments trouvaient dans la réalité des choses !

Et comme volontiers, au sein de ces lugubres événements, Théodore laisse le regard du cœur interroger l'horizon de l'Italie pour y faire surgir une consolation, une espérance : « Je songe souvent à Rome ; si je n'avais toutes ces préoccupations belliqueuses, j'aurais certainement le mal de Rome comme on a le mal du pays ; mais nous y retournerons : c'est l'intime conviction de tous les anciens.

« Pie IX pense beaucoup à nous ; les paroles suivantes, qui nous ont été communiquées dernièrement au rapport par M. d'Albiousse, sont bien de nature à consoler : Faites savoir, le plus tôt et le plus vite possible, à Charette et à tous ses héroïques enfants *(figli)*, que mes vœux, mes prières, mon souvenir les accompagnent sans cesse et partout ; que, comme ils étaient et sont encore avec moi, je suis de cœur et d'esprit avec eux, demandant toujours au Dieu des miséricordes de les protéger, de les sauver, eux et la pauvre France, de les bénir aussi spécialement, aussi largement que je le fais aujourd'hui moi-même en son nom et avec toute l'effusion de mon cœur. — C'est un écho du *Benedicat vos* tombant du balcon de Saint-Pierre. »

Ainsi s'achevait au bruit du canon la funeste année 1870. La bataille du Mans inaugura l'année nouvelle. Là encore le premier bataillon sauva l'honneur français à la célèbre charge d'Auvours. Chose remarquable ! jamais durant cette campagne de la Loire les trois bataillons des Volontaires de l'Ouest ne donnèrent ensemble. En vain les chefs du régiment cherchaient à ne pas diviser leurs forces ; chaque général commandant un corps d'armée voulait avoir sous ses ordres ne fût-ce qu'un bataillon des anciens Zouaves du Pape, et une fois en possession de ces braves, il entendait bien les garder comme troupe d'élite. En quelques mots Théodore esquisse l'histoire du régiment :

« Le premier bataillon est en train de se reformer. Pauvre *bataillon martyr !* c'est ainsi que nous l'avons surnommé. Le deuxième, *bataillon de parade*, n'a presque point subi de pertes, bien qu'il fût composé de gens tout aussi disposés que les autres à se faire casser la tête pour la sainte cause de la République ; mais le hasard ou plutôt la Providence en a décidé autrement. Le troisième, *bataillon de marche*, est celui qui a le plus souffert de la faim, du froid et de la fatigue ; tout cela sans avoir la compensation de tirer une seule balle. C'est le bataillon dont les hommes ont l'air le plus délabré, le plus minable : vêtements en lambeaux, carabines rouillées, tous les signes extérieurs d'une longue privation. Il faut lui accorder en outre cette teinte de philosophie résignée que donne le malheur. Disons à son honneur qu'il a su tirer de cette campagne une qualité excessivement pratique, celle de savoir se débrouiller. *In medio stat virtus !* Nous tenons le proverbe à deux mains, entre les uns qui reforment leurs cadres décimés et les autres qui sont toujours à la recherche d'un repos un peu durable. »

Nous n'avons pas à suivre dans le détail toutes les péripéties du régiment ni à raconter ses tristesses, ses joies et ses gloires. Dès les premiers jours de janvier 1871 M. de Charette avait reparu au milieu de ses Zouaves, ramenant parmi eux l'espoir et la vie ; sa nomination au grade de général fut acclamée par tous et reçue comme une récompense pour le corps entier.

On allait quitter Poitiers pour Rennes, quand Stéphane, engagé dans les dragons depuis la guerre, vint passer quelques heures en compagnie de son frère.

« Stéphane, c'est comme un lambeau de la famille. Que de choses depuis Rome et notre dernière entrevue ! Nous nous étions quittés dans les larmes, mais sous ce beau ciel romain ces pleurs que nous versions n'avaient rien d'amer ; c'était le témoignage réciproque d'une amitié blessée par la séparation, mais heureuse de se sentir vivre tout entière sous le coup de la blessure. Maintenant ce sont d'autres sujets de regret, mais le cœur est en quelque sorte tellement blasé de souffrances qu'il devient presque indifférent; tout au moins il accepte avec avidité tout ce qui apporte un rayon de soleil sur le sombre horizon. Je suis partagé entre le vif plaisir de vivre avec lui en intimité, et la crainte de le voir affronter les dangers de la guerre avec moi. Je ne suppose rien de plus cruel que la position de deux frères exposés ensemble au feu de l'ennemi, lorsque la balle qui atteint l'un épargne l'autre ; je ne puis me faire à cette idée. »

Toutefois, puisque d'un moment à l'autre tous deux pouvaient être appelés à combattre, mieux valait encore faire la guerre côte à côte que dans des régiments différents ; la séparation était le pire des maux. A force de démarches Stéphane obtint de changer son costume de dragon contre celui de Zouave, sacrifiant volontiers ses galons de maréchal-des-logis qu'il allait obtenir. Il en fut bien récompensé par sa nomination de caporal-fourrier sous les ordres de son aîné. « C'est l'association Wibaux Frères qui régit le bureau de la cinquième du second. Vous pensez bien que les choses se passeront en famille et qu'il n'y aura pas grandes contrariétés entre supérieurs et subordonnés. »

La désunion ne devait pas venir de ce côté ; elle vint pourtant sans pitié et sans retard.

« Rennes, le 4 février 1871. — J'ai le plaisir de vous annoncer ma nomination d'officier ; j'ai reçu mon brevet ce matin. Le sentiment que j'éprouve de cet honneur immérité n'est point celui de l'orgueil, c'est bien plutôt la satisfaction de vous savoir heureux. Ce n'est pas une petite chose que de commander, et il est très heureux d'avoir auparavant appris à obéir. Je plains fort ceux qui empoignent les épaulettes de but en blanc. Celui au contraire qui a passé par la filière des grades trouve facilement une règle de conduite dans les impressions de son passé. J'ai échangé la carabine contre l'épée : je crois que c'est la plus grande lame du régiment, chose assez naturelle, puisque je suis, ou peu s'en faut, l'officier le plus grand. Reste à savoir avec qui et pour qui je m'en servirai.

« Nous sommes dans une crise où les plus clairvoyants ne voient goutte. Ce que je sais, ce que je sens, c'est que mon épée ne sera point souillée, c'est qu'elle sera toujours au service du bon droit et de la justice lorsqu'ils se manifesteront sous une forme évidente. Où sera le bon droit et la justice ? — Nous ne pouvons encore le savoir. Mon Dieu ! je ne vois plus clair, je sens que tout tremble, que tout croule autour de moi ; prenez-moi dans vos bras et dirigez-moi dans le bon chemin ! Il faudra qu'il ait la main bien ferme, celui qui voudra donner le coup d'éponge sur toutes nos misères. »

Aux compliments que provoque sa promotion, Théodore répond avec cette allégresse de sentiments qui sert de base à la camaraderie, avec cet humour dont il égayait ses relations intimes ; témoin cette lettre à son ami Victor Crombé, grièvement blessé au siège de Rome. « J'ai reçu tes félicitations avec beaucoup de reconnaissance, mais aussi avec la dignité que comporte mon nouveau grade. Depuis cinq mois que nous sommes en France, nous vivons constamment dans la fumée de la poudre et plus souvent dans la fumée de l'encens ; rien ne peut plus nous éblouir ni nous étonner. Nous ressemblons à ces madones ou à ces statues de saints qui, en Italie, passent froidement et sans sourciller au milieu de la pétarade des *mortari* et des parfums des encensoirs : *Evviva la Madona ! Evviva sant Antonio !*

« Sois persuadé que j'aimerais mieux ton trou de balle que mes galons et mon grand sabre. Cette pauvre Durandal est sans doute destinée à se rouiller prochainement dans un coin, à moins qu'en un jour de détresse je ne la porte chez quelque marchand d'antiquités; j'aurai chance alors de la voir briller entre les mains d'un capitaine de pompiers. Tandis que ta blessure te restera comme un cachet d'honneur et un titre à l'admiration publique, tu auras droit au sourire des vierges et à la bénédiction des vieillards. Je m'imagine aisément tout ce que doit avoir d'intéressant la position d'un jeune blessé, déjà très intéressant de sa personne : sympathiques poignées de main des pères de famille, condoléances de toutes les mamans.

« Nous sommes à Fougères, assez joli port de mer au milieu d'une plaine boisée. Nos distractions ne sont pas variées : pour divertissement extraordinaire, l'exercice de midi ; en fait de perspectives d'avenir, rien ; en fait de souvenirs beaucoup trop ; je me nourris de regrets. »

Ces lignes où le gai compère du vieux temps donne carrière à sa verve, contrastent avec le ton ordinaire de ses lettres datées de France, qui révèlent d'amères douleurs. Aux tristesses que le départ d'Italie lui avait laissées dans le cœur, à cette douleur plus profonde encore d'avoir chaque jour à rougir de sa patrie, Dieu voulut joindre un autre sujet de peine, plus poignant et plus intime, sans doute afin d'achever la conquête de cette âme en la purifiant par la croix.

Willebaud, le confident des désirs, des joies, des luttes de Théodore, était atteint d'un mal cruel. A la suite d'un faux mouvement du bras droit, il ressentait à l'épaule de violentes souffrances qui, depuis le mois de septembre, ne lui laissaient aucun repos. On essaya sans succès tous les remèdes ; l'enflure augmentant toujours ne laissa bientôt plus d'espoir dans les moyens de la terre ; Théodore se joignit aux siens pour obtenir du ciel la guérison du malade bien-aimé, auprès duquel le ramenaient sans cesse ses préoccupations et ses prières: « Je serais assez heureux au milieu de toutes ces misères physiques, écrit-il en novembre 1870, si je n'avais la préoccupation que me donne la douleur de Will. C'est une pensée d'inquiétude et de tristesse qui me poursuit partout, plus pénible que toutes les souffrances du corps. »

Le mal fit de si effrayants ravages que les médecins jugèrent l'amputation nécessaire, et le pauvre patient s'y prêta avec la docilité d'un enfant et le courage d'un chrétien. La triste nouvelle parvint à Théodore le lendemain du combat de Brou.

« Château des Coudreaux, 26 novembre. — Mon bien cher Willebaud, je viens de pleurer toutes mes larmes ; mon oncle m'écrit l'horrible douleur qui t'afflige. Et moi qui espérais si fermement dans les prières qui se sont dites. J'ai besoin de ton exemple, de celui de papa et de maman pour ne point me laisser abattre par le découragement. Je souffre d'une manière inexprimable ; mais ce n'est point le moment de me laisser aller à la faiblesse ; dans ces jours pénibles j'ai besoin de toute ma force de volonté. Je te remercie de m'avoir enseigné comment il faut souffrir, et vous, mes chers parents, comment l'on doit se résigner ; j'aurai souvent l'occasion de me le rappeler. Je ne te parle point de mes misères ; elles sont bien minimes en comparaison de tes souffrances. »

Et, faisant allusion au combat de Brou, il ajoute :

« Ce sont probablement tes prières qui m'ont sauvegardé. Si la Providence me réservait comme à toi une amputation douloureuse, ton image toujours présente m'aiderait à la supporter. Ceci est pour moi un appel au devoir sérieux, à la générosité, aux sentiments chrétiens qui peuvent seuls produire un pareil courage. Prie pour moi, cher frère, car la guerre est chose bien dure. »

Les journées du malade n'étaient qu'une longue souffrance qu'il cherchait à distraire par la lecture, l'étude et la prière ; il traduisait Virgile, lisait et apprenait Tacite, composait des vers français et latins, écrivait à ses frères absents pour les rassurer. Théodore répondait de Poitiers : « Je viens de recevoir une lettre du 1er janvier. Elle contient un souhait de bonne année écrit de la main gauche de Willebaud. Ces quelques mots dictés par le cœur au milieu des souffrances du corps me sont bien précieux. J'ai lu tout un sacrifice dans ces caractères tremblants. »

Quelques jours plus tard, les deux frères Zouaves se consolaient en lisant une nouvelle lettre du malade. « Rennes, 11 février. — L'enveloppe du 24 janvier contenait trois pages écrites par notre cher Willebaud ; c'était, comme il le disait, sa leçon d'écriture. Nous avons constaté avec joie les progrès de l'apprentissage ; cela fait honneur à sa patience et plus encore à l'amitié qui a dicté ces lignes. »

Mais ni les soins, ni les remèdes, ni les prières ne parvenaient à enrayer le mal ni à calmer les douleurs. Willebaud, toujours content, toujours surnaturel, se laissait docilement guider par la souffrance qui le conduisait à grands pas vers la sainteté : « Si le bon Dieu me guérit, disait-il, c'est pour que je devienne un saint. En fait de remède, on me prescrit la patience ; cela ne ruine pas la bourse et compte pour le ciel. » Au lieu de se roidir contre les douleurs, il cherchait en son cœur ce qu'il pourrait bien offrir à Dieu, car il savait que la patience et la résignation s'achètent au prix de la générosité ; et comme l'immolation dans la vie religieuse l'avait toujours séduit, il se résolut à faire un premier pas sur cette route, dont il aimait les aspérités et les épines : « Dieu veut que je renonce à être chef de famille pour m'adonner tout entier aux bonnes œuvres ; j'ai trop marchandé avec la grâce, maintenant c'est fini ; » et, en présence de son confesseur et de ses parents, il fit vœu de virginité.

Comme on lui lisait la vie de saints martyrs qui furent tués à coups d'épée : « Ils ont de la chance, dit-il ; au fait, on a toujours de la chance de faire la volonté de Dieu. » Il réclamait à grands cris, non pas d'être soulagé, mais d'apprendre à souffrir : « Mon Dieu, donnez-moi la patience, je n'en puis plus ! »

Ainsi se passèrent les trois premiers mois de 1871. Cependant, dès le 1er mars, les préliminaires de la paix entre la France et l'Allemagne avaient été signés, ce qui permettait à Théodore et à Stéphane de revenir dans leur famille, où leur présence était grandement désirée. Mais d'un jour à l'autre les événements pouvaient se compliquer ; le lendemain était voilé d'incertitudes, car on ne voulait pas se résoudre à croire la France perdue et l'on se berçait toujours de l'espoir d'un revirement offensif contre nos ennemis. Théodore crut devoir rester et laissa partir Stéphane seul pour Roubaix.

« Si le régiment est appelé à quelque mission d'ordre et d'honneur, j'y serai pour vous représenter tous, vous et vos principes. Je ne puis raisonnablement quitter de si tôt ; moi, officier, je ne dois point donner le signal de la débandade au moment d'une crise si difficile, lorsque M. de Charette n'a pas assez de tout son ascendant et de ses paroles pleines de conviction pour rallier à lui les gens de bonne volonté. J'ai sous les yeux trop de beaux exemples d'abnégation : des pères de famille et tant d'autres, que leur goût personnel et des devoirs impérieux appelleraient ailleurs, mais que retiennent le sentiment du devoir et la pensée d'un rôle à remplir. Pour mon compte personnel, vous savez très bien que j'ai en horreur le métier.

« Stéphane partira demain. Je le verrai s'éloigner avec regret, mais je ne dois pas être égoïste, et je me réjouis en pensant qu'il apportera au milieu de vous un peu d'aide, un peu de consolation et, s'il plaît à Dieu, un peu de gaîté. Nous commençons ensemble une neuvaine à saint Joseph et nous communierons tous deux demain matin ; il finira la neuvaine avec vous. Ah ! que je souffre de l'absence ! que je souffre aussi de l'humiliation de notre pauvre France, de ses plaies toutes saignantes et de cette noire incertitude de l'avenir ! »

Le lendemain il ajoute : « Me voilà seul, bien seul. Je n'ai plus la satisfaction d'apercevoir chaque matin, sur la place du rapport, la silhouette de mon chef ourrier ; nous nous donnions alors le bonjour de famille et nous lisions vos lettres ensemble pour en partager les tristesses et les inquiétudes. Il fait bon d'être deux à supporter une grande peine. Maintenant, il faut l'avouer, je m'ennuie carrément : ennui moral, ennui physique ; tristesse de l'âme, absence totale d'occupations qui puissent la distraire. »

Les nouvelles de Roubaix devenaient de plus en plus alarmantes, et quand la poste était muette, ce silence, qui permettait de tout craindre, redoublait encore les souffrances du Zouave : « J'attends le courrier avec une impatience inquiète ; j'ai hâte de recevoir des nouvelles de Will et j'ai peur d'en recevoir. Je vous en prie, parlez-moi de lui, toujours de lui. Vous me blessez le cœur, mais ce sont de ces blessures qui arrachent un cri de prière. Ne me cachez point vos inquiétudes, vous ne le pourriez point ; si je pouvais supposer que vous ménagez mon amitié, je ne resterais point deux minutes sur place. J'ai droit à toute la vérité, je veux me persuader que vous me la donnerez tout entière...

« Mon pauvre frère, je te remercie de penser encore à moi au milieu de tes cruelles douleurs. J'ai bien besoin de tous tes mérites, de toute ton influence auprès de Dieu : tu dois obtenir de lui tout ce que tu veux, car la souffrance bien acceptée donne droit à toutes ses faveurs. Pourquoi faut-il que moi qui ai fait la campagne, moi qui suis un homme inutile, je sois sain et sauf, sans l'ombre d'une égratignure, tandis que tu accapares toute la somme des douleurs ? Je ne devrais pas te plaindre puisque tu ne te plains point, et que ce lit sur lequel tu souffres n'est à tes yeux qu'une sorte de degré qui te rapproche du ciel.

« Pardonne-moi d'être si lâche en présence de ton abnégation ; tes prières me guériront de cette maladie morale qu'on appelle la tiédeur de l'âme. J'avoue à ma honte que mon âme végète tristement, partagée entre le désir du bien et la difficulté de la lutte ; mais, grâce à ton influence secrète, je sens que je fais chaque jour insensiblement un pas plus ferme dans la vraie voie, que mes résolutions deviennent plus accentuées et qu'elles trouveront bientôt leur accomplissement. C'est déjà beaucoup de n'être pas tombé ; c'est à toi en grande partie que je le dois, j'en suis convaincu !

« Ah ! si je pouvais prendre pour moi le mal de Willebaud ! Ce cher ami n'avait pas besoin de tant souffrir pour y voir clair. Les choses de ce monde doivent paraître bien réduites vues d'un lit de douleur. Mon Dieu ! faites que je n'attende pas la souffrance pour revenir décidément à vous. »

Willebaud trouvait dans ces lettres de Théodore une consolation si bienfaisante qu'il se mit à relire la correspondance du Zouave depuis son arrivée à Rome en 1866, et, au contact de ce dévouement et de cette piété que nous avons vus à l'œuvre, le malade se sentait plus fort en face de la souffrance.

Il fut alors question d'expédier les Volontaires de l'Ouest sur Paris, où la Commune était maîtresse ; et, pour se préparer à remplir leur devoir de vaillants soldats, ils commencèrent par accomplir leur devoir de chrétiens fervents.

« Rennes, le 30 mars. — J'ai communié ce matin pour la clôture de la retraite ; tout ce qui reste du régiment s'est approché de la Sainte Table, général en tête. Après un pareil acte, il semble que les forces sont quadruplées, et l'on se sent de taille à avaler tout Montmartre d'une seule bouchée. Pauvre petit régiment, toujours près de mourir pour revivre ensuite avec plus de jeunesse ! il ressemble à ces arbustes que l'on taille pour leur donner une vigueur nouvelle. Vous ne sauriez croire combien l'esprit de corps est vivace chez nous et que de merveilles il opère. »

Moins que jamais Théodore admettait l'hypothèse de son retour à Roubaix, et cependant Willebaud allait s'affaiblissant. De lui-même, avec le calme et la joie d'une âme qui attend la délivrance, il demanda à recevoir les derniers sacrements;

il avertit les médecins de son désir, se fit expliquer par sa mère toutes les cérémonies sacrées, et reçut l'Extrême-Onction en présence de ses proches, qu'il avait conviés comme à une fête.

Puis, en prévision des souffrances qui l'attendaient encore, il dicta à Mme Wibaux une profession de foi, véritable testament de martyr où il s'offrait à Dieu en victime; et quand les douleurs redoublaient, il serrait dans sa main cette feuille confidente de ses plus chers sentiments. C'est alors qu'il manifesta le désir de revoir Théodore ; celui-ci, mandé par dépêche, quitta aussitôt le régiment, se promettant bien de revenir au premier signe de son chef. Au moment où il pénétrait dans la maison paternelle, toute la famille récitait le chapelet autour du malade; le Zouave ne voulut pas interrompre la prière et n'entra que quand elle fut achevée.

Pauvres frères ! quelle entrevue ! De grosses larmes roulaient sur les joues de Théodore, mais quelles douces paroles Willebaud sut trouver pour le consoler ! Ils restèrent seuls ; le malade parla sérieusement d'avenir à son frère, l'invitant à dilater son âme par la générosité. Quand Théodore sortit, il sanglotait en répétant : « C'est un saint, c'est un saint ! »

Deux mois s'écoulèrent encore sans offrir au patient un seul moment de répit au milieu de ses atroces douleurs ; son épaule démesurément gonflée était comme labourée par les abcès béants. Théodore le soignait, le veillait, prévenait ses désirs avec cette délicatesse dont il avait fait l'apprentissage à Albano. « Je t'admire, » lui disait Willebaud durant les pansements ; et comme les larmes du Zouave coulaient malgré lui sur les blessures du malade, celui-ci s'efforçait de sourire : « Allons ! mon gros, ne pleure pas, » disait-il. Théodore se contenait pour réciter avec son frère les psaumes ou le chapelet ; mais après avoir longtemps refoulé ses larmes, il sortait pour les laisser jaillir et se retirait dans une pièce voisine où, la tête entre les mains, il s'accoudait sur le bureau de son aîné : « Dans cette chambre, écrivait-il ensuite, j'ai découvert toute la misère de mon cœur ; je me suis plaint, j'ai remercié ; j'ai connu le dégoût, l'ennui, la tiédeur et par moments j'ai prié avec une foi à laquelle il me semblait que rien ne devait résister. » Chaque jour son âme, ardente et désolée, redisait une longue prière qu'il avait composée aux premières nouvelles de la maladie de son frère, et dont voici un touchant fragment :

« Ma bonne Vierge, ma Mère, je vous invoque avec confiance malgré mon indignité. Je vous supplie de prendre en considération le bien que mon cher frère Willebaud est appelé à répandre autour de lui. C'est pour vous glorifier que je vous supplie de le conserver; faites ce miracle, bonne Mère, puisque vous le pouvez; que votre divin Fils vous comble d'une nouvelle gloire, et soit lui-même glorifié en vous. L'état de mon âme est pitoyable : je ne prie plus et je n'aime plus. Si vous m'exaucez, je compte vivre franchement d'une vie d'abnégation et de prière, jusqu'à ce qu'il plaise à DIEU de me manifester ses volontés pour la voie à suivre; je l'entreprendrai alors généreusement, fort de votre secours. Exaucez-moi, exaucez-moi! Je vous offre, pour vous toucher, les souffrances, la résignation de mon pauvre frère, et bien d'autres choses que mon cœur énumère intérieurement. »

DIEU voulait mieux que la guérison pour celui à qui la souffrance avait préparé une si belle place en paradis. Aux premières heures du 31 mai, Willebaud rendit son âme à DIEU, tandis qu'il serrait entre ses doigts sa profession de foi et que sa mère disait tout haut : « Marie, je vous donne mon enfant ! »

« J'ai le cœur brisé par la douleur, écrit Théodore à son ami M. Cordonnier, j'ai l'âme remplie de consolation. Dès maintenant Willebaud commence son rôle d'ange gardien de la famille. Je voudrais te faire contempler sa figure de martyr ; c'est celle du CHRIST au tombeau. Invinciblement on s'agenouille pour l'invoquer. Ce cher ami désirait tant voir les fêtes de mai au ciel ; le bon DIEU l'a fait patienter mais il n'y perd rien. C'est aujourd'hui la fête de Notre Dame du Sacré-Cœur. Il avait constamment son image sur son lit ; elle est toute chiffonnée par ses doigts. Quand on la lui envoya, on lui prédit qu'elle lui porterait bonheur ; c'est bien vrai. Je suis tellement consolé par le sentiment du bonheur de mon frère, que je sens à peine le vide causé par sa mort ; mais quand je ne l'aurai plus sous les yeux, je prévois pour moi les tortures de l'âme. »

Quelques jours après il écrit encore : « Depuis sa mort nous avons versé bien des larmes; elles étaient douces lorsqu'on les répandait sur sa chère dépouille. Il y avait sur son visage une telle expression de douleur résignée que, s'il nous eût parlé lui-même, nous n'aurions pas été mieux consolés. Ses beaux grands yeux ouverts semblaient sonder l'infini de l'éternité. Ma mère avait essayé vainement de les fermer après son dernier soupir ; il y avait dans ce regard fixe, immobile, une sorte de contemplation profonde des choses que nous pressentions sans les voir. Le sublime *Fiat*, souvent prononcé par lui avec larmes, était fixé pour jamais sur sa bouche à demi entr'ouverte, comme si cette dernière parole s'était échappée avec son dernier souffle. Deux jours durant nous n'avons pu quitter ce lit de mort ; ma mère et mes sœurs priaient doucement.

« Lorsqu'arriva le triste cercueil ce fut déchirant. Nos cœurs se brisèrent comme si seulement alors devait s'opérer la séparation. Mon père saisit sa belle main blanche, qui était restée flexible jusqu'à la fin, pour témoigner de sa docilité d'agneau ; il l'appliqua sur ses lèvres en disant : Adieu, mon cher fils, nous te remercions du bien que tu nous as fait, des exemples que tu nous as donnés ; prie pour nous afin que nous puissions te rejoindre un jour. Au revoir ! — Je restai avec Stéphane pour l'ensevelir ; je lui devais cette dernière marque d'amitié, et, malgré tout ce qu'il m'en coûtait au cœur, je n'aurais pas voulu que cette chère dépouille fût profanée par des mains indifférentes.

« Je le pris donc encore une fois dans mes bras, comme je le faisais si souvent dans sa maladie, et je le déposai doucement dans le cercueil. Autrefois, dans ces mouvements qui lui causaient tant de souffrances, la plus grande part de douleur et de résignation était de son côté ; maintenant il ne souffrait plus, mais moi j'éprouvais le martyre. Lorsqu'il fut enveloppé dans le drap, qui ne laissait à découvert que sa sainte et douce figure, je cherchai une dernière fois sa main et lui fis mes suprêmes recommandations pour mon âme… Ce fut alors la brutale besogne du charpentier. Le lendemain avait lieu ce douloureux voyage de la maison paternelle à l'église et de l'église au cimetière. Il y a dans ce court trajet l'espace de toute une vie…… Douce fleur de mai ! Il semble que la Sainte Vierge l'ait entretenue à plaisir de ses propres mains jusqu'au dernier jour de son mois pour la rendre plus belle, et quand elle l'a trouvée toute grande épanouie, elle l'a cueillie elle-même pour la porter au ciel. »

CHAPITRE VINGTIÈME. — 1871.

Retour à Rennes. — Willebaud présent au cœur. — Vie de garnison. — Les Volontaires de l'Ouest seront-ils constitués en régiment français ? — Agonie et licenciement. — Que faire ? — Dernières concessions à la nature. — Mort de M. Pierre Motte. — Départ pour Amiens.

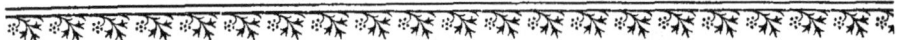N peut s'étonner de voir Théodore reprendre le chemin de Rennes pour rejoindre les restes de son régiment, alors que l'apaisement s'était fait en France. Pourquoi imposer à sa famille une nouvelle séparation, quand sa présence parmi les siens eût été tout ensemble une consolation et un secours ? Et pourtant ni le Zouave ni ses parents n'hésitent un instant. Théodore a été donné à DIEU ; on se ferait scrupule de le reprendre. Son poste est au régiment ; il retourne à son poste, voulant jusqu'au bout se laisser conduire par la Providence.

Dans cette détermination, « ce n'est point l'ambition ni le désir du far-niente qui m'inspirent. Quand il me sera donné de jouir définitivement de la vie de famille, je m'en paierai tout mon content avec l'intérêt des intérêts. Je m'efforcerai de me rendre utile pour toutes ces années où je n'ai pu apporter ma part de travail et de fatigues, jusqu'à ce qu'il plaise à DIEU de me témoigner d'une manière évidente sa volonté, et de m'indiquer le chemin que je devrai prendre pour aller au ciel. »

Le doux souvenir de Willebaud ne le quitte plus, et se transforme dans son cœur et sous sa plume en hymne de reconnaissance à DIEU. Et cependant il avait espéré si fermement la guérison du cher malade, il avait tant prié que, pour une âme moins chrétienne, pareil souvenir aurait engendré la tristesse et peut-être le découragement : « Oui, j'ai cru au miracle de toute l'ardeur de mon âme; je me disais : Voici une bonne occasion d'affirmer l'efficacité de la prière faite avec foi, d'ouvrir les yeux aux aveugles et de ranimer ceux qui sont déjà dans le bon chemin. Je ne suis point désillusionné, loin de là ; ce long martyre, cette mort si douce et si sainte portent la trace indéniable de l'action divine. L'œil voit clairement que DIEU menait toutes choses. Non, il n'a point fermé l'oreille à nos prières, il n'a point fait fi de notre foi naïve, de notre confiance humainement inexplicable, mais il a tourné tout cela selon ses vues. Son action est visible sur ce lit de douleurs, maintenant parsemé de roses ; c'est un parfum de grâce qui s'en échappe. Nous voyons plus clair que jamais à travers nos larmes ; cette mort nous confirme aussi fortement dans notre foi que ne l'eût fait le miracle d'une guérison ; le doigt de DIEU est là ! nous avons été exaucés.

« N'oubliez point de jeter des roses sur le lit et de porter des bouquets au cimetière. Vous penserez à moi près du cercueil. Je ne sais si mon cœur se trompe, mais il me semble que l'on doit être mieux écouté près du tombeau ; c'est pour cela que je faisais un pèlerinage de cette visite au cimetière. Priez pour moi afin que mon âme n'abuse pas constamment de la grâce et que je ne sois pas toujours un frère aussi indigne de Willebaud. »

A Rennes, les Volontaires de l'Ouest ne sortaient pas de l'ornière monotone de la vie de garnison, agrémentée de manœuvres, d'exercices et du service de la place. Au-dessus de ce matériel, planait cette pénible incertitude de l'avenir qui assombrissait encore une existence déjà si prosaïque. Leur serait-il donné de retourner à Rome ? Et, en attendant, plutôt que de se consumer dans une caserne, n'était-il pas préférable de dissoudre le corps ? Du moins, avant de prendre ce parti extrême, devait-on s'assurer que pour le présent il n'y avait plus rien à faire.

« D'un autre côté, l'amour du régiment n'est pas un amour ordinaire ; ceux qui s'en éloignent un moment y reviennent sans trop savoir pourquoi : cela ne se raisonne pas. C'est une famille, c'est un drapeau, c'est Rome, c'est un tas de souvenirs, d'affections qui attirent le cœur invinciblement.

« Je vivote, nous vivotons, ils vivotent. Notre position est celle d'un homme dans une antichambre avant une audience ; il peut être appelé à tout instant et ne songe pas à faire une lecture sérieuse ; l'attente dure quelquefois de longues minutes, j'en sais quelque chose. Connaissez-vous ce tâtonnement de l'incertitude, cet ennui de marcher sans but, dans le vide, sans autre point de repère que le sentiment mal défini ou diversement interprété du devoir présent ? Ce sentiment s'use à la longue. Je ne suis point pour mon compte ce chrétien généreux que rien n'ébranle. J'ai pu l'être autrefois dans mes premières ardeurs de néophyte, alors que je désirais la souffrance à l'égal des joies et que je m'abandonnais à la Providence avec la confiance aveugle d'un enfant. Ce temps n'est plus ; je le regrette du fond de l'âme. J'y pourrai peut-être revenir avec les prières de Willebaud et un peu de générosité personnelle.

« Pour l'heure, ma foi est singulièrement émoussée ; la défaillance est au fond de presque tous les cœurs : le mien y succombe. Je me prends à désespérer de toute chose : de l'avenir du régiment, du retour de la France à sa véritable grandeur, du rétablissement de la papauté. C'est l'avanie, l'insulte, la jalousie qui nous entourent ; il y a déjà eu contre nous un déchaînement de la mauvaise presse. Ici la calomnie aiguise constamment ses traits dans l'écritoire d'un mauvais petit journaliste, religieux défroqué ; il n'est point de méchante histoire dont nous ne soyons les héros ; ceux qui nous insultent sont des victimes et nous les tyrans. Assez sur ce sujet ; il ne sied pas de se plaindre de l'humiliation et de la souffrance lorsqu'on a la prétention de servir le représentant du CHRIST, ou plutôt JÉSUS-CHRIST lui-même. »

Il était naturel que les Volontaires de l'Ouest fussent malmenés par ce que le parti de la Commune comptait de partisans à Rennes ; l'uniforme de Zouave parlait de dévouement et maintenait l'ordre dans la ville ; c'en était assez pour ameuter contre lui la jalousie et la haine. Heureusement, comme contrepoids aux tristesses qui remplissaient son cœur, Théodore avait la prière, la correspondance, et l'image de Willebaud toujours présente à son esprit.

« Dimanche, 9 juillet 1871. — Écrire longuement le dimanche, je ne m'en soucie guère. C'était bon aux beaux jours d'autrefois, dans mes solitudes ; c'était mon jour de préférence pour écrire à Willebaud ; j'étais plus à même de lui tracer un portrait fidèle de mon âme avec ses tendances, parce que je la pouvais scruter plus librement. Ces temps ne sont plus ; il n'est plus celui qui comprenait si bien mon histoire, ayant traversé les mêmes phases que moi. Du moins je n'ai plus besoin maintenant de lui faire une esquisse toujours incomplète de mes tourments ;

il me connaît mieux que je ne puis me connaître, il voit à fond la bassesse de mon cœur, il en rougit certainement ; mais certainement aussi sa pitié est la plus efficace ; elle puise directement son baume à la source de la miséricorde infinie. Frère ami, je te fais l'abandon de mon âme ! »

A cette époque, comme il importait de tirer au clair une situation ambiguë, le ministre de la guerre proposa au général de Charette de transformer la légion des Volontaires de l'Ouest en un régiment régulier. C'était la récompense d'un passé plein de bravoure et de gloire, dont on voulait féconder le souvenir en perpétuant la race des Zouaves. Charette réunit donc ses officiers pour leur communiquer l'offre du ministre. « Sa voix était émue, parce qu'il en coûte à un homme de renoncer, même momentanément, à une mission dont on a toujours fait le rêve et l'effort unique de sa vie ; parce que, après onze ans d'existence commune, de dangers partagés, de gloires recueillies ensemble, d'humiliations et d'épreuves supportées plus facilement à l'aide de l'amitié, le cœur s'est fait des attaches qu'il ne se résigne à briser qu'avec une douleur profonde, ne fût-ce que pour un temps. Mais sur ce mâle visage, légèrement contracté par cette lutte du devoir et de la tristesse, c'est l'honneur qui respirait au-dessus de tout.

« Avec un accent dont l'âme était pénétrée, tant il y avait de conviction, il nous dit : « Messieurs, j'ai cru qu'il ne m'appartenait pas de donner notre uniforme à l'armée française ; cet uniforme est le bien de la catholicité tout entière dont nous représentons les croyances ; en un mot, il est romain. Nous ne pouvons en disposer et le livrer à toutes les chances d'un gouvernement. » Sa réponse au ministre était très digne. Il le remerciait de l'honneur qu'il nous faisait, mais, ne pouvant accepter, il demandait notre licenciement. Il appuyait sur ce mot *demander*, afin que nous eussions bien l'honneur de mourir de nos propres mains. En cas de guerre contre l'Italie, il réclamait pour le régiment l'honneur d'être appelé des premiers ; enfin, comme témoignage public de gratitude pour les services rendus, il demandait pour les officiers et sous-officiers du corps l'autorisation de rentrer avec leurs grades dans les régiments de l'armée. Ce fut sur ce dernier point qu'il insista particulièrement, nous engageant à interroger nos âmes et consciences pour la conduite à tenir. »

Chacun devait apporter sa réponse écrite et motivée. Voici celle de Théodore, où le soldat de DIEU montre tout son cœur, toute sa générosité : « Mon Général, je partage pleinement votre foi dans l'avenir du régiment ; notre licenciement n'est point le dernier mot de notre mission. Désireux de répondre au premier appel, je ne veux prendre aucun engagement qui entraverait ma liberté d'action. Comme par le passé, tous les efforts, toutes les aspirations de ma vie tendront, je l'espère, à un seul but : au triomphe de la papauté. Avec l'aide de DIEU j'espère ne jamais me départir de cette ligne de conduite, qui est la vôtre. Tout pour le régiment et avec le régiment. Agréez, etc. »

« Je dois vous dire, mande notre sous-lieutenant à sa famille, qu'il n'accepta pas entièrement mon refus et qu'il fit mettre *dubitatif* à côté de mon nom, et cela à cause de mon âge, et soi-disant pour ne pas briser mon avenir. En toute franchise, si je suis obligé de servir, je préfère le grade de simple troupier à tout autre ; s'il en est besoin, je développerai mes motifs ; mais le régiment n'a pas encore cessé de vivre, il ne faut point se hâter de prononcer son oraison funèbre. »

Toute la vie militaire de Théodore se résume dans cette réponse à son chef ; il n'a d'autre désir que de servir le pape sous la veste de Zouave, et si pour quelques jours le régiment cesse d'exister, il ne voit qu'un parti possible : attendre patiemment l'heure de DIEU, se lever au premier coup de clairon, endosser le vieil uniforme usé par la guerre, saisir le fusil rouillé par le temps, et réjouir l'Église en renouvelant les dévouements d'Albano et de Mentana.

Pour le moment les choses continuaient à traîner en longueur ; on aurait dit la lente agonie d'une âme vaillante fortement rivée au corps.

« Rennes, le 29 juillet 1871. — Enfin ! nous savons à quoi nous en tenir ; cette position d'incertitude devenait intolérable pour tous, depuis le général jusqu'au cuisinier de deuxième classe. Nous sommes décidément licenciés ; l'ordre ne nous a pas encore été communiqué officiellement, mais il existe depuis ce matin entre les mains de M. de Charette ; je le sais de bonne source. Il est apostillé d'un ordre du ministre de la guerre on ne peut plus élogieux. M. de Cissey y fait notre oraison funèbre en très bons termes, énumérant les services rendus et surchargeant notre tombe de lauriers. Je dis oraison funèbre et je me trompe : on n'enterre point définitivement celui à qui on reconnaît encore quelques traces de vie ; la léthargie n'est point la mort. C'est ainsi que l'entend l'excellent ministre lorsqu'il déclare qu'il espère bien faire appel à notre patriotisme, soit dans les luttes extérieures, soit dans les luttes civiles.

« 5 août. — Vous devez être étonnés de ne point me voir apparaître dans la maison comme un éclat d'obus. Croyez que je suis bien étonné moi-même de me trouver encore ici. Personne n'y comprend rien et tout le monde perd patience ; nous attendons de jour en jour le décret du licenciement, qui doit confirmer l'ordre du jour de M. de Cissey et signifier la date de notre départ. Les journaux se sont déjà empressés d'annoncer notre mort ; quelques-uns ont saisi cette occasion pour témoigner de leur tendresse d'âme ; ils ont versé des larmes chaudes, prononcé des panégyriques éloquents, et nous sommes encore vivants. C'est chose assez rare que d'assister à son propre enterrement. Il manque encore une dernière cérémonie avant qu'on nous jette en terre définitivement : c'est la bénédiction sur le cercueil, en d'autres termes, la confirmation du décret. Monsieur Thiers, qui est le grand-prêtre officiant, paraît hésiter ; sa main, nous dit-on, sa main toujours si ferme tremble devant l'accomplissement de cette fonction ; les parents et amis du défunt, les journalistes, les reporters, tout ce monde pleure au bord de la fosse. Est-ce que l'émotion envahirait aussi ce grand cœur ? ou bien, par un revirement inexplicable, essaierait-il de renouveler le grand miracle de la résurrection de Lazare ? *Surge et ambula :* Lève-toi et marche ! Mais où ? Si c'est vers Rome, quel immense cri d'allégresse sortirait de nos cœurs, quel *alleluia* en secouant la vieille poussière et le sinistre linceul ! Si c'est pour tâtonner dans les ténèbres, comme nous le faisions depuis plusieurs mois, je crains bien que nous ne chantions le *Te Deum* sur l'air du *Miserere*. En vérité je crois que le vieux bonhomme hésite à nous renvoyer. Peut-être voit-il dans l'air des nuages qui ne sont du reste que par trop visibles ! Il ne faut pas être grand politique pour deviner qu'il va se passer quelque chose de grave ; il ne serait point fâché, en temps d'orage, de se servir de nous en guise de paratonnerres. »

« 13 août 1871. — C'est une affaire finie, notre agonie commence ; il semble que toutes les cloches du dimanche sont autant de glas funèbres. »

Ce jour-là, le régiment assista une dernière fois à la messe militaire où le fidèle aumônier en chef, Monseigneur Daniel, prononça des adieux pleins de larmes et d'espérances. Au sortir de l'église, lorsqu'on fut formé en carré dans la cour du séminaire, le général de Charette annonça le licenciement officiel du régiment. C'était la seconde fois depuis un an que pareille scène se renouvelait pour ces braves. Aux douleurs de la première séparation, faite sur le sol d'Italie, se joignaient ces mille souvenirs de la campagne de France, durant laquelle l'union des cœurs, déjà si intime, avait été cimentée dans le sang versé à Patay et au Mans sous l'étendard du Sacré-Cœur. Aussi, quand Charette leur dit : « Au revoir, mes chers camarades; c'est le cœur profondément navré que je me sépare de vous....., on ne brise pas impunément une existence de onze années, » les yeux se remplirent de pleurs, tandis que les voix, faisant écho à celle du chef, redisaient comme dernier adieu : « Vive la France ! Vive Pie IX ! »

« Nous sommes morts, écrit notre Zouave : que de larmes dans cette séparation ! En un clin d'œil tout est brisé. Mais non, nous emportons avec nous la douce espérance de nous retrouver à Rome, et alors... vive le ciel bleu et la belle campagne ! »

Désormais tout est changé pour Théodore. Jusqu'ici la route était si bien tracée qu'il suffisait de la suivre les yeux fermés ; mais le voici en face d'un carrefour avec des chemins sans nombre aboutissant à l'inconnu. Lequel choisir, et où se diriger dans ce dédale ? Il n'admet que deux hypothèses : « Ou le service militaire forcé, ou le remplacement et le choix d'une vocation quelconque. Dans le premier cas, j'accepterai résolument la pilule, et reviendrai aux corvées et aux ennuis de simple soldat, plus heureux de cet humble grade que de tout autre. Dans le second, j'appellerai sur moi les lumières de Dieu par une bonne retraite et par l'intercession de Willebaud, qui a promis de ne point me faire défaut. »

Il parle à demi-mots, mais, pour qui sait lire, il laisse comprendre que son cœur n'a pas changé et que la vulgarité au service de Dieu ne saurait lui suffire. Nous qui l'avons vu à l'œuvre nous n'en serons pas étonnés ; comment contraindre une nature avide de sacrifice à se rassasier de médiocrité et d'à peu près ? Et cependant, par une de ces contradictions fréquentes dans la vie spirituelle chez les âmes trop impressionnables, au lieu de s'activer, de prendre un parti, de chercher docilement Dieu qui l'invite et l'attire, il ferme les yeux avec effort et répond à l'appel d'en haut : Je ne vois pas, je n'entends rien. Il a peur d'entendre et de voir. Il entre dans une nouvelle voie, qui sera l'époque la plus critique de sa vie :

existence nuageuse, lutte contre la grâce, absence d'énergie, hésitations en face du devoir. Son âme semble pour le moment saturée de sacrifice, et devant la nature qui comme une affamée réclame sa part, Théodore n'a pas le courage de résister ; on dirait qu'il se donne pour mission de jouir de son reste. Rien de plus intéressant que le spectacle de ce drame, tourmenté par les luttes, les concessions, les infidélités, et couronné au dernier acte par le triomphe complet de la grâce.

Revenu dans sa famille, il s'occupe soi-disant à s'initier aux affaires, mais en réalité il fainéante devant un bureau chargé de papiers et de registres, il s'ennuie démesurément et s'esquive le plus souvent possible pour aller promener dans la campagne la tristesse indéfinissable qu'il porte au cœur : « Il faut que je quitte le monde, disait-il à ses intimes, je sens que je m'y perdrais. » De la part de ses parents aucune contrainte pour violenter son choix; la seule chose qu'on exigeait de lui dans le présent était qu'il fût occupé. Ce dégoût de tout et de lui-même devenait inquiétant. Parfois il montait dans la chambre de Willebaud pour y séjourner de long moments ; un jour sa mère le suivit et le trouva fondant en larmes : « A quoi bon, disait-il, me confesser et communier puisque je n'en deviens pas meilleur ? » Et sa mère s'assit à ses côtés et, le pressant dans ses bras, ne lui dit que ces mots : « Pleure à ton aise, Théodore. »

Une heureuse diversion vint par bonheur s'offrir à lui : M. Carlos Cordonnier l'invitait à respirer l'air des Ardennes, à raviver les souvenirs du passé parmi les douceurs de l'amitié et les charmes de la nature. Théodore partit gaîment; c'était autant de pris sur l'ennemi, car l'ennemi à ses yeux était toute détermination sérieuse. Au milieu des grands bois, à travers les sentiers, il peut donc à son aise jouir du présent, rendre une vie factice à un passé qui le charme, détourner les regards de l'avenir qui l'effraie, et comme il prévoit que « bientôt il faudra secouer le manteau de la jeunesse avec toutes ses illusions pour revêtir la robe virile avec ses austères réalités, » il cherche du moins à retarder ce moment, heureux de faire encore quelques concessions à l'insouciance. Si son âme n'avait pas été fortement trempée, si la grâce ne l'avait harcelé, il serait sorti de cette crise comme tant d'autres, étiolé, amoindri à tout jamais, renonçant pour toujours aux saintes joies du sacrifice.

Afin de le faire descendre des régions du rêve, DIEU frappa à ses côtés un nou-

Jersey. — Port de Saint-Hélier. (Chap. XXIV.)

veau coup. Les salutaires impressions qui avaient suivi la mort de Willebaud allaient s'affaiblissant, et peut-être ne songeait-il plus qu'il avait promis à son frère mourant de préparer son avenir par une retraite. La nouvelle de la mort de son saint oncle, M. Pierre Motte, le força de dire un brusque adieu à la campagne et de regagner Roubaix en compagnie de pensées sérieuses.

M. Pierre Motte était un chrétien admirable : piété, talent, modestie, charité, il avait toutes les qualités de l'homme de Dieu, il était taillé en apôtre. Ses journées et ses nuits appartenaient aux bonnes œuvres, aux pauvres, aux intérêts de sa ville, qui garde son souvenir comme celui d'un bienfaiteur. Théodore l'avait en vénération, car il lui devait en partie l'honneur d'avoir servi le Pape : « Mon cher oncle, lui écrivait-il peu après son arrivée à Rome, jamais je n'oublierai que tu m'as soutenu et guidé dans mes incertitudes, encouragé dans mes désirs. Tu t'es fait près de mon père l'interprète charitable de mes pensées et de mon dévouement ; tu as parlé, tu as prié, tu as compris mes aspirations. Aussi, bien souvent la reconnaissance me dit que tu n'es pas étranger à ma présence près du saint Pontife ; je me souviens de nos entretiens, lorsque tu m'exprimais avec quel bonheur tu consacrerais ton sang à l'Église. Oh ! prie bien pour ton cher neveu qui en a le plus grand besoin. »

M. Motte avait fait plus encore pour son neveu ; durant les étreintes de sa dernière maladie, il avait offert ses souffrances afin que Dieu prît pleine possession de cette âme ; et sans doute Théodore, agenouillé près du corps de son bienfaiteur, redisait avec plus d'ardeur encore sa demande : « Prie bien pour ton cher neveu qui en a si grand besoin. »

« Il n'y a rien comme la mort pour faire tomber les enchantements, écrit-il à son ami Carlos. Quand le cœur voit le vide se faire autour de soi, il sent le besoin de se rattacher à un lien qui ne se brise pas. Ce lien, c'est Dieu. Me voici en présence des plus douloureuses incertitudes : je ne suis pas heureux, je ne vis point, je me traîne. Il me faudrait une règle sûre pour contenir tous les battements de mon âme, je voudrais que mon imagination fût réduite à rien, sinon je serai toujours un être inutile aux autres et insupportable à moi-même.

« Je t'écris suivant la noire humeur de mon cœur, noire comme l'encre dont je me sers ; ce qui m'entoure n'est point gai. J'ai laissé la joie pour les larmes, le calme pour l'agitation ; je suis tombé ici tout abasourdi ; je ne sais encore trop où j'en suis, mais je sais d'une manière certaine qu'il me faudra agir coûte que coûte, et pour cela tailler dans le vif du cœur, et jeter aux quatre vents du ciel toutes les inutilités qui ont fait son charme jusqu'ici.

« Dans trois quarts d'heure je plie bagage et je m'en vais à Saint-Acheul demander les lumières de Dieu. Oh ! si je pouvais obtenir de cette retraite l'issue que je désire ! mais je ne le mérite pas. J'ai le cœur oppressé ; la grosse cloche sonne un enterrement, c'est assurément celui de mon cœur. Je pars tristement ; si je trouve le moyen d'être heureux, je te l'indiquerai. En toute fièvre. »

Le voyage fut sombre, on le devine. Cette perspective d'une retraite dans un noviciat de Jésuites revêtait à ses yeux les couleurs les plus sinistres. Une fois parti, il méditait même de rebrousser chemin ou de changer de direction ; mais aussi pourquoi avoir lié sa liberté en donnant sa parole à Willebaud ?

Son cousin Henri, que nous avons vu à Rome, était alors à Saint-Acheul, où il venait de prononcer ses vœux dans la Compagnie de Jésus. Madame Wibaux l'avait averti par lettre de la venue de Théodore, sans omettre de préciser la date de son arrivée à Amiens. Le premier jour s'écoule, puis le suivant, Théodore ne paraît pas. C'est par hasard que le Frère Henri, en traversant la ville, rencontra son cousin occupé à flâner par les rues. Depuis deux jours tel était son passe-temps qu'il alternait avec le café, le théâtre et la lecture des romans. Mais en vain il cherchait à s'étourdir et à oublier le but de son voyage ; comment échapper à Dieu qui voulait son âme ?

CHAPITRE VINGT ET UNIÈME. — 1871.

Saint-Acheul. — En retraite. — Le démon, la nature et la grâce. — Le dernier chapelet. — Au noviciat. — Parents chrétiens. — Fidélité. — Saint Joseph dans la soupière. — Dévotions. — Premiers vœux.

GRANDE fut la surprise du Frère Henri en voyant son cousin, plus grand l'embarras de Théodore. Invité à se rendre à Saint-Acheul, comme c'était convenu, il résiste d'abord. Il a, dit-il, un rendez-vous. « Avec qui ? — Avec... un ancien Zouave. » Il est invité à dîner, il viendra le lendemain. Toutes ces vaines excuses, improvisées à la hâte et sans trop d'assurance, ne purent tenir devant le nom de sa mère que le Frère Henri invoqua en dernier ressort ; Théodore céda enfin, non sans faire la moue. Que ne peut une mère chrétienne, même absente !

La vieille maison Saint-Acheul, au passé glorieux, aux ridicules légendes inventées par les ennemis de la Compagnie, n'offre rien de bien attrayant comme coup d'œil ; des murs en briques assombris par le temps, des fenêtres étroites, une grande cour silencieuse au-dessus de laquelle s'étend un ciel de Picardie, tout cela n'invite pas à l'épanouissement. Mais ce n'est là que l'extérieur, et, en pénétrant dans cette enceinte, on aurait vu la sainte joie rayonner sur les fronts d'une nombreuse jeunesse qui se formait par l'obéissance et la générosité aux bons combats du CHRIST. Aujourd'hui Saint-Acheul est désert, mais il peut se consoler : le vent de la persécution a fécondé l'essaim en le chassant à l'étranger.

Théodore ne voyait que la surface : cet aspect le glaça ; il déclara tout d'abord qu'il voulait sortir pour commencer sa retraite le lendemain seulement. On était au 8 décembre, fête de l'Immaculée-Conception ; la cloche annonçait le salut du Saint-Sacrement ; pouvait-il se retirer si brusquement sans offrir une prière à sa

Mère du ciel, sans fêter l'anniversaire de son entrée aux Zouaves ? Il resta donc. Alors, un coup d'œil sur le passé lui rappela ces jours heureux, éclairés des purs rayons du sacrifice et transfigurés par une prière continue ; il fixa ses regards sur le Saint-Sacrement exposé, et durant toute la cérémonie ses larmes ne cessèrent de couler, larmes de regret, de repentir, d'espérance ; ne fallait-il pas donner issue au trop plein de ses misères pour laisser la place au bon Maître qui faisait invasion dans son cœur ?

A quoi tient l'avenir d'une âme et son salut éternel peut-être ! Que serait devenu Théodore s'il avait remis au lendemain ? Cette concession, offerte à la Vierge, était le premier anneau d'une chaîne qui devait à jamais l'attacher à son DIEU.

Après le salut il était calme, et rentré dans sa chambre il écrivait à un Zouave :

« Me voici incarcéré, Dieu sait pour combien de temps ! La perspective m'effraie terriblement. Seul avec mes pensées, mes faiblesses, mes souvenirs, mes incertitudes, je sens maintenant tout ce que j'avais d'attache au monde, liens

Saint-Acheul

dont je ne me doutais même pas, habitudes avec lesquelles il faudra rompre brusquement. Beaucoup de prières pour moi. Je ne voudrais pas sortir d'ici avec le désespoir dans l'âme : j'y voudrais rester ; mais je n'en suis pas digne, j'ai trop gaspillé les grâces du bon DIEU. »

Le démon ne se tint pas pour battu ; en ennemi habile il fit le mort pendant quelques jours, épiant le moment favorable de forcer la place. La retraite commença avec accompagnement de sécheresses, d'aridités, d'ennuis contre lesquels le retraitant luttait avec l'arme de la bonne volonté ; trop bouleversé pour méditer à l'aise, il occupait le temps de l'oraison à importuner tous ses intercesseurs du ciel ; puis, aux heures libres, il arpentait fiévreusement les allées du jardin, tantôt les mains en poches, tantôt égrenant son chapelet, tantôt conversant avec son cousin.

Le jour venu de fixer son choix pour l'avenir, il se trouvait dans un calme parfait, dominé par l'unique désir de connaître et de suivre sa voie. Pour lui, pas de chemin de Damas où le bras divin le terrasse, pas d'appel clairement formulé qui lui dise au cœur le *Sequere me* adressé aux Apôtres. Il prend la plume, et trace sur le papier, d'une part, les motifs qui l'invitent à rester dans le monde, de l'autre, les raisons qui militent en faveur de la vie religieuse ; il reconnaît que ces dernières l'emportent ; dès lors il peut, sans chercher plus loin, résoudre le problème de son avenir ; il veut la Compagnie de JÉSUS, parce que le besoin d'une règle s'impose à sa volonté ; les séductions du monde l'effraient, il veut garder son cœur à l'abri du mal, l'instinct de la conservation lui dicte son choix. Dix ans plus tard, il rappelait dans un écrit intime la grâce que DIEU lui fit alors : « Je n'apportais que des ruines : un cœur de boue, un égoïsme sans mesure ; je ne me doutais pas alors de l'honneur qui m'était fait. Bénie soit la très Sainte Vierge qui est allée me ramasser, et me jeter comme un naufragé dans cet asile de salut : *Misericordias Domini in æternum cantabo.* »

C'était l'instant prévu par le démon pour donner un nouvel assaut. Au moment d'apprendre à ses parents sa détermination, Théodore manque de cœur ; le découragement l'envahit, il ne peut se résoudre à rompre avec son passé, à renoncer à la possibilité de reprendre son uniforme pour défendre encore Rome ou la France ; il crie à la trahison, se répand en invectives, si bien qu'aucun des Pères de la maison auxquels il s'était adressé jusqu'alors ne veut en ce moment se charger de guider cette âme indocile.

N'était-il par libre de partir ? Les portes étaient ouvertes, personne ne le retenait ; pourquoi donc restait-il après s'être écrié : « L'air de ce couvent m'étouffe ? » C'est qu'une fois la crise apaisée la prière ramenait dans son âme un calme passager, et que, mieux éclairé, il se faisait honte à lui-même ; c'est que les excès mêmes auxquels il se portait sous le coup de la tentation lui révélaient ce dont il était capable et le laissaient tout effrayé devant la perspective des dangers incessants que lui réservait la vie du monde.

Seul son cousin était encore écouté. A ce moment de lutte et de découragement, Henri apporte à Théodore une lettre de sa mère, dans laquelle cette femme forte et éclairée prévoyait tout, l'élection, les combats, les résistances. « Bon courage, cher enfant, lui disait-elle ; pense à ta Mère du ciel... Je préférerais ne plus jamais te revoir que d'apprendre que tu as quitté Saint-Acheul en manquant ta vocation »... Devant une pareille foi, adoucie par les expressions les plus tendres, Théodore se sentit vaincu, et tandis qu'il fondait en larmes, son cousin commentait à ses côtés la tempête du lac de Génézareth : Pierre marchant sur les flots, son manque de confiance et son cri d'alarme, la bonté du divin Maître et le salut de l'Apôtre ; n'était-ce pas l'histoire du Zouave ?

Le soir, n'en pouvant plus, épuisé de cette lutte contre DIEU, vaincu par la grâce mais regimbant encore, il tombe à genoux devant sa table, ouvre au hasard son Imitation et lit ces paroles : *Ubi est fides tua ? Sta firmiter et perseveranter.* C'était la réponse d'en haut, c'était le souffle du ciel qui en un moment dissipait les nuages, ramenait la lumière, rendait la force. Il saisit sa plume et, toujours à genoux, toujours pleurant, il annonce aux siens le grand honneur que DIEU lui fait :

« Le bon JÉSUS a parlé ; remerciez-le avec moi. Vous savez avec quelle bonté, avec quelle patience il a attendu que je vinsse me jeter à ses pieds pour réclamer de lui lumière, pardon et miséricorde. Alors qu'il me pressait le plus, je m'obstinais à le fuir ; j'ai même cherché souvent à m'étourdir pour ne plus entendre cette voix qui m'importunait. Enfin, de guerre lasse, il m'a mené presque de force jusqu'ici

« Oh ! que j'ai bien senti ma misère ! quelle sécheresse, quelle aridité, quelle impuissance ! J'allais du doute à l'inquiétude, presque au découragement... mais non, jamais jusque-là. J'ai toujours espéré, parce que j'ai cru en la Sainte Vierge ; je me suis reporté vers elle, je l'ai priée avec instance, j'ai forcé sa miséricorde. Dans les plus pénibles moments il n'y a rien de tel qu'un chapelet pour vous remettre en place. Bref, j'ai attendu dans la foi que la miséricorde de DIEU se fît jour. Par la grâce de DIEU, malgré mon indignité, je suis destiné à faire partie de la Compagnie de JÉSUS. Ce bon Maître veut bien m'admettre au nombre de ses disciples, de ses intimes, de ceux qui partagent de plus près ses travaux et ses souffrances pour partager un jour de plus près sa gloire.

« C'est à vous, chers parents, à vos prières, à l'éducation chrétienne que vous m'avez donnée, que je dois de pouvoir enfin trouver la pleine paix, la pleine lumière. Soyez bénis pour le bien que vous m'avez fait. Ce n'est qu'au ciel, au suprême rendez-vous, que je pourrai vous remercier dignement. Je vous connais et je vous aime assez pour croire que vous ne mettrez point d'obstacle à mon bonheur. Le suprême désir des parents chrétiens n'est-il point de mener tous leurs enfants avec eux au paradis ? Je prends la voie directe ; si j'arrive avant ou après vous, qu'importe, pourvu que nous nous retrouvions !

« Le bon JÉSUS me fait la grâce de sentir vivement mon sacrifice. Je l'en remercie du fond de mon cœur brisé. Il vaut mieux arriver à lui avec une croix sur l'épaule. C'est la marque de ses fidèles serviteurs. Oui, je sens tout ce que je quitte, mais je pressens tout ce que je vais trouver en échange.

« Chère mère, cher père, je m'agenouille pour demander votre bénédiction. Je vous supplie, puisque le bon DIEU m'a pardonné généreusement toutes mes fautes, de me pardonner aussi tous mes manquements, mes ingratitudes et les peines que je vous ai faites. Je vous promets d'expier cela dans la prière. Allons ! tout pour JÉSUS ! C'était la pensée constante de notre cher martyr ; ce doit être notre force, notre consolation, notre suprême espérance. Priez et faites prier beaucoup pour moi.

« Je n'abandonne pas la cause du Pape ; je le servirai avec des armes toutes pacifiques, mais non moins efficaces.

« Ma bonne mère, tu ne seras pas jalouse si je puis aimer le bon DIEU mieux que toi ? Non, n'est-ce-pas ? Je t'aimerai encore mieux qu'avant.

« Henri a été pour moi un véritable ange gardien. »

Tout semblait bien fini et la victoire de la grâce complète, mais la nature et le démon n'avaient pas encore dit leur dernier mot. Après ces jours de solitude pénible, comme Théodore avait besoin de distraction et de grand air, les deux cousins sortirent ensemble et dirigèrent leurs pas vers la cathédrale d'Amiens. Or, lorsqu'ils passaient devant la gare, la tentation s'empara soudain du cœur de Théodore ; elle l'étreint plus terrible, plus fougueuse que jamais ; il est comme ensorcelé, et, cédant à une force supérieure, il déclare froidement qu'il retourne chez lui, que son dessein est bien arrêté et qu'il va s'engager dans les chasseurs d'Afrique. A bout de moyens, le Frère Henri se contente de lui faire observer qu'il serait au moins convenable de prendre congé du Père Recteur, qui l'a hébergé pendant huit jours... Théodore se laisse faire et revient morne et silencieux. Le supérieur était sorti, il fallait attendre.

Henri cherche à montrer au rebelle combien il est coupable envers Dieu, combien il se contredit lui-même ; il évoque aussi le souvenir de sa mère, de Willebaud, de son oncle Pierre, rien n'y fait ; le cœur de Théodore restait fermé obstinément, ses yeux ne voulaient plus voir ni ses oreilles entendre. Après tout, n'était-ce pas son affaire personnelle ? Qu'il garde donc sa liberté, qu'il en abuse contre Dieu et qu'il s'en aille ! Henri, n'y pouvant rien, se retira.

Le salut de cette âme se jouait en ce moment, et du haut du ciel Dieu prenait en pitié le pauvre prodigue, qui se promenait avec désespoir dans le jardin des retraitants sous les regards d'une statue de la Vierge. Machinalement il saisit son chapelet et se mit à le réciter du bout des lèvres, tandis que son cœur était tourmenté du désir d'en finir au plus vite. La grâce cependant faisait son œuvre, lui inspirant d'ajouter à chaque *Ave* cette innovation suppliante : « Willebaud, mon oncle Pierre, priez pour moi ! »

Il se souvint du jour où, après avoir déposé dans le cercueil son frère martyr, il lui avait glissé en main un billet dans lequel étaient retracés ses peines, ses craintes, ses désirs, ses passions, et où il le conjurait de l'aider dans le choix d'une carrière. Sans doute alors Willebaud présenta cette supplique à la Vierge, qui se laissa toucher, car tandis que Théodore continuait à tresser sa couronne de prières, voici que les distractions se dissipent, le découragement fait place aux pensées généreuses, le dévouement, le sacrifice l'attirent doucement. Il murmurait les derniers *Ave* de son chapelet lorsqu'il aperçut son cousin à l'extrémité du jardin : il court à lui, se jette dans ses bras : « Si j'entre au noviciat, lui dit-il, est-ce que j'aimerai Notre-Seigneur ? — Oui ! » répondit Henri tout ému.

Quelques moments après il revêtait la soutane, et le soir même en franchissant la porte du noviciat il disait : « Voici le plus beau jour de ma vie. » N'était-ce pas en effet le jour de sa plus belle victoire ?

Avis à ceux qui s'imaginent que tout est consolation, douceur et lumière dans cette grande chose qui s'appelle la vocation d'une âme à la vie parfaite !

Oh ! que Théodore avait bien placé sa force et sa confiance dans celle qui est toute bonté et toute miséicordre ! Et que lui refusera-t-elle désormais après cette insigne faveur ? « Quelle responsabilité pour la très Sainte Vierge ! écrit-il ; quelle lourde tâche n'assumait-elle pas en introduisant de force dans un corps d'élite un soldat déserteur ! Cette place que tant d'âmes pures et généreuses souhaiteraient de posséder, elle me l'imposait pour ainsi dire de force. En me faisant entrer furtivement par-dessus les murs, elle s'engageait à prendre de moi un soin tout spécial, comme pour justifier le passe-droit qu'elle me faisait. »

Ne pourrait-on pas intituler les pages qui précèdent : Histoire d'une âme? ou mieux encore : Histoire des miséricordes divines à l'égard des élus ? Théodore avait été coupable ; il réparera en homme qui ne calcule pas avec le sacrifice.

A la nouvelle de sa décision, ses parents, fidèles à leur passé, répondirent par le langage de la foi, langage incompréhensible aux âmes dont les vues mesquines bornent aux horizons d'ici-bas leurs souhaits pour leurs enfants, et qui érigent l'égoïsme en vertu, la tendresse en tyrannie. La douleur chrétienne, la résignation, la reconnaissance éclatent autour du Zouave novice en lettres admirables :

« J'espère, lui écrit M. Wibaux, que le bon DIEU nous donnera la force de le remercier comme tu le fais ; pour le moment nous sentons trop vivement le sacrifice ; nos cœurs ne se révoltent pas, mais ils sont brisés. En six mois perdre Willebaud, ton oncle Pierre, et devoir encore renoncer à son cher enfant, qu'on a toujours tant aimé et dont on a encore si peu joui.... O mon DIEU, que votre règne arrive, que votre volonté soit faite ! Régnez en maître dans nos cœurs, soumettez-en tous les mouvements à votre bon plaisir, et donnez-nous le courage d'accepter avec joie les sacrifices qu'il vous plaira de nous imposer.... Adieu, cher enfant, je ne puis relire ta lettre sans pleurer, mais je sens bien que mon amour n'est pas égoïste ; je t'aime en DIEU.... »

Et Mme Wibaux ajoutait : « Cher ami Théodore que j'ai tant de fois donné au Cœur de JÉSUS, cher enfant de Pie IX que j'ai confié de si bon cœur à la Vierge immaculée, JÉSUS te réclame, je ne saurais te refuser. Malgré le cri de mon cœur broyé, je veux avec toi remercier le bon DIEU. O mon DIEU, merci ; c'est le cri le plus fort. »

Le général de Charette, informé par Théodore de sa détermination, résumait dans une lettre à M. Wibaux les sentiments de tous ses frères d'armes à l'égard du soldat qui ne balançait pas à quitter DIEU pour DIEU :..... « C'est peut-être égoïste de ma part, mais je ne puis voir de sang-froid de si belles qualités perdues pour le régiment.... Nous perdons tous trop au départ de Monsieur votre fils pour nous faire à l'idée de ne plus le posséder parmi nous.... Mais il nous restera son souvenir et ses prières, qui nous obtiendront de retourner à Rome replacer le Souverain Pontife dans ses droits.... »

Quinze jours après l'entrée de Théodore au noviciat, M. Wibaux vint le visiter et le trouva heureux de sa victoire, mais encore tout ému de la lutte. Le fils ne voulut rien cacher à son père, et tout en lui racontant les phases du combat, il lui montrait le jardin des retraitants : « Voici, disait-il, le jardin de l'agonie, ou plutôt le jardin des miséricordes. »

Le trait distinctif de notre novice, dès son entrée, fut une extraordinaire fidélité à la grâce ; dans ce nouveau milieu où les grandes occasions de se révéler ne s'offraient plus à lui, comme jadis au milieu des corvées pénibles ou des marches forcées, des cholériques ou des balles, les petites choses, qu'un regard humain serait tenté de traiter de minuties, se transforment à ses yeux en pierres de prix, et il en fait ample collection. S'il n'a plus à craindre les coups de sabre et de baïonnette, il affronte bravement ces mille coups d'épingle que son nouveau règlement prodigue à la nature afin de la dompter : « Les journées passent comme l'éclair et tout est si bien agencé, partagé, qu'on n'a pas le loisir de s'apercevoir que l'on marche. Minute par minute l'âme est conduite par la main, et à mesure qu'elle avance elle se rapproche insensiblement du Cœur de JÉSUS. C'est là que j'ai jeté mon ancre ; et bien qu'il y ait encore de temps en temps quelques tempêtes, quelques grands vents, obscurités et secousses, je suis déjà suffisamment consolidé pour me sentir fort et n'avoir plus peur. »

Son plus grand défaut, alors comme plus tard, fut toujours une certaine contention, provoquée par la crainte de mal faire, par une aspiration constante vers le mieux, par le souvenir de ce qu'il appelait ses « infidélités » et par son désir de réparer ; toutes choses bonnes sans doute, mais qui parfois le dominaient au point de le jeter dans une préoccupation excessive. Cela lui valut dès l'abord de nombreuses nuits sans sommeil ; une tension de tête s'ensuivit qui dura pendant des mois, et qui eût abouti à mal sans les soins des supérieurs. C'est qu'aussi il devait sans cesse renouveler son sacrifice d'avoir dit un adieu définitif à son uniforme toujours aimé, et de songer que le régiment renaîtrait peut-être sans qu'il pût y reprendre sa place! Il eût brisé facilement les autres liens, mais celui qui l'unissait au régiment était si profondément attaché au plus intime de son être que, quand il dut le rompre, il y laissa des lambeaux sanglants de son cœur.

Il écrivait après plusieurs semaines : « La tête est bien encore un peu chargée, mais tout cela va se dissiper petit à petit. Quant à ce qui est du cœur, il se porte de mieux en mieux. Pourquoi ne pas dire qu'il va tout à fait bien ? Comment résister à une telle pression de grâces, de prières, d'exemples ? Et si l'imagination veut encore faire de temps en temps la récalcitrante, avec l'aide de la grâce on finira par la dompter aux pieds de Jésus souffrant. » Un de ses frères lui ayant fait l'observation qu'il se briserait la tête par cet excès de bonne volonté : « C'est facile pour vous, répondit-il en souriant, mais moi qui ai vécu dans le monde et à l'armée, j'ai bien plus d'efforts à faire. »

Il fut éminemment un homme de lutte ; son extérieur trahissait parfois dans les commencements les assauts multipliés du démon, qui semblait ne vouloir lui laisser ni paix ni trêve : tentations d'ennui, tentations de découragement, tentations contre la foi qui lui jetaient à la traverse cette pensée désolante : Marie est-elle vraiment notre Mère ?

Mais bientôt il parvint à se dominer, et son visage ne refléta plus que la douceur et le recueillement, éclairé par ce bon sourire dont il saluait chacun et qui révélait si parfaitement ce qu'on appelle « une belle âme ». Les étrangers eux-mêmes étaient gagnés à son aspect; un visiteur, le voyant passer, ne put s'empêcher de demander quel était ce novice qu'on aurait pris pour un grand séraphin à son air recueilli et à la tendresse avec laquelle il baisait la médaille de son chapelet. Ainsi continuait-il dans sa nouvelle famille cet apostolat tacite du bon exemple qu'il avait rendu si fructueux au régiment. « Le saint jeune homme Wibaux » n'avait fait que changer d'uniforme ; c'était toujours celui dont on disait à Fougères durant la campagne de France: « Voyez-vous cet officier : il est pieux comme un ange. »

Habitué à l'exactitude militaire, il croyait que la sainteté devait s'obtenir comme on apprend le maniement du fusil. Que de sommations urgentes à son bon saint Joseph, à ses chers saints et saintes de Rome, pour obtenir sans retard telle grâce, telle vertu, telle faveur ! Si la perfection veut des hommes qui s'industrient, comme le prouve l'exemple des saints, Théodore fut en cela un modèle. Toujours sur la brèche contre lui-même, il faisait de sa vie entière une série non interrompue de dévotions, de neuvaines, de pieuses pratiques. D'autres se seraient perdus dans ce dédale ; lui trouvait là un aliment pour son âme. N'est-ce pas l'esprit de l'Église, qui cherche à tenir ses enfants toujours en haleine en rompant la monotonie par le cycle liturgique ? Mais en ceci encore il ne put échapper tout d'abord à une certaine exagération. Quel est le novice fervent qui n'a pas quelque peu dépassé le but avant d'arriver au juste milieu ? C'est ainsi que, voulant faire violence à saint Joseph pour je ne sais quelle grâce, il s'était mis dans l'idée de porter toujours en main une petite statuette de son Protecteur, si bien qu'un jour, en se servant du potage, il laissa tomber saint Joseph dans la soupière. On devine le fou-rire des novices !

Veut-on se faire une idée des pratiques de piété qui réglaient pour ainsi dire chacun des battements de son cœur ? Sa journée était une série de rendez-vous spirituels, le matin avec Madame Wibaux devant le Saint Sacrement, aux trois Angelus avec plusieurs de ses frères pour obtenir l'amour de Notre-Seigneur JÉSUS-CHRIST, de dix heures à onze avec sa grand'mère pour remercier l'Immaculée-Conception des bienfaits dont elle l'avait comblé ; et ainsi, depuis le lever jusqu'au coucher, chaque heure du jour était consacrée à un protecteur spécial chargé de lui obtenir une grâce particulière.

Aux patrons de l'Église il ajoutait ses patrons à lui, qu'il cherchait de préférence dans l'histoire de la Compagnie. Avec quel soin, quelle tendresse il fouillait les annales de son Ordre, pour ajouter quelque nom à un calendrier qu'il préparait, et dont l'idée mériterait d'être réalisée au grand profit de l'esprit de famille ! En voici le plan, qu'il soumet à l'un de ses supérieurs : « Chaque jour apporterait les faits et gestes mémorables de notre Société, les saintes morts de nos Pères, et il y en a tant ! Que de martyrs ignorés parmi les nôtres, que de Pères vénérables et que l'on ne songe pas à invoquer, parce que leur pensée n'est pas présentée au cœur ! Une ou deux lignes de commentaire raconteraient leur vie. Je déclare retirer beaucoup de fruit de l'intercession de ces grands serviteurs de DIEU. »

C'était l'homme des anniversaires, des dates, des neuvaines ; ses cahiers, ses notes, ses lettres portent à chaque page des invocations comme celles-ci : « Vive Pie IX, Pontife et Roi ! — A mon frère d'armes et ami X. — Vén. P. Bellarmin, priez pour nous. — Anniversaire de Mentana. » etc., etc.

Rien de charmant comme l'intimité avec laquelle il traitait son Ange gardien : « Je t'envoie de temps en temps mon bon Ange, écrit-il à sa mère, afin qu'il t'inspire de prier pour moi ; et je reçois souvent la visite du tien, surtout le matin, vers l'heure de ta communion. Oh ! que cette dévotion du bon Ange est douce ! comme elle facilite le chemin de la vie ! Tout ce qui porte à la joie spirituelle vient du bon Ange. Pensons doucement au cher frère et ami que le bon DIEU a placé à nos côtés pour nous défendre. J'éprouve de la joie à l'inviter à chacune de mes communions, et à prier JÉSUS et sa Mère de le combler de leurs plus douces caresses. Il me semble qu'alors il doit battre doucement des ailes de contentement. Et puis, comme il paie tout cela par de bonnes pensées !.. » « Voici le mois d'octobre, écrivait-il encore ; mettons nos bons Anges en service de poste. »

Dès longtemps il avait chargé sainte Anne de lui obtenir un filial amour envers la Sainte Vierge ; c'est ce qui l'avait conduit à Auray, durant son séjour en Bretagne en 1871. Le soir il l'invoquait, afin de s'endormir en pensant à Marie.

A raison de ses « égarements », sainte Marie-Madeleine partageait ses prédilections avec les autres saints pénitents, et chaque mois il communiait en son honneur.

Chaque mois aussi il consacrait cinq jours, du 8 au 13, à honorer son frère saint Jean Berchmans, voulant par là fêter et sa naissance à la terre le 13 mars, et sa naissance au ciel le 13 août. Les cinq jours de prières qui précédaient cette date rappelaient les cinq années de vie religieuse du bienheureux.

Saint Joseph était son « homme d'affaires ». Il écrivait : « Ce grand ministre plénipotentiaire de la Sainte Trinité nous a donné un fameux coup de main. » « Le 19 mars, fête d'extra première classe au paradis, en purgatoire, et chez tous les misérables de ce monde. Il faut que chacun puisse mettre la *poule au pot*, c'est-à-dire que ce grand prince du ciel est disposé à toutes les largesses imaginables, et qu'il suffit de présenter son papier pour qu'il signe sans regarder....

« On lui met sur le dos tant de choses importantes, l'Église universelle, les familles chrétiennes, les mourants, les causes désespérées... Je crois qu'une chose de plus ne le chargera pas beaucoup. *Ite ad Joseph !* expliquez-vous avec lui, c'est le cas ou jamais. Je suis cuisinier de la Sainte Famille pendant tout ce beau mois, occupé du matin jusqu'au soir. J'ai toute facilité de lui parler de vous. »

Ainsi s'excusait-il de son silence avec ses proches durant le mois de mars, qu'il dut passer dans les humbles offices des travaux de la cuisine. L'origine de sa tendre dévotion envers saint Joseph remontait à son enfance. Après sa première Communion, il lui arriva de tomber dans des embarras inextricables de conscience ; une fausse honte le paralysait en confession, ses communions devenaient un tourment sans cesse renouvelé par les scrupules et les anxiétés. Enfin, lorsqu'en 1866 il travaillait à mériter la grâce insigne de servir Pie IX, il résolut d'en finir, et fit à cette intention une neuvaine à saint Joseph ; au dernier jour, une bonne confession de tout le passé ramena dans son cœur le calme et la paix ; l'intime bonheur qu'il goûta en ce moment embauma son souvenir jusqu'à sa mort.

Au régiment, Théodore avait été l'enfant chéri et dévoué de la Sainte Vierge ; le cœur du Jésuite ne sera pas moins tendre que celui du Zouave. Avec elle il traite de fils à mère. « Je suis tout à fait décidé à m'accrocher, jusqu'à la dernière extrémité, au pan de la robe de Marie, qui ne me lâchera pas. Tout en me tenant d'une main, elle me donne de l'autre de maternelles caresses, comme pour m'apprivoiser de plus en plus au service de son très cher Fils. Elle n'ose encore m'attacher à la croix, je le sens ; j'en ai si grand'peur du reste ! Pauvre Mère et pauvre moi ! cela glorifiera joliment sa miséricorde d'avoir eu tant de condescendance. Une mère de la terre y perdrait son latin et sa patience. »

Il écrit à Mme Wibaux : « Il faisait bon sangloter près de toi, ma bonne mère ; maintenant, quand je suis un peu triste, je vais trouver la bonne Vierge et je la supplie de remplacer ma mère de la terre. Jamais, non, jamais je n'ai été la prier sans me sentir consolé. Oh ! je l'aime bien la Sainte Vierge, et je veux la faire aimer. Quand je ne vois plus, quand tout semble perdu, que je doute affreusement de moi-même et des autres, elle est toujours là qui brille; lors même que je ne peux plus prier, je trouve toujours quelque chose à lui dire. Je ne vis que par elle. Elle n'est jamais fatiguée de donner et veut bien entrer complaisamment dans les plus minutieux détails de mon existence. J'inscris le tout au grand livre des comptes, au fin fond du Sacré-Cœur, qui paie mes dettes en très pure monnaie »

Il ne sait comment la remercier : « Heureusement que nous avons le Cœur de Jésus pour aimer et bénir Marie dans l'éternité.» Durant le mois de mai, il trouve chaque jour le temps de rimer pour sa Mère du ciel une prière, un souvenir, un cri du cœur, un gage d'amour qu'il dépose au pied d'une statue de Marie. Chaque samedi il communiait en son honneur ; chaque fête de la Sainte Vierge était précédée de quelque neuvaine, qu'il invitait ses intimes à faire avec lui.

Peu avant sa mort, il fait comme un bouquet de toutes les faveurs qu'il a reçues par son entremise ; c'est un résumé de sa vie entière. Il lui attribue ses succès au collège : « A la suite d'une promesse, elle m'accorde plusieurs prix et surtout la médaille de discours latin. » Sa vocation aux Zouaves, les sacrifices qui précèdent son départ, les adieux à la Vierge de l'escalier, les pèlerinages à Notre-Dame des Victoires et à Notre-Dame de la Garde, l'arrivée à Rome le 8 décembre, qui lui arracha ce cri d'amour : « Date bénie ! Pour l'éternité je suis enfant de l'Immaculée-Conception et de Pie IX ! » tout cela devient motif à reconnaissance pour son cœur de fils. Et puis les madones de Rome qui gardent sa pureté, l'Assomption à Albano en plein choléra ; enfin, après la guerre, ce salut du 8 décembre à Saint-Acheul qui commence une vie nouvelle, ce chapelet qui termine ses luttes, et tant d'autres faveurs, entre autres la grâce de n'avoir pas été tué à Mentana par un maladroit soldat français qui déchargeait son chassepot, remplissent des pages entières où les bienfaits reçus stimulent à chaque ligne sa reconnaissance et le font s'écrier : « Je suis criblé de dettes envers la Sainte Vierge. Si je venais à mourir, qu'on la remercie pour moi le plus qu'on pourra en lui offrant des *Magnificat*, des communions et des messes en l'honneur de son Immaculée-Conception.»

Ses frères disaient de lui que chaque saint du paradis était son préféré, et vraiment, à l'entendre parler, on aurait pu croire en effet que chacun de ses bienheureux protecteurs épuisait à lui seul toutes ses affections. Son cœur était de ceux qui sont assez vastes pour donner à tous une place d'honneur. Combien d'autres saints, ses intimes, faudrait-il citer, depuis sainte Gertrude, l'amante du Sacré-Cœur, jusqu'à son patron saint Théodore, le soldat martyr! On le voit, à travers les dévotions et les pratiques de piété, il allait toujours de l'avant sans jamais débrider ; sa nature même, son imagination ardente, sa grande sensibilité réclamaient cette multiplicité d'industries, témoignages sensibles de son amour pour DIEU, qu'un caractère plus froid eût trouvés insupportables. A chacun d'étudier quelle hygiène spirituelle convient à son âme.

Pour lui, il était certain de ne pas faire fausse route, car il n'entreprit jamais rien en ce genre sans la bénédiction de l'obéissance, soumettant à ses supérieurs ses plans et ses désirs, aussi content d'un refus que d'une approbation.

Tel fut Théodore dans ses rapports avec le ciel ; n'était-ce pas la mise en pratique du *Conversatio nostra in cœlis est* ?

Après ses deux années de noviciat, le conscrit de saint Ignace passait au régiment :

« Bien chers parents, voici la dernière lettre que je vous écris de ce monde. N'allez pas vous effrayer, je vous prie, ni me croire tristement étendu sur un lit de douleur. Je suis bien gai pour un homme qui va franchir le grand passage. Il s'agit de laisser le monde derrière soi pour toujours, et je le fais de bien grand cœur ; c'est à minuit, le jour de Noël, que j'aurai le bonheur de naître à une vie nouvelle, avec le divin Enfant, entre les bras de la Très-Sainte Vierge ma Mère. Je ne puis trop le répéter, chers parents, plus je me rapprocherai de DIEU, plus je vous aimerai véritablement. J'en sais déjà assez pour sentir que jusqu'ici je n'ai jamais apprécié combien c'est une grâce extraordinaire d'avoir un père et une mère plus soucieux du bonheur éternel de leurs enfants que de leur propre amour et de leurs intérêts. »

Grâce à DIEU, elle n'est pas éteinte cette génération de parents clairvoyants et chrétiens, qui trouvent dans leurs enfants consacrés à DIEU la récompense de leur foi, la consolation dans les peines de la vie, l'anticipation des joies célestes !

CHAPITRE VINGT-DEUXIÈME. — 1872-1882.

Gai conteur. — Poète et commandant. — Les malades. — Lettres de l'apôtre. — Correspondance avec ses petites sœurs. — «Vive à jamais le Régiment!» — Le capitaine Mauduit. — Renégats. — Le « vieux Sergent ». — Pie IX.

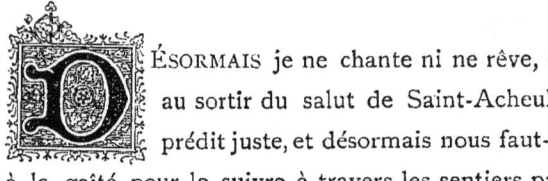ÉSORMAIS je ne chante ni ne rêve, écrivait Théodore à un Zouave au sortir du salut de Saint-Acheul, le 8 décembre 1871. Aurait-il prédit juste, et désormais nous faut-il dire adieu avec lui à la joie et à la gaîté pour le suivre à travers les sentiers parfois austères de la dévotion et les épines du sacrifice ? Non, la fidélité du novice n'enlève rien à l'entrain du Zouave ; en mourant au monde, le joyeux Théodore n'est pas mort. Qu'il ne rêve plus, à la bonne heure ! mais il chantera toujours.

Il faut le voir en récréation et en promenade, ce conteur infatigable ; il faut l'entendre faire pendant des heures tous les frais de la conversation et charmer ses compagnons par son brio sans pareil ! Sous sa parole animée les souvenirs du régiment se réveillent, tout prend couleur et vie ; on se croit à Albano, à Rome, au milieu des camarades, devant Pie IX. Il avait ce talent des entretiens qui instruisent et édifient, qui reposent l'âme sans la dissiper. Sa simplicité toute fraternelle, son besoin d'être agréable à ses frères le fait triompher de son humilité, et, méprisant toute fausse modestie, il se met en scène, s'il le faut, pour raconter ses entrevues avec Pie IX, ses conversations avec L. Veuillot, avec Charette et tant d'autres. Comme on aimait à le lancer à travers les récits de l'Italie ou de la Loire ! mais combien il souffrait si quelqu'un en tirait occasion d'une louange à son adresse ! Un jour que les novices étaient publiquement interrogés sur leurs observations au sujet du règlement, Théodore se leva : « Je crois, dit-il, qu'il faudrait éviter de se féliciter à propos d'un fait passé, d'une visite honorifique ou d'autre chose semblable. On n'a pas besoin de ça pour avoir de la vanité en son particulier. » Le mot fit fortune.

Durant les congés et les vacances, le conteur devenait volontiers poète, et sa muse s'en donnait à plaisir, toujours délicate, souvent rieuse, jamais mordante. Il confia un jour à un autre le soin de débiter une de ses compositions : la chose n'eut qu'un succès médiocre. A la récréation suivante, il s'en allait gaîment de groupe en groupe : « Eh bien, cette pièce.. ? — Oh ! pas forte !.. — Oui, je sais ; elle est de moi ! » Il avait réclamé l'anonyme en cas de réussite, et maintenant il était tout heureux d'en revendiquer la paternité.

Lui toujours silencieux en temps ordinaire, et qui se contentait d'un geste s'il lui faisait éviter une parole, lui aussi droit, aussi ferme que la règle, devenait l'homme de la joie, de l'entrain et des fêtes quand l'heure était venue de se dilater. Durant certaines vacances, il fit revenir ses livres de théorie militaire, afin de donner plus de couleur locale à ses récits. Comme autrefois, l'ex-officier commandait la manœuvre, interpellait ses auditeurs avec le franc-parler d'un vieux troupier, et même dirigeait le soir les rondes et les patrouilles à travers les allées du jardin, au chant du refrain des beaux jours : « En avant, marchons ! »

Dans ces rôles variés de chanteur et de poète, de commandant et de narrateur, il avait le talent d'être toujours charitable, d'éviter la critique et la médisance, de voir le bon côté des hommes et des choses et de le faire voir aux autres. Son excellent cœur trouvait encore matière à excuse, même devant une faute évidente. Les malades surtout connurent les délicatesses de son âme ; à l'infirmerie plus que partout ailleurs il trouvait l'occasion de distraire, d'égayer et d'édifier ; aussi en profitait-il plus souvent qu'à son tour, et l'ancien infirmier des cholériques montrait alors que son noviciat d'Albano n'avait pas été un stérile apprentissage. Si la maladie était contagieuse et empêchait les visites, il écrivait le récit des événements quotidiens et l'envoyait chaque jour aux infirmes, avec quelque bonne pensée comme celle-ci : « Samedi, fête du bon larron. Lundi, Notre-Dame de Bon Conseil. Demain je tâcherai de tenir votre place auprès de Notre-Seigneur et je lui dirai de mon mieux : *Ecce quem amas infirmatur.* »

Nous n'avons plus, comme dans sa vie de Zouave, à le suivre pas à pas au milieu de ses études littéraires, philosophiques et théologiques, ni parmi ses élèves de

Boulogne et d'Amiens. Le lecteur se fatigue vite au récit de ces détails qui trouvent mieux leur place dans le souvenir des amis que dans des pages écrites ; et en cela qui donnera tort au lecteur ? Assurément ce n'est pas Théodore. Mieux vaut un portrait franchement accusé dans ses lignes et dans ses jeux de lumière, qu'une miniature où les retouches affadissent l'effet général. Au reste, tout entier à Dieu, à ses règles, à son travail, Théodore ne se distinguait de ses frères que par sa plus scrupuleuse fidélité et par ce prestige que lui donnaient ses antécédents. N'est-ce pas le vrai cachet des communautés ferventes que ceux-là peuvent disparaître dans la masse quand leur passé leur aurait assuré un poste d'honneur dans le monde ?

Durant ces longues années de formation que la Compagnie impose à ses soldats, quel apôtre se préparait en lui et quel instrument pour l'œuvre de Dieu ! Sa piété, comme toute vertu de bon aloi, cherchait à rayonner, à s'épanouir.

Un mot sur sa correspondance, qui fut une des armes principales de son zèle. On se demande en parcourant ses lettres innombrables, dans lesquelles sa fine écriture multiplie les pages, comment il trouvait le temps de se faire ainsi tout à tous, alors qu'il n'employait à cet office de charité que les moments perdus ou les heures de la nuit avec l'agrément de son supérieur. A travers ces manuscrits, où rarement une rature trahit l'hésitation de la pensée, court un souffle surnaturel qui part d'un cœur d'apôtre pour aller réchauffer l'âme du lecteur. « On est honteux en lisant les lettres de Théodore, » disait un religieux trappiste de ses amis. Sa verve pieuse et originale trouve toujours du neuf à dire sur Jésus et Marie, sur les saints et les saintes ; il commente les fêtes de l'Église, donne conseil et consolation, recommande une pratique de piété, invite à une neuvaine... Oui, on est honteux en le lisant, et l'on veut devenir meilleur après l'avoir lu. Avec sa famille si chrétienne il n'y va pas de main morte, si l'on peut ainsi parler ; écoutons-le inviter les siens à se rendre à Lourdes :

« Que tout s'efface, que tout disparaisse, que tout s'écroule devant la douce et aimable figure de la Vierge, qui tend ses bras maternels aux chers pèlerins ! Si j'avais un conseil à donner, ce serait de faire un léger détour vers Paray-le-Monial, **et de passer des bras de l'Immaculée dans le Sacré-Cœur. Je m'étonne de voir maman dans une sorte d'hésitation au sujet de l'opportunité du voyage...** Ne gardez pas tout pour vous seuls. Une pensée pour les absents et surtout pour l'enfant gâté de l'Immaculée-Conception. Ayez soin de tremper et de déposer ma fameuse supplique dans le Sacré-Cœur. » Ce « léger détour » de Lourdes à Paray, voilà une preuve que l'affection ne calcule pas avec les distances.

« Tu as un devoir à faire, mon petit Léon, dit-il à son frère ; c'est du grec, joliment ennuyeux !... Allons, des deux mains donnons-le au Cœur de JÉSUS de notre mieux. Ce mauvais grec se transformera en toutes sortes de choses précieuses. Qui sait ? un pécheur n'attend peut-être que cela pour être heureux dans toute l'éternité. »

Et à l'occasion du nouvel an : « Donnons au bon DIEU cette année tout entière. Il ne faut pas être trop modeste quand il s'agit du ciel à conquérir. Il y en a qui disent : Moi je n'ai pas peur des courants d'air, et je veux bien être tout contre la porte du paradis, pourvu que j'y sois. Nous devons tendre plus haut. *Tempus breve est ;* il faut donc l'éterniser par la droiture du cœur et l'amour de DIEU en tout. »

Chapelle de la Visitation à Paray-le-Monial.

« J'ai pleuré à côté de vous, tout près de vous, écrit-il à l'occasion de la mort d'une petite nièce. Pauvre chérie ! je la vois encore, son petit air pensif me frappait. Est-ce qu'elle écoutait déjà la belle musique du ciel ? Pourquoi ne le dirais-je pas ? il me semble qu'elle n'a jamais été si près de moi ; sous la figure d'un radieux petit ange, elle se présente à mon souvenir avec tous les échos du paradis. Je crois la voir devant la très Sainte Vierge, à qui elle récite son *Ave Maria* sans jamais plus l'interrompre. Heureuse petite, fêtée par les anges, choyée par Notre-Seigneur ! O bon Jésus, c'est vous qui l'avez ravie à notre affection ; tandis que vous la comblez de vos plus douces caresses, fermez la blessure de nos cœurs. Vous l'avez dit : *Beati qui lugent quoniam ipsi consolabuntur.* Tenez votre promesse ; la consolation ne peut venir que de vous seul. Cher petit ange, priez pour nous qui souffrons. »

Aujourd'hui encore la lecture de ces lettres est tout à la fois un charme et un stimulant pour ceux qui les possèdent. Inutile de nous appesantir sur ce sujet : nous savons ce que vaut la correspondance de Théodore. Un trait seulement pour achever le tableau, ce sont des fragments de ses conseils à ses petites sœurs :

« Continue de prier, prie tous les jours davantage si cela est possible. J'ai entendu comparer la prière à un vase rempli d'une liqueur précieuse ; ce vase a un robinet ; si l'on tourne un peu le robinet, il en coule un petit filet ; si l'on tourne davantage, le filet grossit ; enfin si on le tourne tout à fait, il s'échappe un beau jet. De même une petite prière, et voici le robinet qui s'ouvre, et un petit filet de grâce qui descend du ciel ; une plus grande prière, je veux dire plus fervente, et voici le filet de grâce qui augmente ; enfin une bonne prière du cœur, sans distraction autant que possible, et voici que le filet devient un torrent qui inonde l'âme et la remplit de grâces par-dessus les bords. Je t'envoie un Sacré-Cœur ; mets-le devant toi pour travailler ; l'embrasser ou même le regarder avec amour, c'est déjà une prière qu'il récompense tout de suite. C'est tout comme quand tu embrasses maman ou que tu lui fais un petit clignement d'yeux ; elle comprend ce que cela veut dire et elle est contente... »

« Je connais une petite fille qui est devenue une grande sainte du nom de Madeleine de Pazzi. Étant de ton âge, elle aimait déjà beaucoup, beaucoup Notre-Seigneur au Saint-Sacrement ; et comme elle n'avait pas fait sa première communion, elle disait toujours : « O bon Jésus, venez vite, venez bien vite ! » Sais-tu ce qu'elle faisait pour se dédommager un peu en attendant le grand jour ? Elle avait une bonne maman comme la nôtre, qui communiait chaque matin, je pense, comme la nôtre ; alors, étant à l'église, elle approchait sa chaise et se serrait tout contre sa chère maman pour être tout près du petit JÉSUS qui était en elle. Eh bien, tu feras cela quand tu seras à la messe près de maman, et tu ne m'oublieras pas, j'en suis sûr.... »

« Ce matin, en recevant le bon JÉSUS j'ai pensé à toi ; il me semblait que j'entendais une douce voix me dire : « Si tu écrivais à ta petite sœur pour lui rappeler que le grand jour approche ! Je veux être bien logé dans son cœur ; j'ai droit d'y compter après tout ce que j'ai fait pour elle. Vois, Théodore, quelle bonne Mère du ciel je lui ai donnée, et quelle bonne maman de la terre ! Théodore, penses-tu qu'elle m'aime bien après tout ce que j'ai fait ? » J'ai répondu au bon JÉSUS : « Très certainement, bon JÉSUS, elle vous aime beaucoup, et elle ne voudrait jamais vous faire de la peine. Est-ce qu'elle vous en aurait fait quelquefois, bon JÉSUS ? Cela m'étonnerait, je vous avoue. — Quelquefois. — Et comment cela ? — Eh bien, je ne la trouve pas toujours assez obéissante, cette chère petite. Elle est un peu lambine parfois et distraite dans ses prières. — Est-ce tout, bon JÉSUS ? — Oui, c'est à peu près tout. Mais dis-lui de ma part qu'elle fasse beaucoup d'efforts d'ici à sa première Communion, car si je la trouve bien préparée je verserai des grâces plein son cœur. »

« Eh bien, chère sœur, je fais la commission. Tu tâcheras d'offrir à DIEU tous les jours des victoires ; tu les inscriras sur ton petit cahier, puis, quand le grand jour sera venu, tu feras les additions et tu remettras le tout à la Sainte Vierge, afin qu'elle le donne elle-même à Notre-Seigneur.

« Quand le cher petit JÉSUS sera dans ton cœur, il fera toc toc à la porte et il dira : « Ma sœur chérie, m'aimes-tu beaucoup, beaucoup ? » Tu diras : « Oui. — Ma sœur chérie, puis-je prendre ton petit cœur ? est-ce que tu me le donnes ? » Tu répondras bien vite : « Oui, oui, cher petit JÉSUS, prenez, prenez tout et gardez tout jusqu'à la fin de ma vie, je ne veux plus de mon cœur, il est à vous pour toujours. »

Aux fêtes de Noël il ajoute :

« Je crois que le bon petit JÉSUS a pour toi une affection toute particulière ; il me fait signe de ses petites mains (car il ne peut pas encore parler), pour que je t'écrive à sa place. J'approche donc l'oreille bien doucement de son petit cœur, j'écoute sans respirer. Ah ! j'ai tout compris : « Théodore, dis à ma chère sœur que je suis on ne peut plus pressé de descendre dans son petit cœur, où je serai mieux logé que dans ma crèche. Ah! comme je l'aime! J'aurai chez elle un petit lit blanchet de vertus; pas la moindre petite tache! Dis-lui, Théodore, que ma bonne Mère Marie est bien heureuse de voir ses préparatifs; veux-tu qu'elle aille l'aider un peu? »

« Accepte l'offre du petit Jésus. Va te mettre en face d'une statue de la Sainte Vierge et dis-lui : « Chère Mère du ciel, vous voyez que ma mère de la terre est déjà bien bonne, bien bonne, qu'elle fait tout son possible pour me préparer à ma première Communion ; que sera-ce donc si vous venez aussi ? »

« Mais je sens une petite main qui me tire la soutane. « Encore vous, petit Jésus ? vous n'avez donc pas tout dit ? » J'approche encore mon oreille de son cœur : « Tu diras à Stéphanie que je suis bien consolé quand elle récite la belle prière du chapelet qui fait tant de plaisir à ma Mère; chaque grain est une perle du paradis, que mes Chérubins s'empressent de poser sur son front. Adieu, Théodore; je vais faire dodo si je le puis. Mais pour avoir de beaux rêves, je vais prononcer encore une fois les noms de mes petites amies, Stéphanie, Joséphine.. Adieu, je dors déjà. »

« Chut! laissons dormir le petit Jésus, qui en a tant besoin. Embrassons-le doucement sur le front, et asseyons-nous près du bon saint Joseph et de la Sainte Vierge en attendant qu'il se réveille... »

On dit qu'il faut un talent particulier pour se mettre à la portée des enfants, et l'on dit juste. Qui mieux que Théodore eut le don de parler leur langue, comme si elle lui était naturelle, de donner un corps aux vérités abstraites, de frapper leur imagination pour gagner leur cœur à Dieu ?

Un champ où son zèle put se donner carrière et faire ample récolte était son cher régiment. Malgré un extérieur timide, parfois même embarrassé, il était resté Zouave par son port martial et par ses affections. On ne peut s'en étonner ; n'était-il pas déjà compagnon de Jésus avant d'entrer à Saint-Acheul, et tout Jésuite n'est-il pas soldat ?

Le régiment ! nom magique, nom plein de grandes choses qui s'appellent dévouement, honneur, sacrifice, patrie ; nom vivant qui rappelle les chefs et les camarades, le drapeau et les batailles, la gloire et les souffrances ! Qu'on parle du régiment à l'invalide couturé de blessures, au vieux zouave d'Afrique, à tous ceux qui ont senti un cœur de soldat battre dans leur poitrine, on les verra se redresser, s'émouvoir, et la larme à l'œil entamer le chapitre de leurs prouesses. Si le régiment est chose sacrée pour des hommes groupés ensemble par le hasard ou la contrainte, que dire des Zouaves du Pape, librement réunis pour défendre la cause de Dieu ?

« Vive à jamais le régiment ! » écrit sans cesse Théodore à la fin de ses lettres et à la marge de ses cahiers. Il s'intéresse à tout ce qui le touche, à son passé et à ses espérances. « En dépouillant l'uniforme, écrit-il à un camarade, je n'ai point dépouillé l'amour que je lui porte. Plus que jamais, en dépit des apparences contraires, je suis persuadé de la mission des Zouaves, je crois surtout que la généreuse consécration du régiment au divin Cœur est une assurance de vie. Le régiment est destiné à coopérer pour sa part à la résurrection de la France. Ne serait-il pas juste qu'il allât tremper son épée aux pieds de la Très Sainte Vierge et lui faire bénir son drapeau ? On pourrait organiser un pèlerinage à Lourdes ; inutile que tout le monde en fasse partie pourvu que le régiment y soit officiellement représenté......

« Pauvre bataillon ! c'est pour ainsi dire l'équipage de la barque de Pierre ; sa destinée est de passer par les mêmes épreuves, d'être secoué par les mêmes tempêtes, de subir les mêmes coups de vent. C'est là sa gloire de souffrir quand l'Église est en souffrance, mais c'est sa destinée aussi de se relever avec elle et de participer à ses triomphes, à ses résurrections......

« Notre cause est celle de Dieu, sachons attendre, sachons patienter, sachons souffrir. Le pape ne se plaint pas de sa captivité ; il prie, il espère, il croit. Le sang versé à Patay est une semence de martyrs comme l'était celui du Colisée ; nous avons jeté dans le Sacré-Cœur notre germe de vitalité. Bienheureux ceux qui pourront répondre à l'appel et dire : Me voici ! Ils ne croiront pas avoir acheté trop cher l'honneur de se battre encore une fois pour l'amour du Christ ; prions, voilà le plus pratique en ce moment. »

Il écrit lettre sur lettre, il met tout le monde en mouvement, parents, jésuites, amis, connaissances, pour caser quelque Zouave qui se trouve sans place, pour rendre service à un vieux compagnon d'armes.

« Mes Zouaves me sont plus chers que jamais. Il en est un dont je voudrais obtenir la conversion par le Sacré-Cœur ; garçon généreux s'il en fut, il a trois grands amours au cœur : l'Église, la France et... la République ! C'est la base première qui fait défaut ; il lui est resté dans la tête un certain amalgame de principes qui jettent sa conduite dans des contradictions malheureuses. J'ai encore d'autres camarades qui me préoccupent : je les mets en bloc dans le Sacré-Cœur. En somme la généralité est splendide d'ardente conviction ; je ne connais pas de gens plus catégoriques. Je les vois qui se serrent contre le rocher du Vatican ; tous leurs cœurs sont là, unis plus que jamais dans une invincible espérance, *in spem contra spem !* Oh ! que j'aime mon beau régiment ! »

Une de ses promenades favorites avait pour but le château de Prousel. La course était longue, mais jusqu'où n'aurait-il pas été pour pouvoir s'agenouiller dans la chambre où mourut le général de Lamoricière, et prier devant le crucifix qui avait reçu le dernier soupir du père du régiment !

Lorsque le commandant Lallemand fut frappé par la maladie, Théodore se mit en campagne, quêtant partout prières, neuvaines, communions, messes ; et quand il apprit que ce vrai type de Zouave avait succombé, il en ressentit longtemps au fond du cœur le douloureux contre-coup. Sa confiance toutefois demeura intacte : « Cette mort de notre brave ami déconcerte nos espérances humaines, mais elle ne doit point troubler notre foi. Lallemand continuera là-haut sa belle mission de dévouement. »

Les vieux amis vinrent nombreux le visiter à Saint-Acheul : « C'est une journée d'or que de pouvoir parler du régiment, » disait-il après avoir revu son brave lieutenant d'Albano, M. de Résimont. Mais, peu satisfait d'une visite passagère, il les engageait à prolonger, afin de pouvoir prier et goûter Dieu dans le silence et la méditation : « As-tu toujours autant de répulsion pour le projet que je me sens porté à te soumettre, celui d'une petite retraite à Saint-Acheul ?

« *Trois jours au plus rendront ton âme satisfaite.*

« Je crois que le diable te fait voir les choses de travers. C'est son intérêt ; X. s'est débattu longtemps contre cette idée ; c'est là cependant qu'il a trouvé la solution de tous ses ennuis. »

« Je ne serai plus là, disait-il à un jeune homme qui lui manifestait le désir d'être Zouave ; mais tu taperas pour deux. »

A un autre qui, sur son conseil, faisait une retraite, il écrivait de Boulogne pour lui prêcher la confiance en DIEU :

« N'es-tu pas consacré au Cœur de JÉSUS avec tout notre brave régiment ? Tu verras l'allée des miséricordes où la grâce a triomphé de mes lâchetés et de mes passions. Là, à la suite d'un chapelet adressé à Willebaud et à mon oncle Pierre, je me suis attaché à JÉSUS-CHRIST pour l'éternité. Tu es enveloppé de prières, courage ! Je parle d'expérience, et si je n'avais été soutenu par une grâce surabondante, j'aurais tourné le dos à l'ennemi. Heureusement Marie était là ; elle m'a mis sur les lèvres une prière presque continuelle, et c'est ce qui m'a sauvé. L'esprit de prière fait tout dans la vie. Aie grande confiance en ton guide ; fais-toi connaître à fond, malgré la répugnance naturelle. Confiance, mon cher, non point confiance sensible, mais confiance de foi. Tu t'ennuieras ; pour mon compte l'ennui n'a pas manqué : les œuvres divines sont marquées au coin de la souffrance. »

Ainsi il suivait ses camarades à distance, les consolait, les encourageait, leur donnait conseil :

« Fais bien aimer la Reine du ciel par ton petit Joseph, tout est là. Dans une ruche d'abeilles, quand on a la reine, on a tout le reste. Il en va de même avec la Reine du ciel. Si ton Joseph tombe jamais entre mes mains, je lui ferai apprendre *le Drapeau du régiment* avec plusieurs autres, et je lui conterai les exploits de papa. »

Peu après son entrée au noviciat, un Zouave de sa connaissance vint l'y rejoindre ; grand et sec, à la figure énergique, au parler bref, au fin sourire, le capitaine Mauduit prit place à côté de Théodore ; Mauduit, l'homme du Saint-Sacrement, « *le Monsieur de cinq à six,* » comme on disait au régiment, par allusion à l'heure de garde qu'il montait chaque soir devant l'Eucharistie ; le brave officier qui, au siège de Rome, réglait le tir de ses soldats, debout sur les remparts, la lorgnette à la main comme s'il eût été au spectacle, et qui le même jour fut chargé de déployer le drapeau blanc pour faire cesser le feu des Piémontais, tandis que ceux-ci redoublaient en le prenant pour cible. Il finissait, comme tant d'autres camarades, réclamant de DIEU l'honneur de permuter et continuant à servir l'Église sous un autre uniforme. Pour lui, le noviciat fut plus rude encore que pour Théodore ; on le voyait parfois se crisper et comme grincer des dents ;

que de vertus cachées dans l'ancien capitaine devenu petit novice ! Treize ans plus tard, un peu avant de mourir, il disait de son ton incisif avec un air radieux : « Je vais revoir Théodore. »

Durant leur noviciat, les deux anciens camarades aimaient à se rapprocher pour trouver dans de fraternels épanchements un stimulant au service de Notre-Seigneur. Ils s'en revenaient un jour côte à côte avec un compagnon, après un lointain pèlerinage à Notre-Dame d'Albert, quand ils furent croisés par une bande d'ouvriers. La vue des soutanes mit en verve le groupe des enfants du peuple, qui saluèrent à leur façon : « En voilà des paresseux ! Ce ne sont pas eux qui vont à la guerre ! » Or le compagnon des deux Zouaves avait lui aussi fait la campagne de 1870 en qualité d'officier. L'insulte est toujours grossière, mais dans cette circonstance elle devenait si maladroite qu'elle tournait au comique aussi provoqua-t-elle chez nos trois officiers devenus Jésuites un franc éclat de rire.

Pareille réponse aux injures accommodait l'humilité de Théodore quand son honneur personnel était seul en jeu, mais il semblait oublier sa réserve et sa mansuétude dès qu'il s'agissait de l'honneur du régiment ; et certes il avait raison, car le drapeau des Zouaves n'a jamais connu d'autres taches que le sang des braves. Écoutons-le après les expulsions provoquées par les décrets de 1880 :

« J'ai lu dans *l'Univers* de ce matin, à l'article *Renégats*, que deux anciens Zouaves Pontificaux s'étaient tristement signalés dans l'exécution des décrets. La rougeur m'est montée au visage, car je tiens à l'honneur du régiment comme à celui de ma famille. Si je n'étais partie aussi intéressée en ma qualité de Jésuite, je chercherais un moyen de laver aux yeux du public honnête la honte de cet affront fait au régiment. Vois ce qu'il y a à faire ; je t'assure que je suis personnellement blessé dans ma fierté de Zouave.

« P. S. Je n'ai aucune souvenance de ces deux pistolets de procureurs généraux. Les as-tu connus au régiment et quelle tête y faisaient-ils ? Je les renie mille fois comme Zouaves ! »

A la fête du général de Charette, au banquet annuel qui réunissait les camarades, sa muse se mettait en frais pour envoyer un bouquet poétique, fait de ces fleurs de souvenir et d'espoir qui ne se flétrissent pas. En 1878 il s'inspire du *Sergent* de Paul Déroulède, et représente étendu sur son lit de mort un vieux sergent de Zouaves qui rappelle les gloires passées à son camarade Bernard :

... « Le vieux sergent se tut... puis, inclinant la tête,
Il semblait évoquer un souvenir lointain.
Était-ce une bataille, était-ce quelque fête
Où se fixait ainsi son regard incertain ?
Se voyait-il encor à Viterbe, à Farnèse,
A Rome, dans quelqu'un de ces rudes combats ?
Ou bien sous les grands pins de la villa Borghèse
Pour un fier défilé cadençait-il le pas ?...
Puis, comme sous l'effet d'une douce pensée,
On le vit soulever d'une tremblante main
Son humble crucifix : " Si la fête est passée,
Vit-on jamais, dit-il, fête sans lendemain ?
Sais-tu, Bernard, sais-tu ce qui me fait sourire
Au moment où je sens la mort si près de moi ?
Tu pourrais supposer que c'était le délire...
Non, ce qui me transporte aujourd'hui, c'est ma foi !
Je vais donc les revoir, ces vaillantes victimes
Dont la vie a tracé tout un large sillon
De gloire et de vertu... Je vais gravir les cimes
Où se sont reformés les rangs du bataillon.
Bientôt je vais serrer la main de tous ces braves,
Guillemin, Lallemand, Guérin, les Dufournel...
Il me faudrait nommer tous nos chers martyrs Zouaves...
Je vais présenter l'arme à notre colonel !
Oh ! rien que d'y songer je ne me sens pas d'aise,
Pour me fêter gaîment là-haut, quel branle-bas !
Et puis je leur dirai deux mots de **Léon treize**,
Je leur dirai... c'est vrai : Le Pape ne meurt pas. " »

« Mon Révérend Père, mon bon, mon cher ami, répondait à Théodore le général de Charette, oui, j'ai pleuré ! nous avons tous été profondément émus en lisant la mort du sergent de Zouaves, parce que chaque pensée était un écho d'une pensée de notre cœur......

« Savez-vous ce que le régiment a représenté et représente encore ? C'est un mot fort oublié : l'honneur.

« Oui, l'honneur aux engagements pris ; rester fidèles dans le malheur comme dans la prospérité, voilà l'honneur du bon vieux temps... Nous, le régiment, quel rôle sommes-nous appelés à jouer ? Je ne sais, mais je ne demande qu'une chose : ne pas faillir à l'honneur !

« J'ai été demander la bénédiction du Saint-Père ; il me l'a donnée. Je compte aussi sur vous, chers amis, sur vous qui avez choisi la meilleure part, celle de la prière, du sacrifice ; je mets au défi de trouver des cœurs plus Zouaves que chez vous, mes bons et chers amis. Vous qui me tracez si bien mon devoir, soyez bénis et merci.

« Embrassez tous les vieux amis comme je les embrasse de tout mon cœur.

« CHARETTE. »

Au-dessus du régiment, du général et des camarades, il y avait dans les affections de Théodore une place de choix pour Pie IX, son « protecteur attitré » qu'il invoquait sans cesse. Afin de ranimer sa confiance en ce père bien-aimé, il relisait souvent le récit de son audience où, petit Zouave alors, il avait passé près du saint Pontife dix minutes de paradis sur terre.

« 7 février, jour anniversaire de la mort triomphante de Pie IX.

« Union de reconnaissance et de prières à l'Immaculée Conception. Que ne puis-je m'agenouiller et pleurer devant sa tombe ! Il est encore aussi bon pour moi qu'il le fut jamais...... Pour nous, Zouaves, qui avons tant reçu de lui, je ferais mieux de dire tout, c'est une dette du cœur que de le faire connaître et aimer. *Malheurus Pontificum* : nous avons un père qui intercède pour ses enfants. »

Et comme les sentiments, si beaux et si ardents soient-ils, ne suffisent jamais à l'affection sincère, Théodore entreprend une croisade de prières pour la canonisation de Pie IX : « La Sainte Vierge ne nous refusera pas cette grâce ; elle se meurt d'envie, pour ainsi parler, de nous l'accorder. » Afin de répandre la dévotion au saint Pontife, il s'occupe d'une image populaire destinée à symboliser son pontificat et à être répandue à profusion ; il recueille et fait connaître les grâces extraordinaires obtenues par son intercession ; plus tard, sur son lit de mort, il aimera à coller ses lèvres sur une relique de Pie IX, en attendant qu'il puisse au ciel se jeter dans ses bras.

Oui, lorsqu'il signe ses lettres à ses parents : « Votre Jésuite Zouave, » il parle de l'abondance du cœur ; il est toujours et plus que jamais soldat du Pape, défenseur de l'Église !

Route de Culoz au lac du Bourget.
(Chap. XXIII.)

CHAPITRE VINGT-TROISIÈME. — 1874-1880.

Boulogne. — Les deux camps. — Professeur-apôtre. — La Généralissime. — Pie IX en classe. — Amiens. — M. Perrichon à Chamounix. — Médailles et piété. — A travers les glaciers. — Grand Saint-Bernard. — A Roubaix. — Le fils et le religieux.

Être apôtre, passer en semant le bon grain dans les âmes, était désormais l'unique préoccupation de l'ancien Zouave. Le temps était venu pour lui de la vie active, et à la rentrée d'octobre 1874 il fut envoyé comme professeur au collège Notre-Dame de Boulogne.

On n'habitait pas encore le local grandiose qui du haut de la falaise regarde la Manche et l'Angleterre. Les élèves étaient entassés les uns sur les autres dans les bâtiments de l'ancien évêché, où un prélat avec sa suite pouvait se trouver à l'aise, mais où la place était exiguë pour trois cents enfants. On ne se plaignait pas cependant : n'avait-on pas du matin au soir la brise de mer pour remplir les poumons et la douce Vierge de Boulogne pour ombrager les cours ? C'était la vie en famille, embellie, divinisée par Marie. Une simple porte séparait le collège de la célèbre basilique, véritable acte de foi et d'amour écrit avec la pierre, et qui porte jusqu'aux nues l'image de la Madone. Là les pèlerins affluent, les marins recommandent leur pêche, les matelottes prient pour les absents.

Quelle joie ce fut pour le jeune Jésuite de se trouver dans la cité que la Vierge s'était choisie mille années auparavant. ! Sans même entrer au collège, il alla tout d'abord implorer la bénédiction de sa Mère.

Ses nouvelles fonctions n'ont rien d'éclatant : le plus brillant élève de sa classe au collège de Roubaix, l'heureux vainqueur de la médaille d'or à Marcq, l'écrivain délicat, le poète, était appelé à remplir les fonctions de professeur de sixième. N'est-ce pas cette obéissance qui donne aux ordres religieux la force et la jeunesse, en faisant accepter joyeusement la dernière place à qui mériterait un poste d'honneur? Au travail de la classe vinrent se joindre des corvées supplémentaires ; le professeur fut désigné pour exercer la surveillance un peu partout, spécialement au dortoir ; ce dont il se déclare « de plus en plus enchanté », car son lit est adossé au sanctuaire de Notre-Dame.

La glace fut vite rompue entre le grand Père Wibaux et ses trente-cinq petits élèves, et quand ceux-ci eurent entendu quelques récits du régiment, quand il fut convenu qu'après des leçons parfaitement récitées et des devoirs bien soignés on aurait comme récompense une belle histoire, ce fut une animation, un entrain indescriptible. La classe devenait un champ de bataille, et grâce aux cris que poussait chaque émule pour reprendre son adversaire, les règles les plus ardues pénétraient de force jusqu'à la mémoire.

Tout se faisait militairement : sous deux drapeaux dont l'un retraçait celui de Patay, deux camps se provoquaient sur le terrain des auteurs et des grammaires ; le long des murs pendaient des écussons sans nombre portant les noms des officiers, et quand venait le jour solennel de la concertation publique à la grande salle, le collège entier retentissait du choc des deux armées. On était blessé pour une faute, on était mort pour une réponse nulle. Au commandement du professeur, tout ce petit monde marchait au pas, prenait ses positions de combat, se plaçait en embuscade ; il y avait des mitrailleuses, des luttes d'avant-garde, des armistices, des défis. Les séances étaient enlevées d'assaut, et, pour terminer la bataille, quatre des vaincus les plus vigoureux portaient en triomphe le vainqueur, qui était solennellement décoré de quelque ordre pontifical, tandis que la classe entière entonnait le chant du régiment. Ah! ni les soldats ni les spectateurs n'avaient envie de dormir aux séances du Père Wibaux.

Mais à ses yeux le rôle d'instructeur n'était en quelque sorte que secondaire. « Je n'ai jamais vu mieux réalisé qu'en lui le type du *professeur-apôtre* suivant l'esprit de la Compagnie, » dit de lui un de ses supérieurs. Tout, pour son zèle, fournissait matière à un mot du cœur, à un *sursum corda*, qui aidait ses enfants à mettre en pratique le beau mot d'*élève*.

Avec qu'elle dévotion il faisait chaque jour, sans jamais y manquer, son pèlerinage à Notre-Dame, et là, longtemps agenouillé devant la Madone miraculeuse, il récitait « les litanies de sa classe », invoquant tour à tour les saints Anges de chacun de ses élèves. « Je tâche surtout de mettre dans mes intérêts la bonne Vierge Marie ma Mère, sans laquelle je ne puis faire un pas. A elle la direction de ma classe ; elle est si bonne ! On dirait qu'au milieu de ses occupations si diverses et si pressantes elle n'a qu'à penser à mes petites affaires. Il est vrai que parfois elle donne procuration à l'excellent père saint Joseph, qui se montre fort empressé à la satisfaire. Bref, nous faisons dans la Sainte Famille un excellent petit ménage. »

Il appelle Marie « notre aimable Généralissime », et en effet, le 8 décembre, élèves et professeurs s'étaient publiquement consacrés au culte de son Immaculée Conception. « Cette bonne Mère a bien voulu prendre la direction générale des manœuvres tant spirituelles qu'intellectuelles ; sous son habile direction l'émulation, l'entrain, la piété sont à l'ordre du jour. »

Du matin au soir il égrenait son rosaire ; on le désignait parfois sous le nom du « grand Père qui dit toujours son chapelet ». Son apprentissage avec les têtes dures des conscrits, et surtout sa parfaite possession de lui-même, le mettaient à l'abri contre toute impatience, même avec les caractères les plus difficiles. On retrouvait en lui le bon sergent-major du vieux temps, qui n'en venait aux punitions qu'après avoir épuisé tous les moyens, et n'infligeait jamais que le minimum de la peine.

Un élève le désolait par sa nonchalance ; il offrit pour lui tous ses mérites toutes ses prières, tous ses sacrifices. Sa discipline sanglante, qu'on trouva après sa mort, montre comment il savait faire violence au ciel. Un autre élève, sorte de nature agreste, l'avait insulté ; il récita pour lui plus de quatre cents chapelets. Les entretiens particuliers, les catéchismes, les conférences du samedi, lui offraient l'occasion d'attaquer franchement les défauts de son petit régiment. Rien de vague ni de trop relevé ; il entre dans les détails, indique les remèdes, écrit toujours la suite de ses pensées, et ne laisse à l'improvisation que le choix des expressions. Dans son cours de catéchisme rédigé de sa main, treize auteurs différents sont cités et commentés. Quant au mode de mettre la vérité en relief, il procédait par comparaisons et histoires puisées surtout dans ses souvenirs personnels. Pour parler du bonheur du ciel, il décrivait les fêtes grandioses de Saint-Pierre de Rome ; le contraste entre la sérénité du golfe de Naples et le Vésuve, qu'il avait gravi pendant la fameuse éruption de 1868, l'amenait à parler du paradis et de l'enfer. Pompeï, les sanctuaires de Rome, le régiment et les batailles, en un mot tout ce qu'il avait vu, était mis à contribution pour donner à son récit la couleur et la vie. Lui qui avait connu dans sa jeunesse les angoisses d'une conscience troublée et anxieuse, qui plus tard avait lutté avec tant d'acharnement contre la tentation, parlait de la bonne confession, de la prière, de la confiance, de la communion fréquente, avec une véhémence qui emportait pièce.

Un jour, une magnifique gravure de Pie IX fut envoyée à l'ancien Zouave avec une bénédiction spéciale pour ses élèves, et une phrase entière écrite de la main tremblante du saint Pontife. Ce jour-là ce fut grande solennité ; le R. P. Couplet, recteur du collège, vint faire l'installation du tableau, et, félicitant les heureux enfants, « il leur dit qu'il n'y avait probablement pas *une seule classe* au monde aussi privilégiée. Pour moi comme pour eux, noblesse oblige. » Et peu de jours après, le professeur radieux envoyait à son frère Léon ce croquis de la situation : « Il fait un temps magnifique, vrai soleil d'Italie sur le ciel gris de Boulogne. La cathédrale avec son dôme rappelle Saint-Pierre. Ce qui pourrait mettre le comble à l'illusion, c'est le splendide portrait de Pie IX qui domine notre classe au milieu des écussons de son avant-garde. Il est encadré d'or ; les armes pontificales surmontent le tableau. Sa douce et sainte figure sourit à mon petit troupeau et semble lui dire : Je suis le bon Pasteur. Marie du haut de son piédestal contemple avec amour le Pontife de son Immaculée-Conception. Depuis le jour où Pie IX a pris possession de la classe, je me sens tout ragaillardi, et mes enfants n'ont pas échappé à l'influence de sa bénédiction. »

De sixième il monta avec ses élèves jusqu'aux portes de la troisième, avantage précieux, et pour le professeur toujours tenu en haleine par de nouvelles matières à préparer, et pour les élèves dont l'éducation se poursuit régulièrement. « Les anciens ont paru contents de retrouver leur vieux capitaine. Les conscrits suivent forcément l'élan des troupes aguerries. J'ai eu soin de ranger sous le titre de *Zouaves* tous ceux de l'an dernier. Les nouveaux, les redoublants, sont dans le camp des *Chevaliers* ; mais, entre nous, ils reçoivent des piles continuelles. Cela m'amuse parce qu'ils vont être obligés de regimber pour faire face à leurs adversaires. Les projectiles grecs sont massacrants. Au-dessus du carnage, douce et bienveillante apparaît la Vierge Marie. C'est elle qui excite les combattants, guérit les plaies, couronne les vainqueurs, et surtout affermit l'autorité du grand chef. »

Lorsqu'en 1877 il quitta Boulogne pour faire ses études philosophiques à Saint-Acheul, ce ne fut pas sans un serrement de cœur. Mais à distance encore son influence se fit sentir par des lettres nombreuses et surtout par ses prières « J'ai abandonné mes drapeaux et mon champ de bataille ; j'ai dû laisser, Dieu sait pour combien de temps, mes bons petits Zouaves et mes Chevaliers, qui marchaient au combat comme un seul homme. C'est le métier ; il faut sans cesse changer de garnison, et si le cœur a pu s'accrocher quelque part, on en est quitte pour le décrocher en saignant un peu ; cela passera comme le reste. Je me dédommage de la séparation en priant beaucoup pour ces chers petits enfants que je ne cesserai d'aimer de tout mon cœur. »

Deux ans plus tard il fut nommé surveillant des grands à Amiens. On lui assigna pour chambre une ancienne classe de chimie, à peu près aussi haute que lui et pleine de l'odeur des réactions passées ; comme jamais il ne se plaignait, pas même lorsqu'il avait un lit trop court, il prit la chose en brave. N'en avait-il pas vu bien d'autres ? Dans son nouveau poste, il lui fallait faire respecter le règlement, punir les infractions, en un mot, dominer la situation du haut de sa taille ; la jeunesse trouva tout d'abord le Père Wibaux bien sévère, voir même terrible.

Bientôt les histoires d'Italie, les récits des campagnes, et surtout les grandes promenades modifièrent les sentiments : « Notre surveillant, écrit un élève, se croit revenu au temps où il était Zouave, et il nous mène comme de véritables soldats, tantôt au pas gymnastique, tantôt en nous faisant exécuter une charge. » Un jour, au lieu de rentrer pour l'étude de cinq heures, on ne revint qu'à huit heures et demie du soir ; on dit que le Père Préfet n'était pas content, mais en revanche quelle bonne partie pour les élèves !

Il mit en honneur parmi ses jeunes gens la communion réparatrice du premier vendredi du mois, stimula leur générosité au point de recueillir pour la Propagation de la Foi des centaines de francs de plus que d'habitude, et sans cesse les animait au bien par son talent merveilleux de parler des choses saintes. Un élève disait : « A propos de ses batailles ou de la bannière de Patay, il nous exhortait à la dévotion au Sacré-Cœur et à la communion avec tant de naturel, tant de persuasion, tant d'originalité dans la forme, qu'on était gagné. Un soir d'hiver, comme j'avais mal à la tête, le Père m'invita à arroser avec lui la *patinoire*. Le ciel était parsemé d'étoiles ; dussé-je vivre mille ans, je n'oublierai jamais le ton avec lequel, au milieu de joyeux propos, il me commenta la parole de saint Ignace : *Quam sordet tellus dum cœlum aspicio !* »

Vers la fin de juillet, il fut chargé d'accompagner en Suisse et en Italie trois de ses élèves, MM. Maurice et Pierre Cosserat et Hippolyte Cambronne. Marcheur infatigable, amateur de la belle nature, voyageur expérimenté, il était désigné d'avance pour ce rôle de mentor ; toutefois, malgré la riante perspective des montagnes neigeuses, il confia à l'un de ses supérieurs combien il lui en coûtait de quitter Amiens à cette époque néfaste. Déjà les décrets avaient eu leur application dans les résidences de la Compagnie : c'était bientôt le tour des collèges « Pendant mon absence, disait-il, la communauté sera peut-être expulsée et aura à souffrir, et je ne serai pas là pour avoir ma part ! »

La caravane partit aussi légère de bagages que de soucis. Ce grand abbé, au milieu de ces trois jeunes gens, n'avait vraiment pas un mauvais air avec son sac au dos comme ses compagnons, son grand bâton et son accoutrement de molletières jaunes, de souliers ferrés, de couvre-nuque et de soutane retroussée jusqu'à mi-jambe.

Annecy, le lac du Bourget, Saint-Gervais, Chamounix, le Grand Saint-Bernard, Aoste, le lac Majeur, furent les principales étapes autour desquelles les voyageurs rayonnèrent à travers glaciers et montagnes, marchant parfois douze heures de suite, et cueillant au passage ces milles aventures qui sont les fleurs d'un voyage. Quelle que fût la fatigue, le P. Théodore n'omettait jamais de noter le soir les impressions du jour ; chez lui c'était comme une seconde nature due à sa vieille habitude du régiment. Les bonnes rencontres, les surprises, les nouvelles connaissances qu'on fait, les anciennes qu'on renoue, ne manquent pas à nos touristes. Ce fut plaisir pour l'ancien Zouave de rencontrer sur sa route plusieurs camarades du régiment, tout heureux de faire fête à leur sous-lieutenant.

A Chamounix, entre autres, la table d'hôte leur offrait plus d'un type à étudier. « Voici un gros Monsieur à cravate blanche, qui voyage avec sa conjointe,

Le lac du Bourget.

dix-sept cartons à chapeaux et trois cents kilos de bagages. « Est-ce Coquelet, ou M. Perrichon, ou un allié des deux? Il parle de ses excursions avec emphase, et déclare hautement « qu'il a trempé une chemise rien que pour se rendre aux glaciers des Bossons. » Il emporte avec lui des draps et du beurre, parce qu'on lui a dit que dans ce pays-là « on ne mettait pas de draps aux lits et qu'on faisait la cuisine à l'huile...! »

Partout la douce piété du P. Théodore trouvait à s'épancher en prières et en dévotions ; à Annecy, devant le tombeau de saint François de Sales et de sainte Jeanne de Chantal ; sur sa route, dans les nombreux sanctuaires de Marie semés sur les montagnes ; dans la Savoie enfin, qui partout lui rappelle le bienheureux Pierre Lefèvre, premier prêtre de la Compagnie de Jésus, qu'il invoque sans cesse. Il a toujours la main à la poche pour distribuer des médailles aux petits pâtres des Alpes, aux bons Savoyards et aux guides ; c'étaient, comme il disait, « des amorces pour les âmes. »

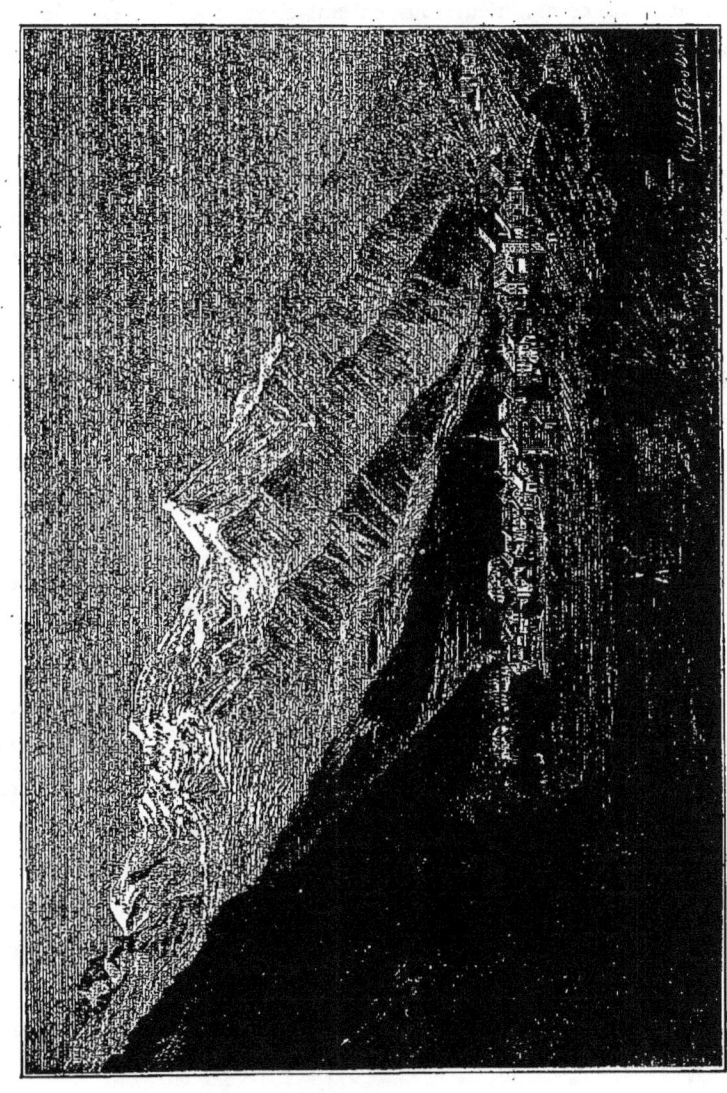

Chamounix.

— « Quelle reconnaissance chez tous ces braves gens ! ils semblent tenir un trésor entre les mains. Tant de bonheur à si peu de frais ! »

A leur arrivée à Chamounix, les quatre voyageurs vont tout d'abord faire leur prière du soir à l'église ; le lendemain le P. Théodore assiste à plusieurs messes ; le dimanche ils communient tous ensemble, et, pour achever de sanctifier leur journée, ils font leur pèlerinage à Notre-Dame de la Gorge, sanctuaire enfoui au milieu des neiges au fond d'une vallée. Le voyage d'agrément est ainsi surnaturalisé par la pensée incessante de DIEU.

« Martigny. — L'église est fort bien entretenue ; belle statue du Sacré-Cœur. Je suis seul devant Notre-Seigneur, tandis qu'on vient essayer les orgues et jouer des morceaux qui font rêver au ciel : *Non habemus hic manentem civitatem.* C'est bien la réflexion que je me fais en voyant cette foule de touristes toujours en quête d'émotions nouvelles. »

Durant les longues heures de marche, le mentor ranimait le courage de ses compagnons au chant de l'*Ave maris Stella* et des cantiques. Et quand se présentait un passage difficile, car la petite caravane était pleine d'audace et ne reculait pas devant le danger, on appelait au secours la Sainte Vierge et les bons Anges.

Il s'agissait de descendre vers l'Italie ; pour tout chemin une crête couverte de neige, ayant à peine un demi-pas de largeur. « Il faut être bon ascensionniste pour n'avoir pas le vertige. Un vent violent soulève et balaie la neige de ce mince cordon où nous devons poser les pieds. Il nous faudra marcher là-dessus l'espace de deux cents mètres ; de droite et de gauche le glacier et les rochers ; c'est à faire reculer. On commence par boire un coup pour se donner du cœur. » Puis le Père et les jeunes gens se mettent à genoux et récitent tout haut le *Memorare*, après quoi on s'attache les uns aux autres ; le guide-chef assure son pas le premier, et taille comme il peut des marches pour ceux qui suivent. Chaque guide est attentif au moindre trébuchement. « Je ne regarde pas mes pieds et je chante pour oublier où je suis ; après vingt minutes nous sommes sur le glacier. »

La Sainte Vierge les sauva de plusieurs autres pas dangereux : un pont en bois s'écroula derrière eux après leur passage. Une autre fois, l'intervention divine ne fut pas de trop pour les tirer d'affaire ; voici les notes de Théodore :

« Cabane du col Saint-Théodule, altitude 3.350 mètres. C'est ici la plus élevée des habitations d'Europe... A deux heures du matin, j'entends nos guides qui se consultent sur le temps ; toujours rafales de neige et nuit sombre. Il faudra cependant se mettre en route ; il est samedi ; j'invoque *in petto* la bonne Vierge, car je je ne suis pas très rassuré. Il fait un froid de loup ; l'immense glacier que nous devons franchir du côté de la Suisse est rempli de crevasses, qui ont cent et deux cents mètres de profondeur. Tout est couvert de neige fraîche. Il faudra se frayer une route nouvelle à tâtons, au risque de se fourrer dans les ravins... En route ! nous avançons, la corde tendue, à travers une neige de deux pieds et plus. Le guide qui est en tête paraît marcher sur des œufs à la coque, tant il y met de précaution. La première demi-heure, rien. Voilà tout à coup qu'il enfonce ; tous ceux qui suivent font de même, d'aucuns jusqu'à la poitrine ; on se dépêtre le plus vite qu'on peut. Moi qui arrive le dernier, j'ai la place toute préparée pour enfoncer plus avant. Je trouve que c'est un peu drôle de venir chercher si loin de pareils divertissements ; heureusement ce n'est pas moi qui les ai demandés, et je me dis que le bon Dieu nous doit protection. Les mêmes scènes d'enfonçades se reproduisent plusieurs fois ; nous avons ainsi passé deux crevasses profondes et d'autres qui l'étaient moins. Je remercie Notre-Seigneur de mon mieux quand j'arrive de l'autre côté. »

Avant de traverser ce pas dangereux, les touristes s'étaient arrêtés au Grand Saint-Bernard, et pour s'y rendre ils avaient quitté Chamounix en voiture de bon matin. « La route borde un véritable abime. Il faut des conducteurs expérimentés pour enfiler sans broncher cette série de cinquante-deux lacets ; quand deux voitures se rencontrent, ce n'est pas drôle. Pour nous rassurer, on nous montre divers endroits de chutes de voitures ; ici une dame qui a roulé avec son véhicule et s'est brisée contre les rochers, là autre réminiscence aussi égayante. Nos bons Anges veillent sur nous. A part cette perspective de pouvoir à chaque pas se casser la tête, la route est inimaginablement belle et sauvage. On n'a pas idée de ça en Picardie, bien sûr ! »

Un peu plus loin, on suit les traces de Napoléon et de son armée. « Moi je pense qu'au delà de ce beau pic neigeux, au-dessous de ce ciel bleu, c'est l'Italie, puis Rome. L'Italie...! entendre parler italien ! voir des Italiens ! une bouffée de Rome et de mes beaux jours du régiment ! Je récitais placidement mon bréviaire du 5 août au milieu des soubresauts de la voiture. C'était l'office de Notre-Dame des Neiges ; quelle coïncidence ! Je lisais au premier nocturne : *Nondum erant abyssi et ego jam concepta eram ; necdum fontes aquarum eruperant, necdum montes gravi mole constiterant, ante colles ego parturiebar.*

« Comment esquisser seulement notre arrivée et notre réception au Grand Saint-Bernard ! Je dîne avec la communauté, novices, scolastiques,... en face du P. Maître ; récits charmants des Pères ; le soir je prends le thé avec eux. » Les bons religieux, dont l'hospitalité chrétienne est connue du monde entier, avaient à cœur de redoubler de prévenances pour le Jésuite en ces jours de persécution. De là on se dirigea sur Aoste, et, après une série de rudes étapes et de dures ascensions, on se trouva en pleine Italie, où Théodore put gazouiller à

Monastère du Mont Saint-Bernard.

plein gosier avec les bonnes gens, tout ébahis devant l'accoutrement des touristes. Ils célèbrent les fêtes de l'Assomption sur les bords du lac Majeur ; Rome, Albano, Bolsena, tous les chers souvenirs revivent au cœur du Zouave. Mais ces jouissances lui pesaient ; il avait hâte de revenir prendre sa part de la persécution qui sévissait en France contre ses frères. Il laissa donc ses compagnons de voyage aux mains de leurs parents venus à leur rencontre, et se dirigea vers Amiens au plus vite et au plus court, sans autre arrêt qu'à Notre-Dame des Victoires pour y déposer sa reconnaissance aux pieds de sa Mère.

Les décrets devaient recevoir leur exécution dans les collèges à la fin du mois d'août ; défense était faite aux professeurs jésuites de continuer à vivre sous le même toit ; la communauté d'Amiens se dispersa donc de tous côtés. Théodore fut envoyé à Roubaix chez ses parents. « Votre mère sera votre supérieure, » lui avait dit le P. Provincial en le bénissant ; il prit la chose à la lettre.

La présence du religieux parmi les siens leur valut à tous cette pure joie réservée aux amis de DIEU. Sans doute, ce n'est plus ni l'écolier d'autrefois ni le Zouave en congé, et pourtant c'est toujours lui, bon, simple, cordial ; son affection pour sa famille n'a rien perdu de sa tendresse, mais, épurée au contact du Cœur divin, elle se manifeste à chaque heure du jour par mille industries délicates à l'égard des âmes qui l'entourent. Sa vertu avait cette précieuse qualité de savoir se prêter aux circonstances, et s'accommoder aux genres de vie les plus disparates sans jamais perdre de vue le but de la Compagnie : se sanctifier en sanctifiant les autres.

Durant ce séjour en famille, s'il veut faire une course, écrire une lettre, donner une image, il va tout d'abord réclamer la permission de sa mère, qui lui a été assignée pour supérieure. Chaque fois qu'il doit prendre le tramway pour Tourcoing ou pour Lille, il lui demande les quelques sous nécessaires et refuse d'en recevoir davantage, afin d'avoir sans cesse à renouveler ses actes de subordination et de pauvreté. Il vient un jour la trouver pour obtenir l'autorisation d'offrir un verre de bière à un domestique qui avait fait un travail fatigant. Quand des pauvres se présentaient, il s'enquérait d'abord de leurs besoins, et avertissait ensuite sa mère en lui recommandant avec respect d'être bien généreuse.

Voilà pour l'intérieur, mais son zèle voulait quelque ministère apostolique au dehors ; il se mit donc à parler en public, soit au cercle des ouvriers, soit aux vieillards des Petites Sœurs des Pauvres. Tout était vivant dans ses discours, où les histoires et les images abondaient ; sans peine il faisait passer du rire aux larmes, et sa bonté d'âme, sa compassion pour les faiblesses humaines, lui gagnaient les cœurs. « Ah ! quel homme ! et qu'il parle bien ! » s'exclamait un ouvrier au sortir d'une de ses conférences ; et, s'adressant à M. Stéphane Wibaux : « Vous devez être joliment fier d'avoir un frère comme ça ! » Ses succès étaient dus à sa diction choisie et mordante, à son riche coloris de style, mais surtout à cette onction chrétienne dont il s'était fait une loi. Plusieurs années auparavant un jeune religieux, ayant donné devant la communauté un sermon sur les pécheurs, alla trouver ensuite Théodore pour avoir son avis. Celui-ci ne déguisa pas sa pensée : « Ce n'est pas le genre qu'il faut pour faire le bien, dit-il. Une prédication si sévère éloigne les âmes ; pour les toucher il faut imiter la compassion de Notre-Seigneur à leur égard. »

Mais bientôt les vacances prirent fin : le temps était venu pour Théodore de commencer ses études théologiques ; ordre lui fut donné de partir pour l'île de Jersey.

En passant, à Paris, son zèle toujours en éveil trouva une occasion de donner à qui de droit une verte leçon, et il n'eut garde de la laisser échapper. On lui avait désigné pour logement un hôtel dont l'antique réputation de probité attirait une société choisie ; il entre au salon, et tandis qu'on s'empresse autour de lui, il a le temps de remarquer sur la table les différents journaux offerts aux voyageurs ; dans le nombre, pas une seule feuille catholique. Aussitôt, sans dire mot, il reprend son bagage, remonte en voiture, se fait donner du papier à lettre dans un restaurant, et, séance tenante, rédige au directeur de l'hôtel une protestation en forme contre cet abus de confiance de la part d'un soi-disant catholique à l'égard de sa clientèle. Puisse la leçon avoir profité !

CHAPITRE VINGT-QUATRIÈME. — 1880-1882.

La maison St-Louis à Jersey.— Théologie. — « L'émeraude de la Manche. » — Pèlerinage à St-Matthieu. — Apôtre du Sacré-Cœur. — « Et vos estote parati. » — Maladie et mort.— Le testament du Jésuite porté à Jérusalem.

N pourrait dire des exilés à Jersey ce que Théodore disait après avoir pris possession de la caserne du mont Janicule : « La cage est si belle que l'oiseau se console d'être en cage !... » Mais non ; on se console d'un changement de garnison, on ne peut sans un serrement de cœur dire adieu à la France, aux collèges, aux œuvres de zèle et de charité.

Deux cents jeunes jésuites, élèves en philosophie et en théologie, se trouvaient, au mois d'octobre 1880, réunis de tous côtés sur la terre jersiaise. Dispersés au souffle brutal des décrets, ils avaient demandé à la petite île le droit de vivre ensemble, d'étudier, de prier Dieu, et Jersey, fidèle à ses traditions d'hospitalité, avait généreusement accordé aux religieux ce que la France, autrefois très chrétienne, leur refusait désormais.

Déjà au siècle dernier, quatre évêques et plus de deux mille prêtres avaient dû leur salut à l'île normande. Que Dieu lui rende en bénédictions sa charité pour les proscrits !

« Me voici à Jersey ; de ma chambre j'ai vue sur toute la ville de Saint-Hélier, capitale de l'île, qui s'étend en éventail jusqu'à la mer ; en face de nous le soleil va s'y plonger tous les soirs. Je peux suivre tous les signaux du sémaphore : des drapeaux de diverses couleurs signalent l'arrivée de paquebots de Grandville et de Saint-Malo, qui amènent avec eux un petit coin de la France. Le canon d'*Élisabeth Castle* résonne chaque matin et chaque soir ; il me rappelle le canon du fort

Saint-Ange qui tonnait à midi pour régler les horloges de Rome et faire sonner toutes les cloches de l'*Angelus.* »

Hélas ! l'*Angelus* ne se fait pas entendre à Jersey, et pourtant les clochers sont nombreux. Jadis, dans les douze églises paroissiales de l'île la prière catholique montait jusqu'au ciel au son joyeux des cloches ; aujourd'hui « le cœur se serre en entendant leurs carillons du dimanche appeler à je ne sais quel exercice. »

L'ancien *Impérial Hotel*, devenu la *Maison Saint-Louis*, semblait préparé par la Providence pour les exilés au jour de la tourmente ; cependant, malgré ses dimensions monumentales, il mettait ses hôtes à l'étroit. C'est que jamais aussi, même en ses plus beaux jours, il n'avait vu pareille affluence ; et ses beaux jours avaient été de si courte durée que presque à sa naissance il était mort d'inanition, en attendant que des religieux expulsés vinssent le rendre à la vie. « Tout ici est pauvre en fait d'ameublement, d'habits, de livres... Mais en revanche, quelle richesse de bon air, de gaîté, de charité, et comme les cœurs se dilatent dans une affection rendue plus grande par un exil commun ! » Oh oui ! la charité rayonnait sur la maison Saint-Louis plus doucement encore que le soleil sur la petite île, et pourtant ce n'est pas peu dire quand on voit les belles fleurs qu'il fait éclore, la verdure qu'il sème partout et le printemps presque sans fin de cette *Émeraude de la Manche.* « Je m'écrie avec saint François Xavier, disait Théodore au contact de cette charité : *O Societas Jesu, societas amoris !* A la vie, à la mort ! dans la gloire et l'ignominie. »

Devant lui s'ouvraient quatre années d'études théologiques au bout desquelles brillait la prêtrise, complément divin du religieux et de l'apôtre. « Priez pour que de cette lente et laborieuse formation il sorte un prêtre selon le Cœur de Dieu. Il y aura tant de bien à faire en France quand j'y retournerai, et peut-être tant de mal à réparer ! Pauvre France ! j'y reviens souvent par le cœur...

« Donne-moi, chère maman, une bénédiction particulière, et moi, je te bénis d'avoir tant et tant prié pour ton pauvre enfant que, malgré toutes ses misères, il a pu devenir Jésuite. C'est votre conquête, chère mère de la terre et chère Mère du ciel. Je demande la grâce de devenir un savant et un saint. La plus grande gloire de Dieu y est intéressée. Nous sommes le régiment d'avant-garde ; il importe d'avoir des balles dans sa cartouchière et une bonne baïonnette au bout du fusil. »

Bien que les raisonnements abstraits n'eussent jamais eu ses sympathies, il se mit à l'étude avec une ténacité qu'on pouvait taxer d'exagération, à voir la multitude de notes et de cahiers qu'il couvrait de son écriture serrée. Un jour qu'il était à Saint-Acheul, il exprima à sa manière son goût pour les subtilités de la scolastique : « Arrive ici, disait-il en riant à sa *bête*, que je t'attable et que je t'en fasse manger : et si tu n'as pas bon appétit, nous ferons entrer de force. »

Assis au premier banc, les yeux fixés sur le professeur, sur son cahier ou sur une image du Sacré-Cœur, il notait tout et recopiait ensuite. Jamais la plus petite parole, la moindre distraction durant les cours. Dans les discussions publiques son humilité était frappante ; comme il avait un jour brillamment enlevé une argumentation contre un de ses frères, celui-ci vint ensuite le féliciter : « C'est grâce à vous, lui dit Théodore ; vous répondiez si bien que je n'avais qu'à vous suivre. »

Avec la théologie il menait de front la lecture des sermonnaires ; il annotait

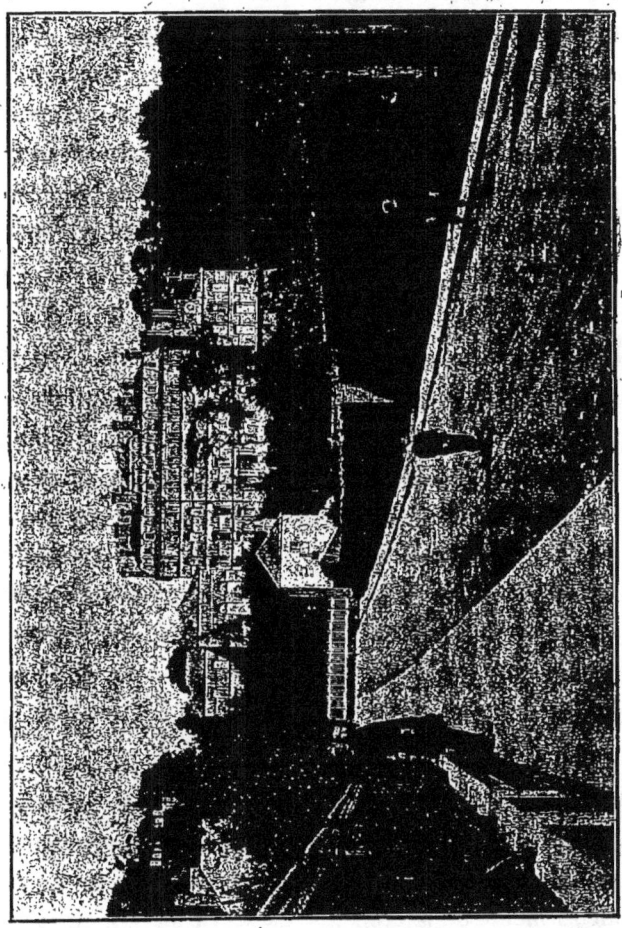

Maison Saint-Louis. (Ancien *Imperial Hôtel*.)

Bourdaloue, la Colombière, Texier ; il analysait quantité d'auteurs ascétiques et préparait ainsi des matériaux pour la prédication, tout en restant fidèle à sa correspondance, plus active, plus surnaturelle, plus apostolique que jamais. Heureusement qu'aux jours de congé les grandes courses venaient contrebalancer cette tension excessive qui dut certainement abréger sa vie. L'intrépide marcheur avait beau jeu sur la grève et les rochers, au phare de Corbière et aux grottes de Plémont, à travers les cottages peints à l'huile, les jardinets si bien tirés au cordeau qu'on les dirait peints eux aussi, et ce dédale de chemins qui couvrent l'île comme d'un réseau serré au milieu des vastes cultures de pommes de terre. « Oh ! les pommes de terre ! on les plante ici comme des pierres précieuses. »

En fait d'apostolat il fallait se borner à l'exemple ; c'était beaucoup sans faire grand bruit ; bientôt en effet la seule vue de ces jeunes *clergymen*, qui deux fois la semaine promenaient par les routes de l'île leur bonne humeur et leur gaîté, dissipa les calomnies absurdes qui chargeaient la réputation des Jésuites. Mais comme il faut partout le sel de la persécution, on avait l'avantage, même à Jersey, de n'en pas être privé, et d'en ressentir la saveur juste assez pour se rappeler qu'on était proscrit. « Aux boules de neige, aux aimables épithètes dont on nous gratifie en anglais, nous résistons avec dignité, presque comme les sénateurs de l'antique Rome, qui se laissaient arracher la barbe par les Gaulois sans bouger de leurs chaises curules. » La consigne avait été donnée de ne pas répondre aux provocations ; Théodore reçut un jour une motte de terre qui vint s'aplatir sur son dos ; un de ses compagnons ne put réprimer une verte apostrophe à l'agresseur ; quant à l'offensé, il avait continué son chemin sans même tourner la tête.

Toutefois il rêvait mieux que cet apostolat tacite, et son cœur, à l'affût des bonnes inventions, lui fournit bientôt une heureuse idée.

Vers le centre de l'île, sur un plateau dont les pentes vont se perdre dans les charmantes vallées de Saint-Pierre et Saint-Laurent, s'élève un joli clocher de granit surmonté de la croix ; le passant peut entrer, car la porte est ouverte à toute heure du jour, comme il convient à la maison de DIEU ; une lampe brûle devant le tabernacle ; c'est une église catholique, un foyer, une lumière, un repos pour l'âme chrétienne. Hélas ! aux alentours on ne voit que temples protestants, de toutes sectes et de tous styles, froids, lourds, empesés dans leurs vêtements de portland, fermés à la prière, ouverts aux seuls touristes, s'il leur prend fantaisie d'y jeter un coup d'œil et de payer le concierge. La petite église Saint-Matthieu devint un but de promenade pour les habitants ep Saint-Louis ; Théodore s'y rendait le plus souvent possible, et quand un de ses frères lui proposait quelque longue course, il aimait à répondre : « A condition que nous passions par Saint-Matthieu. » Un jour, au sortir de l'église, il communiqua à son compagnon l'idée d'établir là un pèlerinage où l'on viendrait prier pour les habitants de l'île ; dès le retour il alla trouver qui de droit, se fit éloquent, et la permission fut accordée. A un pèlerinage il faut une statue ; un Sacré-Cœur superbe fut envoyé de France, et aujourd'hui il domine l'autel principal. C'est là que les pèlerins de Saint-Louis viennent chaque semaine s'agenouiller à la Table sainte, et sans doute Théodore se joint à eux du haut du ciel pour obtenir la conversion des pauvres protestants. Or, voici que peu après l'érection de la statue la paroisse Saint-Matthieu fut

Sortie de la grotte de Plémont.

confiée aux Pères Oblats ; chassés de France eux aussi, ils apportaient à Jersey leurs cœurs d'apôtres, tout débordants de ce zèle qui ne connaît pas les retards parce qu'il compte sur DIEU ; et bientôt, sous leur active impulsion, des œuvres furent fondées et des écoles construites. N'était-ce pas le rayonnement du Cœur divin qui fécondait cette terre autrefois stérile? Par une pieuse attention, on a placé dans la sacristie de la petite église une photographie de Théodore, où il est représenté sur son lit de mort, le chapelet dans les mains, comme pour marquer que désormais rien n'interrompra plus sa prière aux pieds du Sacré-Cœur.

Le Sacré-Cœur ! ce fut la dévotion qui illumina les dernières années de sa vie, ce fut le centre de ses affections, le foyer qui donnait la chaleur à ses prières et à ses entretiens. Pour propager plus en grand cette dévotion, son zèle rêve à de vastes projets ; il veut une consécration officielle de la France au Cœur divin, et poursuit ce but dans sa correspondance à ses amis, aux journalistes chrétiens, à tous ceux qu'il prévoit devoir être les apôtres de cette idée généreuse. Aux approches du premier vendredi de chaque mois, ses lettres allaient de tous côtés rappeler aux fervents les faveurs promises à la Communion réparatrice, et plus d'un Zouave recevait alors un rappel au devoir qui, émané de l'ancien sous-lieutenant, ne souffrait pas de réplique : « Attention !... Vendredi, jour de revue et d'inspection... je compte sur toi ; soyons unis à la sainte Table et réparons pour les pécheurs. »

« Envoyez-moi, écrit-il aux siens, bon nombre d'images du Sacré-Cœur ; vous savez que je suis gourmand sur ce chapitre. » — « Ne manquez pas de vous faire les apôtres de cette belle dévotion. N'eût-on fait qu'introduire dans une famille pauvre l'image du Cœur de JÉSUS, c'est déjà beaucoup.... Il se montre si généreux que c'est un vrai plaisir de lui donner quelque chose ; avec un centime on gagne des billets de mille francs. Ces centimes sont les petits sacrifices de la vie pratique acceptés par amour pour lui. » Afin de préluder à l'acte public et solennel qu'il rêve pour toute la France, il organise à distance une consécration de sa famille au Sacré-Cœur ; ce jour-là, son frère le Révérend Père Joseph célébra la sainte messe devant ses parents, ses frères et ses sœurs, et au nom de tous récita l'acte de consécration. Une lettre parut peu après dans *le Messager du Cœur de* JÉSUS, invitant toutes les familles chrétiennes à faire de même ; elle était signée

« Théodore Wibaux », et provoqua en tous pays de nombreuses consécrations.

En récompense de ces témoignages incessants d'amour filial, Notre-Seigneur lui réservait une douce caresse pour la dernière fête du Sacré-Cœur à laquelle il assista sur terre. Le général de Charette abordait à Jersey la veille de ce jour : « Je lui tombai dans les bras, et nous nous embrassâmes comme deux vieux amis. Il me témoigna le désir de communier avec nous le lendemain. Je lui objectai qu'il fallait venir de très bonne heure et d'assez loin : « Bast ! dit-il, je ferai bien comme les camarades. » Au parloir il déploya le drapeau du Sacré-Cœur, ce cher drapeau que je n'ai pas revu depuis dix ans et que j'étais si heureux de baiser ! Quelle délicatesse du Cœur de JÉSUS ! O saintes victimes qui avez empourpré de votre sang cette chère bannière, obtenez-nous de combattre comme vous à l'ombre du divin Cœur et de mourir en lui ! »

Jamais le fervent religieux n'avait montré si grande générosité au service de DIEU. Il passait de longs moments à la chapelle, parcourant sans cesse les stations du chemin de la Croix ; le premier à toutes les corvées, il allait chaque jour à la cuisine essuyer la vaisselle. On pouvait s'étonner de son air parfois concentré ; c'est que la pensée de la mort ne le quittait plus. *Et vos estote parati*, écrit-il partout dans ses notes ; il se prépare à voir son DIEU, il sent le besoin de se sacrifier, témoin ce mot écrit à un supérieur peu d'années auparavant : « Je suis plus que jamais porté à m'offrir pour la France comme victime d'expiation. Cette pensée m'encourage, et, dans les moments un peu difficiles, mon bon Ange me souffle à l'oreille : Le grand jour approche. » Même sentiment dans une autre lettre : « J'ai le bonheur d'avoir trois communions par semaine en dehors du dimanche ; cela ne se fait pas impunément ; quelque chose me dit que je mourrai bientôt ; une voix intérieure m'encourage par ces paroles : *Lætantes imus !* »

Lorsque le 12 février 1882 sonnèrent ses trente-trois ans, ce rapprochement d'âge avec le Sauveur mourant sur le Calvaire lui mit au cœur une prière si ardente, une offrande si généreuse de tout lui-même, qu'il mérita d'entendre la réponse du ciel ; une voix intime l'assura qu'il était exaucé, et aussitôt, en toute simplicité et franchise, il communiqua à son supérieur et sa prière et ses pressentiments : « Je mourrai cette année, » lui dit-il. Ses dernières lettres à sa famille préparent ses proches au dénouement final qu'il hâte de ses vœux : « J'entends plus que jamais la voix qui me dit de me tenir prêt à souffrir et à mourir. »

Par une coïncidence touchante, le Souverain-Pontife Léon XIII avait, au commencement de cette même année, entretenu en audience particulière un religieux de la Compagnie de Jésus, et lui avait dit qu'il fallait à l'Église des victimes de bonne volonté pour apaiser la colère du ciel. Ne s'en trouverait-il pas dans la Compagnie, ajoutait Sa Sainteté, où il ne manque pas d'âmes généreuses ? Théodore avait dès longtemps prévenu le désir du Pape.

Un soir, c'était à la fin de mai 1882, il faisait les préparatifs pour les pèlerins qui le lendemain devaient se rendre à St-Matthieu ; son visage trahissait une si grande fatigue qu'on lui conseilla de ne pas prendre part à la pieuse promenade. Le lendemain, force lui fut de garder le lit ; une maladie d'entrailles s'était déclarée qui en peu de jours fit d'effrayants progrès. En vain le docteur Godfray, l'ami dévoué de Saint-Louis, multipliait ses visites à toute heure du jour et de la nuit, afin d'épier quelque symptôme d'amélioration ; le malade fut bientôt désespéré. M. Wibaux, averti par dépêche, se mit aussitôt en route ; on annonça sa visite à Théodore : « Docteur, dit-il au médecin, pouvez-vous me faire dormir quelques heures ? je voudrais avoir une bonne figure à montrer demain à mon père. » Un mieux subit s'opéra, on le crut sauvé, et les prières pour sa guérison se changèrent en *Te Deum*.

Église Saint-Matthieu.

C'était une délicatesse de la Providence qui lui accordait, suivant son désir, de pouvoir faire bon visage à son père et à M. Cordonnier, ce cher ami des anciens jours. Mais soudain la maladie se compliqua, et Théodore, autour duquel la joie avait reparu en même temps que l'espérance, dut renouveler à Dieu l'offrande de sa vie ; ainsi ces alternatives lui valurent de doubler son sacrifice.

A voir ce malade si calme, on aurait cru qu'il ne souffrait pas ; une ou deux fois il se contenta de dire : « Je suis comme coupé en deux... C'est une caresse de la Sainte Vierge. » Quand on lui proposa les derniers sacrements, il sembla trouver la chose si simple que le Père Recteur ne put s'empêcher de lui demander : « Avez-vous bien compris ce que je vous propose ? — Oui, » répondit-il.

On s'édifiait au contact d'une âme si surnaturelle, toujours unie à son DIEU. Avant de prendre une potion, il recommandait d'y mêler un peu d'eau de Lourdes :

« Ce n'est pas pour le physique, c'est pour l'âme. » Que de fois il demanda à ceux qui le veillaient de réciter quelques prières avec lui, ou encore : « Donnez-moi mon Sacré-Cœur, » et après l'avoir baisé plusieurs fois : « C'est ma prière du soir, cela. »

Il chargeait ses frères de ses commissions : « Voudriez-vous faire pour moi une visite au Saint-Sacrement, puisque je suis privé de ce bonheur ? » Son obéissance était presque excessive : « Comme le Père Recteur voudra... Le médecin l'a dit, » répondait-il sans cesse.

Un de ses frères s'approcha de lui et lui fit ses recommandations pour le Ciel. « Vous direz ceci de ma part à la Sainte Vierge, à saint Joseph, à saint Ignace... » Théodore faisait des signes affirmatifs, puis, rappelant son interlocuteur : « Je demanderai encore que vous soyez apôtre du Sacré-Cœur. »

Les souffrances étaient continuelles. Dans la nuit du 9 au 10 juin, on lui apporta comme d'habitude la sainte Communion ; peu après, la respiration devint plus courte, et à cinq heures du matin, il s'éteignait sans efforts. M. Wibaux récita un *Pater* à haute voix en appuya sur ces mots : *Fiat voluntas tua*. C'était un samedi, jour de sa bonne Mère.

Son corps, avant d'être porté à la chapelle, fut déposé au pied de la statue du Sacré-Cœur qui se dresse dans le vestibule de la maison Saint-Louis. C'était Théodore qui, peu de jours auparavant, avait mis tout en œuvre pour la faire venir de France ; il était juste qu'il la saluât après sa mort, lui qui se faisait fête d'aller s'agenouiller devant elle.

Il repose à Jersey, près de ses frères en exil, à son poste de combat, et du haut de la colline en face de Saint-Hélier et de la France il implore le pardon pour la France qui l'a banni, et intercède pour l'île devenue sa patrie au jour de la proscription. Ainsi vérifiait-il ce que, peu de mois auparavant, sa muse avait chanté à la mort du premier des exilés Jésuites qui fut enterré à Jersey. Commentant la parole du Sauveur : *Nisi granum frumenti cadens in terram mortuum fuerit, ipsum solum manet*, il avait dans une pièce de vers rappelé la loi divine qui veut des victimes pour féconder la semence de l'Évangile, et, docile à ses habitudes de générosité, il s'écriait en terminant :

« *Mon Dieu ! s'il faut du sang, parle, tu peux nous prendre !* »

Cette prière monta jusqu'au ciel et Dieu agréa l'offrande. Que Théodore soit pour Jersey la graine qui cache l'espoir de la moisson et qui promet une récolte abondante !

Sur cette tombe, le général de Charette vint s'agenouiller un des premiers, et dans cette prière du chef le régiment tout entier rendit au Zouave-Jésuite les honneurs militaires dus au sous-lieutenant.

Le jour même où l'on apprit à Roubaix la mort de Théodore, son frère Léon revenait de Jérusalem avec le pèlerinage de pénitence, et rapportait une lettre qu'il l'avait chargé de déposer quelques instants dans l'entaille du rocher où fut dressée la sainte Croix. Léon avait accompli son message, mais Théodore n'était plus là pour réclamer son bien. Mme Wibaux ouvrit le papier qui contenait le testament du Jésuite, et, avec un attendrissement plein de sainte allégresse, elle lut les dernières volontés du cher fils que Dieu venait de lui reprendre.

« Vendredi-Saint, 7 avril 1882.

« Théodore, très indigne pécheur, salue son bon Maître JÉSUS crucifié avec toute l'affection des Anges et des Saints....

« Théodore bénit JÉSUS crucifié d'avoir bien voulu mourir pour lui, de lui avoir pardonné ses fautes, de lui avoir donné sa Mère et son Cœur ; il espère l'aimer assez pour accepter aussi sa croix.

« Théodore baise en esprit le mont sacré du Calvaire où s'est opéré son salut, et il désire puiser dans ce trou sacré de la croix, pour lui et les siens, l'amour passionné de JÉSUS-CHRIST et de sa bonne Mère.

« Théodore déteste ses fautes au pied de la croix et voudrait les pleurer avec du sang ; il supplie son cher Sauveur JÉSUS de lui accorder la grâce de les expier dans l'amour.

« Théodore confie sa famille au Cœur de JÉSUS et la lui consacre tout entière.

Il demande instamment à Marie, au pied de la croix, la grâce de consacrer sa vie dans le Cœur de JÉSUS. Il lui recommande la France, l'Église et la Compagnie. Il supplie cette Mère de bonté de l'assister à ses derniers moments et de lui éviter les feux du Purgatoire.

« Théodore demande dès maintenant au Cœur de son bien-aimé JÉSUS et au Cœur de sa Mère bénie de vouloir bien lui accorder, quand la souffrance viendra le visiter, la faveur de souffrir dans un grand amour et dans une grande joie même sensible, afin que ses souffrances glorifient le Seigneur et édifient le prochain. Théodore accepte tout par avance pour l'expiation de ses fautes ; il consent de bon cœur à devenir le souffrant de Marie....

« Vivent JÉSUS, Marie, Joseph, Ignace, mon bon Ange, Gertrude ma seconde mère, tous mes chers protecteurs du ciel !

« Vive le Très-Saint Sacrement de l'autel ! A moi miséricorde et pardon !

« Je fais mon testament au pied de la croix ; tout à ma Bienfaitrice Immaculée, puisque je lui dois tout.

« Bon Sauveur, je me mets avec mes trente-trois ans dans votre Cœur sur la croix, et là je bénis ma Mère Immaculée pour tant de bienfaits....

« *Virgo fidelis ! Mater admirabilis !* que JÉSUS m'emporte en son paradis avant que j'aie le malheur de lui faire de la peine : je le dis à l'âge même où JÉSUS-CHRIST a bien voulu mourir par amour....

« Il y a une intention pressante que je recommande à mon cher Sauveur et à sa bonne Mère : la consécration de la France au Sacré-Cœur...

« Sur ce mont du Calvaire, je fais le sacrifice de ma vie au Sacré-Cœur, je l'offre pour la France, l'Église, la Compagnie...., pour la canonisation de Pie IX...., pour le régiment, Charette, le Pape régnant, et pour tous les miens.

« A ma Mère,

« Vous qui avez assisté et consolé JÉSUS mourant, assistez-moi, consolez-moi à mes derniers moments, et faites que je meure dans le Cœur de JÉSUS.

THÉODORE,
enfant du Sacré-Cœur pour l'éternité. »

Dans sa simplicité d'enfant, il joignait à ce testament admirable les lettres R. S. V. P. La réponse ne se fit pas attendre : JÉSUS et Marie la lui donnèrent de vive voix en paradis.

Une messe solennelle fut célébrée à Roubaix, où furent conviés les anciens professeurs de Théodore avec ses frères de la Compagnie de JÉSUS et ses camarades du régiment ; au repas qui suivit, on récita suivant l'usage les litanies de la Vierge, auxquelles, raconte un des invités, on se sentait pressé d'ajouter l'invocation : Théodore, enfant de Marie, priez pour nous !

Le cœur de Mme Wibaux fut cruellement déchiré, mais, comme en d'autres circonstances analogues, sa foi changea les actes de résignation en hymnes d'actions de grâces. « Oh ! disait-elle à l'une de ses sœurs, remercie Notre-Seigneur pour moi et pour Théodore. » Quelques mois plus tard, ne pouvant plus longtemps supporter l'absence, elle allait rejoindre ce fils bien-aimé, qui sans doute avait obtenu de sa Mère du ciel de pouvoir attirer à lui sa mère de la terre.

Jersey. — Château de Montorgueil.

ÉPILOGUE.

Tombe de Théodore Wibaux et de ses frères en religion.

Trois ans après, le 28 juillet 1885, le régiment des Zouaves célébrait ses noces d'argent. Les survivants d'Italie et de France étaient venus de tous pays se grouper autour du général de Charette, à l'ombre des étendards de Rome et de Patay, et, s'inclinant sous la bénédiction de Léon XIII, ils acclamaient le Pape, toujours Roi quoique prisonnier.

Et au ciel ce fut sans doute grande fête aussi pour les braves du régiment, car au ciel il y a des jours de fête. Lamoricière et Pimodan s'avancèrent en tête de leurs soldats martyrs, dont les blessures étincelaient comme jamais ne brillèrent décorations ici-bas, et tous d'une voix ils chantèrent à Pie IX un hymne dont les Séraphins eussent été jaloux si la jalousie pouvait pénétrer en paradis.

Il était là, notre sous-lieutenant; et saint Ignace, qui fut soldat lui aussi, était fier de son fils le Zouave-Jésuite.

292   ÉPILOGUE.

Et Théodore apporta sa fleurette pour la couronne d'immortelles qui brille au front du régiment.

C'était son histoire écrite par lui-même, histoire de sa bravoure et de sa piété, de ses combats et de ses victoires, de sa filiale affection pour sa famille et pour l'Église; c'est la vie du jeune Zouave qu'on vient de lire.

Tant qu'il vécut sur terre, l'humilité lui imposait silence ; du haut du ciel il pouvait parler, les bienheureux du paradis ne connaissent pas la vanité.

TABLE.

Avant-propos 7

CHAPITRE I.
1849-1864.

Théodore. — La *Vierge de l'escalier*. — Chez les grands-parents. — Défauts. — Taquinerie. — Bénédiction du soir. — Madame Wibaux. — Bon cœur. — Au collège. — Le jardin et les amis. — Les poules du voisin. — La société Saint-Sébastien. — Petit François. — Un ange au ciel. 11

CHAPITRE II.
1864-1866.

Collège de Marcq. — Œuvres de zèle. — Médaille d'or. — Chez les Rédemptoristes. — Rome et la Convention de Septembre. — « Je veux être Zouave. » — Luttes et sacrifices. — Recours à Marie. — Vacances. — Pénible attente. — Louis Veuillot. — Dernier repas. — La mère chrétienne. 21

CHAPITRE III.
1866-1867.

En voyage. — Joie et sacrifice. — La caserne. — Lettre de Louis Veuillot. — Fête de Madame Wibaux. — Une journée aux Zouaves. — Noël. — Fin de l'année. — Les Français quittent Rome 34

CHAPITRE IV.
1867.

Journal quotidien. — Heureux Zouave ! — Portrait. — Piété. — Pas d'exceptions. — Joyeux camarade. — La chambrette en ville. — Congrégation et Conférence. — Lettres de Roubaix. — « C'est dur de ne pas fumer ! » — Adieu les conscrits. — Un Zouave assassiné. — Première faction, chapelet en main. — Avec l'aumônier. — Saint Sébastien. — Correspondance . . . 44

CHAPITRE V.
1867.

Toujours changer ! — Le Colisée. — Patrouille. — Fête de la Présentation. — Un capucin béatifié. — Catacombes de Sainte-Agnès. — Dix-huit ans. — Au bureau. — Carnaval. — Mois de saint Joseph. — Louis Veuillot à Rome. 57

CHAPITRE VI.
1867.

En villégiature à Frascati. — Devoir et piété. — La Saint-Joseph. — Dangers pour l'âme. — Annonciation et Pâques. — Fort Saint-Ange. — La chambrée. — Chasse aux brigands. — Le camp. — A l'affût. — Chez le chanoine Angelo. — Retour 67

CHAPITRE VII.
1867.

Lettres de Roubaix. — Fêtes. — Saint Louis de Gonzague. — Grande revue. — Dix-huitième Centenaire. — De garde à Saint-Pierre. — Le service et les chaleurs. — La messe du matin. — A travers les couvents. — Raoul Terrasse. — Souvenir des vacances 77

CHAPITRE VIII.
1867.

En route pour Albano. — Contre-ordre. — Le choléra. — Crève-cœur. — Fossoyeurs et infirmiers. — Le cardinal Altieri. — Assomption. — Honneur à la sixième ! — Délices de Capoue et tentations. — Bons conseils et victoire. — Le fonctionnaire-caporal à Ariccia. — Anniversaire de Castelfidardo. — Les souliers de Roubaix. — Retour à Rome 88

CHAPITRE IX.
1867.

Les Garibaldiens autour de Rome. — Guillemin. — L'émeute. — Casernes minées. — Nuits de garde. — Les Français viendront-ils ? — Sur les remparts. — Prêt à mourir. — La Toussaint. — Vive la France ! 101

CHAPITRE X.
1867.

.En route vers Mentana. — Avant la bataille. — L'armée garibaldienne. — En avant ! — Sang-froid. — Les meules. — Blessés. — Monte-Rotondo. — Triomphe. — « *Les chassepots ont fait merveille.*» — Mœller et d'Alcantara. — La sixième au Vatican. — Souvenirs de l'an passé. — Le « *jamais* » de M. Rouher 109

CHAPITRE XI.
1867-1868.

Un an au service. — Les premiers galons. — Caporal-instructeur. — Le dépôt. — Sombre avenir. — Adieux à la sixième. — Tout pour le mieux. — Noël. — Audience du Pape. — *Nunc dimittis*. 123

CHAPITRE XII.
1868.

Au théâtre. — Le cœur remis en place. — Brouhaha et recrues. — L'apôtre des conscrits. — Dix-neuf ans. — Les lettres de Théodore. — « Je ne suis pas un saint. » — Willebaud et Henri à Rome. — Naples. — L'art et la réalité. 133

CHAPITRE XIII.
1868.

Lorette et Castelfidardo. — Mois de mai à Rome. — Caporal et sergent. — Notre-Dame des Mères. — Caserne Saint-Augustin. — Nouveau gîte. — Souvenirs de la 1re Communion. — Fête-Dieu. 142

CHAPITRE XIV.
1868.

Lecture des modèles. — Manœuvres. — Camp d'Annibal. — Pie IX au camp. — La petite guerre. — Le dépôt à Mentana. — Lutrin et alertes. — Anniversaire de la bataille. — Congé. — Le fils et la mère. 153

CHAPITRE XV.
1868-1869.

Trois mois à Roubaix. — Retraite de huit jours. — Noces d'or de Pie IX. — Le dépôt à Monte-Rotondo. — Touriste : Monte-Libretti ; la douane piémontaise ; le Soracte ; Loulou. 163

CHAPITRE XVI.
1869-1870.

Vaguemestre. — Ma tour ! — Voyage autour de ma chambre. — Adieux. — Niet verstaan. — Fête antique. — Encore Mentana. — Noces d'argent de père et de mère. — Sergent-major. — Vie de bureau. — Le parrain missionnaire. — Stéphane. — Bonté d'âme. 174

CHAPITRE XVII.
1870.

Acquapendente. — Vie de rose. — Le général inspecteur. — Regrets. — Lac de Bolsena. — Guerre franco-allemande. — Rage au cœur. — Retraite sur Civita-Vecchia. — Préparatifs de défense. — Testament. — Capitulation et désespoir. — Le Prétoire. — Prise de Rome. — A bord de l'*Orénoque*. . 187

CHAPITRE XVIII.
1870.

Toulon. — Tarascon et Baucaire. — Tours. — Tristesses. — Le collège Sainte-Croix au Mans. — Organisation. — En campagne. — Marches sans fin. — Patay. — Le colonel de Charette. — Retraite sur Poitiers. — Pauvre France !. 199

CHAPITRE XIX.
1870-1871.

Rome et Pie IX. — Les trois bataillons. — Association Wibaux-Frères. — Le sous-lieutenant et sa Durandal. — Willebaud malade. — Souffrances physiques et souffrances morales. — Tout pour DIEU. — Théodore infirmier. — Mort de Willebaud 212

CHAPITRE XX.
1871.

Retour à Rennes. — Willebaud présent au cœur. — Vie de garnison. — Les volontaires de l'Ouest seront-ils constitués en régiment français ? — Agonie et licenciement. — Que faire ? — Dernières concessions à la nature. — Mort de M. Pierre Motte. — Départ pour Amiens 225

CHAPITRE XXI.
1871.

Saint-Acheul. — En retraite. — Le démon, la nature et la grâce. — Le dernier chapelet. — Au noviciat. — Parents chrétiens. — Fidélité. — Saint Joseph dans la soupière. — Dévotions. — Premiers vœux 236

CHAPITRE XXII.
1872-1882.

Gai conteur. — Poète et commandant. — Les malades. — Lettres de l'apôtre. — Correspondance avec ses petites sœurs. — « Vive à jamais le régiment ! » — Le capitaine Mauduit. — Renégats. — « Le vieux sergent. » — Pie IX 250

CHAPITRE XXIII.
1874-1880.

Boulogne. — Les deux camps. — Professeur-apôtre. — La généralissime. — Pie IX en classe. — Amiens. — Touriste. — M. Perrichon à Chamounix. — Médailles et piété. — A travers les glaciers. — Grand Saint-Bernard. — A Roubaix. — Le fils et le religieux 264

CHAPITRE XXIV.
1880-1882.

La maison Saint-Louis à Jersey. — Théologie. — *L'émeraude de la Manche.* — Pèlerinage de Saint-Matthieu. — Apôtre du Sacré-Cœur. — *Et vos estote parati.* — Maladie et mort. — Le testament du Jésuite, porté à Jérusalem 277

ÉPILOGUE 291

www.ingramcontent.com/pod-product-compliance
Lightning Source LLC
Chambersburg PA
CBHW071422150426
43191CB00008B/1007